Android-Apps entwickeln für Kids

Schumann, Hans-Georg

Android-Apps entwickeln für Kids

1. Auflage

Bibliografische Information der Deutschen Nationalbibliothek
Die Deutsche Nationalbibliothek verzeichnet diese Publikation in der Deutschen Nationalbibliografie; detaillierte bibliografische Daten sind im Internet über <http://dnb.d-nb.de> abrufbar.

Bei der Herstellung des Werkes haben wir uns zukunftsbewusst für umweltverträgliche und wiederverwertbare Materialien entschieden.
Der Inhalt ist auf elementar chlorfreiem Papier gedruckt.

ISBN 9783826676536
1. Auflage 2015

www.mitp.de
E-Mail: mitp-verlag@sigloch.de
Telefon: +49 7953 / 7189 - 079
Telefax: +49 7953 / 7189 - 082

© 2015 mitp-Verlags GmbH & Co. KG

Dieses Werk, einschließlich aller seiner Teile, ist urheberrechtlich geschützt. Jede Verwertung außerhalb der engen Grenzen des Urheberrechtsgesetzes ist ohne Zustimmung des Verlages unzulässig und strafbar. Dies gilt insbesondere für Vervielfältigungen, Übersetzungen, Mikroverfilmungen und die Einspeicherung und Verarbeitung in elektronischen Systemen.

Die Wiedergabe von Gebrauchsnamen, Handelsnamen, Warenbezeichnungen usw. in diesem Werk berechtigt auch ohne besondere Kennzeichnung nicht zu der Annahme, dass solche Namen im Sinne der Warenzeichen- und Markenschutz-Gesetzgebung als frei zu betrachten wären und daher von jedermann benutzt werden dürften.

Lektorat: Katja Völpel
Sprachkorrektorat: Petra Heubach-Erdmann
Covergestaltung: Christian Kalkert
Satz: III-satz, Husby, www.drei-satz.de
Druck: Medienhaus Plump GmbH, Rheinbreitbach

*Für
Janne, Julia, Katrin und Daniel*

Inhalt

Vorwort 13
    Was heißt eigentlich Programmieren? 13
    Was ist eine Entwicklungsumgebung? 14
    Warum gerade Java? 15
    Android Studio, die Entwicklungsumgebung zum Buch 15

Einleitung 17
    Wie arbeitest du mit diesem Buch? 17
    Was brauchst du für dieses Buch? 18

Willkommen im Android Studio 21
    Android Studio starten 22
    Der SDK Manager 25
    Ein neues Projekt erzeugen 30
    Der AVD Manager 37
    Die Emulation starten 42
    Android Studio beenden 48
    Zusammenfassung 50
    Zwei Fragen 50
    ... aber noch keine Aufgaben 50

Inhaltsverzeichnis

2 Das erste eigene Projekt 51
    Von Hello zu Hallo 51
    Gut oder Schlecht 59
    Antwort auf Antwort 67
    Was ist im Paket? 73
    Ein Projekt importieren 78
    Zusammenfassung 80
    Ein paar Fragen … 81
    … und zwei Aufgaben 81

3 Hallo mit Knopfdruck 83
    Variablen verknüpfen 84
    onCreate und import 87
    Den Buttons Leben einhauchen 90
    Ressourcen-Strings benutzen 97
    Der passende Titel 99
    Layout-Pflege 103
    Ein Projekt kopieren 110
    Zusammenfassung 112
    Ein paar Fragen … 113
    … und ein paar Aufgaben 113

4 Rechnen mit dem Zufall 115
    Alles auf neu 115
    Komponentenschwemme 121
    Zufallszahlen und Zeichenketten 128
    Jetzt wird gerechnet 131
    Lokal-global, privat oder öffentlich? 133
    Zusammenfassung 139
    Ein paar Fragen … 140
    … und eine Aufgabe 140

Inhaltsverzeichnis

Bedingungen 141
    Von 1 bis 6 141
    Wenn ... dann 147
    Die if-Struktur 150
    Von Fall zu Fall 155
    Punkt für Punkt 157
    Und und Oder – oder? 159
    Zusammenfassung 162
    Zwei Fragen 163
    ... und eine Aufgabe 163

Geld und Spiele 165
    Auf dem Weg zum Millionär 165
    while oder do-while? 169
    Ich denke mir eine Zahl 172
    Zu groß, zu klein 176
    Feintuning 179
    Schiebungen 181
    Neues Spiel? 185
    Zusammenfassung 187
    Ein paar Fragen 188
    ... und ein paar Aufgaben 188

Es bewegt sich was 191
    Neue Komponenten 191
    Endlich ein Bild? 196
    Animation-XML 200
    Film ab! 206
    Gehen oder Drehen? 207
    Zusammenfassung 213
    Ein paar Fragen 214
    ... jedoch nur eine Aufgabe 215

8 Animationen ... 217
Buttons mit Bild ... 217
Kommen und Gehen ... 221
Die Kugel rollt ... 224
Zufallsziele ... 226
Das Ziel selbst bestimmen ... 230
Grenzkontrollen ... 233
Eine eigene Methode ... 238
Zusammenfassung ... 240
Ein paar Fragen 242
... und ein paar Aufgaben ... 242

9 Ein Käfer krabbelt sich frei ... 243
Bug oder Käfer? ... 243
Der richtige Winkel ... 247
Noch mehr Methoden ... 252
Der »Runnable-Exekutor« ... 255
Eine eigene Klasse ... 259
Zusammenfassung ... 265
Ein paar Fragen 267
... und ein paar Aufgaben ... 267

10 Vom Käfer zur Wanze ... 269
Reparaturarbeiten ... 269
Das Spiel-Objekt einsetzen ... 273
Wanzenjagd ... 275
Feintuning ... 279
Eine Frage der Zeit? ... 281
Wiederbelebung ... 285
Treffer zählen ... 287
Zusammenfassung ... 289
Keine Frage 289
... und nur eine Aufgabe ... 289

Inhaltsverzeichnis

Springen oder Ducken? ... 291
- Hoch- oder Querformat ... 291
- Jump & Duck ... 295
- Die Mitte finden ... 299
- Drücken oder loslassen ... 302
- Das richtige Layout ... 304
- Emulator-Wahl ... 310
- Zusammenfassung ... 313
- Ein paar Fragen … ... 314
- … und ein paar Aufgaben ... 314

Kontaktvermeidung ... 315
- Was für ein Ding? ... 315
- Setzen und zeigen ... 318
- Von rechts nach links ... 323
- Kontaktaufnahme ... 327
- »Dodges« zählen ... 331
- Game over? ... 334
- Zusammenfassung ... 338
- Eine Frage … ... 338
- … und ein paar Aufgaben ... 338

Arrays ... 339
- Umgestaltung ... 339
- Ein schönes Paar? ... 343
- Methoden mit Nummer ... 345
- Anpassen und einpassen ... 347
- Eigene View-Objekte erzeugen ... 351
- Wanzenschwemme ... 356
- Zusammenfassung ... 361
- Ein paar Fragen … ... 361
- … und ein paar Aufgaben ... 362

Inhaltsverzeichnis

Das große Krabbeln 363
Jagd auf alle? 363
Im Wechselschritt 368
Punkte und Schluss 370
Wiederbelebung 373
Käfer und Spinnen 376
Bis zum Ende 379
Zusammenfassung 383
Ein paar Fragen … 383
… doch nur eine Aufgabe 383

Anhang A 385
Für Eltern … 385
… und für Lehrer 386

Anhang B 389
Java installieren 389
Android Studio installieren 392

Anhang C 403
Apps auf dem Smartphone oder Tablet starten 403
Apps für den Play Store (APK) 408

Anhang D 415
Kurze Checkliste 415

Anhang E 417
Kleines Java-Lexikon 417
Kleines Android-Lexikon 422
Kleines OOP-Lexikon 429

Stichwortverzeichnis 435

Vorwort

Android? Ist das nicht so etwas wie eine Mensch-Maschine? Ein Roboter, der einem Menschen (täuschend) ähnlich sieht? Ja, und gleichzeitig der Name eines Betriebssystems, das **Google** entwickelt hat und kostenfrei zur Verfügung stellt.

Während man Windows vorwiegend auf »großen« PCs findet, ist Android auf Smartphones und Tablets am meisten verbreitet. Rund Dreiviertel aller Handys (wie man sie auch immer noch nennt) laufen mit dem Android-System.

Computer sind sie eigentlich alle: Geräte, die man auf oder unter den Tisch stellt (Desktop-PCs), Geräte, die man mitnehmen kann (Notebooks und Tablets), und dann noch eine Nummer kleiner: die Smartphones.

Vorwiegend um Android für Smartphones geht es hier. Die meisten Projekte funktionieren aber auch auf Tablets. Die Programme für dieses System werden meisten kurz **Apps** genannt (als Abkürzung für Applikationen).

Was heißt eigentlich Programmieren?

Wenn du aufschreibst, was ein Computer tun soll, nennt man das **Programmieren**. Das Tolle daran ist, dass du selbst bestimmen kannst, was getan werden soll. Lässt du dein Programm laufen, macht der Computer die Sachen, die du ausgeheckt hast. Natürlich wird er dann nicht dein Zimmer aufräumen und dir auch keine Tasse Kakao ans Bett bringen.

Vorwort

Aber kannst du erst mal programmieren, kannst du den Computer sozusagen nach deiner Pfeife tanzen lassen.

Allerdings passiert es gerade beim Programmieren, dass der Computer nicht so will, wie du es gerne hättest. Meistens ist das ein Fehler im Programm. Das Problem kann aber auch irgendwo anders im Computer oder im Betriebssystem liegen. Das Dumme bei Fehlern ist, dass sie sich gern so gut verstecken, dass die Suche danach schon manchen Programmierer zur Verzweiflung gebracht hat.

Vielleicht hast du nun trotzdem Lust bekommen, das Programmieren zu erlernen. Und ausgerechnet noch für die »ganz Kleinen«. Dann brauchst du ja nur noch eine passende **Entwicklungsumgebung**, und schon kann's losgehen.

Was ist eine Entwicklungsumgebung?

Um ein Programm zu erstellen, musst du erst mal etwas eintippen. Das ist wie bei einem Brief oder einer Geschichte, die man schreibt. Das Textprogramm dafür kann sehr einfach sein, weil es ja nicht auf eine besondere Schrift oder Darstellung ankommt wie bei einem Brief oder einem Referat. So etwas wird **Editor** genannt.

Ist das Programm eingetippt, kann es der Computer nicht einfach lesen und ausführen. Jetzt muss es so übersetzt werden, dass der PC versteht, was du von ihm willst. Weil er aber eine ganz andere Sprache spricht als du, muss ein Dolmetscher her.

Du programmierst in einer Sprache, die du verstehst, und der Dolmetscher übersetzt es so, dass es dem Computer verständlich wird. So etwas heißt dann **Compiler**.

Im Prinzip kann man für Android mehrere Programmiersprachen benutzen, am meisten verbreitet jedoch ist Java. Hier gibt es als Dolmetscher die **Java Virtual Machine** (kurz JVM), das ist eine Art »Zwischencomputer«. Das heißt: Eigentlich wird ein Java-Programm an die JVM weitergereicht, die es dann für den jeweiligen Computer passend zubereitet: Das kann dann ein PC z.B. mit Windows sein. Oder ein Smartphone z.B. mit Android. Ein und dasselbe Java-Programm kann so im Prinzip auf jedem beliebigen Gerät funktionieren, das über eine JVM verfügt.

Schließlich müssen Programme getestet, überarbeitet, verbessert, wieder getestet und weiterentwickelt werden. Dazu gibt es noch einige zusätzliche Hilfen. Daraus wird dann ein ganzes System, die Entwicklungsumgebung.

Warum gerade Java?

Leider kannst du nicht einfach programmieren, wie dir der Mund gewachsen ist. Eine **Programmiersprache** muss so aufgebaut sein, dass möglichst viele Menschen in möglichst vielen Ländern einheitlich damit umgehen können.

Weil in der ganzen Welt Leute zu finden sind, die wenigstens ein paar Brocken Englisch können, besteht auch fast jede Programmiersprache aus englischen Wörtern. Es gab auch immer mal Versuche, z.B. in Deutsch zu programmieren, aber meistens klingen die Wörter dort so künstlich, dass man lieber wieder aufs Englische zurückgreift.

Eigentlich wäre es egal, welche Programmiersprache du benutzt. Am besten eine, die möglichst leicht zu erlernen ist. Doch in der Android-Welt ist die Nummer 1 die Programmiersprache **Java**, mit der du es auch in diesem Buch zu tun hast. Diese gehört inzwischen zu den am meisten verbreiteten Sprachen im Computer-Bereich. Sie ist nicht einfach, aber auch für Anfänger geeignet, die mit Java ihre erste Programmiersprache lernen wollen. Und: Es ist die Sprache, die Smartphones und Tablets mit Android gut verstehen.

Der Weg zum guten Programmierer kann ganz schön steinig sein. Nicht selten kommt es vor, dass man die Lust verliert, weil einfach gar nichts klappen will. Das Programm tut etwas ganz anderes, man kann den Fehler nicht finden und man fragt sich: Wozu soll ich eigentlich programmieren lernen, wo es doch schon genug Apps gibt? Und dann noch ausgerechnet für Android. Aber du verspürst da einen Reiz, eigene Apps zu schreiben? Es ist also nicht nur einen Versuch wert, es kann sich durchaus lohnen, das Programmieren zu erlernen.

Android Studio, die Entwicklungsumgebung zum Buch

Um den Erwerb einer Entwicklungsumgebung für Java und für Android musst du dich nicht weiter kümmern, wenn du dieses Buch erst mal besitzt. Auf der DVD zum Buch ist ein komplettes System enthalten.

Vorwort

Google stellt dir kostenlos das **Android Studio** zur Verfügung, eine komfortable und leistungsstarke Entwicklungsumgebung, mit der du unter allen Versionen von Windows programmieren kannst. Das Android Studio macht es möglich, alle Apps erst mal auf dem PC unter Windows zu simulieren und zu testen.

Auf der DVD befindet sich neben dem Android Studio von Google (1.0) auch ein komplettes Java-Paket von Oracle (Version 7 und 8). Das brauchst du, um Android Studio nutzen zu können.

Und was bietet dieses Buch?

Über eine ganze Reihe von Kapiteln verteilt lernst du

- die Grundlagen von Java kennen
- mit dem Android Studio unter Windows umzugehen
- mit Komponenten zu arbeiten (das sind Bausteine, mit denen du dir viel Programmierarbeit sparen kannst)
- auch komplexere Java-Programmierung kennen
- eine ganze Reihe von Spiel-Projekten zu erstellen

> Du solltest auch mal auf der beiliegenden DVD in den EXTRA-Ordner schauen. Dort verstecken sich drei Bonuskapitel mit noch mehr Projekten.

Im **Anhang** gibt es dann noch eine ganze Menge an Informationen und Hilfen. Auch für deine Eltern und Lehrer, aber vor allem für dich!

Einleitung

Wie arbeitest du mit diesem Buch?

Grundsätzlich besteht dieses Buch aus einer Menge Text mit vielen Abbildungen dazwischen. Natürlich habe ich mich bemüht, alles so zuzubereiten, dass daraus lauter gut verdauliche Happen werden. Damit das Ganze noch genießbarer wird, gibt es zusätzlich noch einige Symbole, die ich dir hier gern erklären möchte:

Arbeitsschritte

≫ Wenn du dieses Zeichen siehst, heißt das: Es gibt etwas zu tun. Damit kommen wir beim Programmieren Schritt für Schritt einem neuen Ziel immer näher.

→

Grundsätzlich lernt man besser, wenn man einen Programmtext selbst eintippt oder ändert. Aber nicht immer hat man große Lust dazu. Weil alle Projekte im Buch auch auf der DVD sind, findest du hinter so manchem Programmierschritt auch den jeweiligen Namen des Projekts oder einer Datei (z.B. PROJEKT1, MAINACTIVITY.JAVA, ACTIVITY_MAIN.XML). Wenn du also das Projekt nicht selbst erstellen willst, kannst du stattdessen die passenden Dateien laden (zu finden auf der DVD im Ordner PROJEKTE).

Aufgaben

Am Ende eines Kapitels gibt es jeweils eine Reihe von Fragen und Aufgaben. Diese Übungen sind nicht immer ganz einfach, aber sie helfen dir, noch besser zu programmieren. Lösungen zu den Aufgaben findest du in

Einleitung

verschiedenen Formaten auf der DVD im Verzeichnis PROJEKTE. Du kannst sie dir alle im Editor von Windows oder auch in deinem Textverarbeitungsprogramm anschauen. Oder du lässt sie dir ausdrucken und hast sie dann schwarz auf weiß, um sie neben deinen PC zu legen. (Auch die Programme zu den Aufgaben liegen im Ordner PROJEKTE.)

Notfälle

Vielleicht hast du irgendetwas falsch gemacht oder etwas vergessen. Oder es wird gerade knifflig. Dann fragst du dich, was du nun tun sollst. Bei diesem Symbol findest du eine Lösungsmöglichkeit. Notfalls kannst du aber auch ganz hinten im Anhang C nachschauen, um ein paar Hinweise zur Pannenhilfe zu finden.

Wichtige Stellen im Buch

Hin und wieder findest du ein solch dickes Ausrufezeichen im Buch. Dann ist das eine Stelle, an der etwas besonders Wichtiges steht.

Wenn es um eine ausführlichere Erläuterung geht, tritt Buffi in Erscheinung und schnuppert in seiner Kiste mit Tipps & Tricks.

Was brauchst du für dieses Buch?

Die DVD zum Buch

Du findest **Android Studio** zusammen mit **Java** als komplette Entwicklungsumgebung für Windows-Programme auf der beiliegenden DVD. Installiert wird Java in ein Verzeichnis deiner Wahl, z.B. C:\PROGRAMME\JAVA. Auch Android Studio muss installiert werden und auch hier kannst du das Verzeichnis selbst bestimmen, z.B. C:\PROGRAMME\ANDROID.

Zusätzlich empfiehlt es sich, auf einem anderen Laufwerk einen Arbeitsordner für die Projekte einzurichten, z.B. D:\ANDROID\PROJEKTE. Die Beispielprojekte in diesem Buch sind ebenfalls auf der DVD zum Buch gespeichert, falls du mal keine Lust zum Abtippen hast. Und auch die Lösungen zu den Fragen und Aufgaben sind dort untergebracht (alles im Ordner PROJEKTE).

Was brauchst du für dieses Buch?

> Ein Großteil der Android-Projekte im Buch ist entstanden, als es noch die Beta-Versionen von Android Studio gab (0.8, 0.9). Dann erschien endlich die neue endgültige Version 1.0 und ich habe alle Projekte so angepasst, dass sie auch dort funktionieren.
>
> Allerdings gibt es einiges, was sich in Android Studio 1.0 geändert hat: Wenn du ein eigenes Projekt neu erzeugst, sind ein paar Dateien anders angeordnet oder manche Namen können anders lauten als in meinen Projekten auf der DVD. Und das kann sich im Laufe der Zeit erneut ändern, denn Android Studio ist ein noch junges Entwicklungssystem.
>
> Für die Themen, die im Buch behandelt werden, spielt es keine Rolle, ob du alles selber neu programmierst oder die Buch-Projekte importierst und benutzt.

Betriebssystem

Die meisten Computer arbeiten heute mit dem Betriebssystem Windows. Davon brauchst du eine der Versionen ab 7. Außerdem wäre es gut, ein Smartphone oder Tablet mit Android zur Hand zu haben. Du kannst aber auch nur den **Emulator** von Android Studio benutzen. Er reicht für die Mehrzahl der Projekte aus (es gibt aber einige wenige, die nur mit dem Smartphone oder Tablet funktionieren).

Speichermedien

Auf jeden Fall benötigst du etwas wie einen USB-Stick oder eine SD-Card, auch wenn du deine Programme auf die Festplatte speichern willst. Auf einem externen Speicher sind deine Arbeiten auf jeden Fall zusätzlich sicher aufgehoben.

Gegebenenfalls bitte deine Eltern oder Lehrer um Hilfe: Sie sollen den Anhang **A** (und vielleicht auch noch Anhang **B**) lesen. Dann können sie dir bei den ersten Schritten besser helfen.

1
Willkommen im Android Studio

Du willst gleich loslegen? Dein Smartphone brauchst du dazu erst mal nicht, aber einen Windows-PC. Auf dem entwerfen wir dann gemeinsam dein erstes Programmprojekt. Wunder darfst du dabei nicht erwarten, es wird sicher nicht so bunt wie die fast schon unzählbaren Apps, die man aus dem Play Store herunterladen kann. Aber wir sind ja erst ganz am Anfang. Und für das allererste Mal gibt es viel zu tun.

In diesem Kapitel lernst du

◉ wie man Android Studio startet

◉ etwas über den Einsatz des SDK Managers

◉ wie man eine neue App erzeugt

◉ etwas über den Einsatz des AVD Managers

◉ wie man den Android-Emulator startet

◉ wie man seine App ausführt

◉ wie man Android Studio beendet

Kapitel | Willkommen im Android Studio

1 Android Studio starten

Bevor wir mit dem Programmieren anfangen können, muss das Entwicklungssystem **Android Studio** installiert werden. Genaues erfährst du im **Anhang B**. Hier solltest du dir von jemandem helfen lassen, wenn du dir das Einrichten nicht allein zutraust.

Eine Möglichkeit, Android Studio zu starten, ist diese:

≫ Öffne den Ordner, in den du Android Studio untergebracht hast (z. B. C:\PROGRAMME\ANDROID).

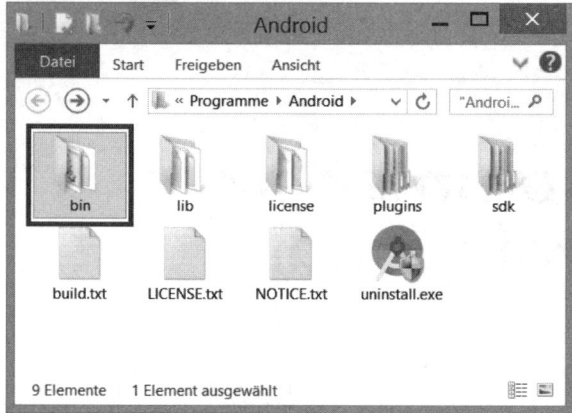

Dort musst du nun weiter in einen Unterordner mit dem Namen BIN wechseln:

Android Studio starten

Hier suchst du unter den vielen Symbolen eines der grünen heraus, und zwar das mit dem Namen STUDIO.EXE.

> Falls es ein zweites mit dem Namen STUDIO64.EXE gibt, kannst du auch das ausprobieren. Doch das funktioniert nicht auf jedem PC, hier muss die sogenannte 64-Bit-Version von Windows installiert sein.

≫ Nun kannst du das Programm mit einem Doppelklick auf das Symbol starten:

> Ich empfehle dir, eine **Verknüpfung** auf dem Desktop anzulegen:
> ≫ Dazu klickst du mit der rechten Maustaste auf das Symbol für Android Studio (studio.exe). Im Kontextmenü wählst du KOPIEREN.
> ≫ Dann klicke auf eine freie Stelle auf dem Desktop, ebenfalls mit der rechten Maustaste. Im Kontextmenü wählst du VERKNÜPFUNG EINFÜGEN.
> ≫ Es ist sinnvoll, für das neue Symbol auf dem Desktop den Text `studio.exe - Verknüpfung` durch `Android Studio` zu ersetzen.
> Von nun an kannst du auf das neue Symbol doppelklicken und damit Android Studio starten.

Möglicherweise erwartet dich zuerst diese Meldung:

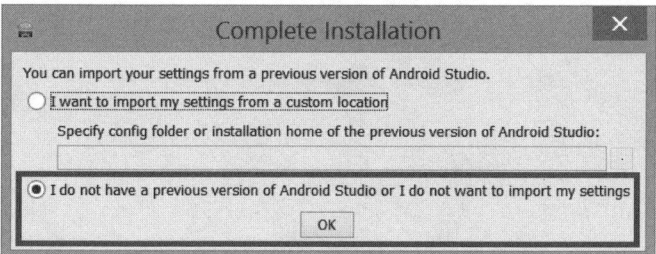

≫ Hier wählst du die untere Einstellung (I DO NOT HAVE A PREVIOUS VERSION…) und klickst dann auf OK.

> Beim ersten Start kann es sein, dass dich noch ein Überbleibsel von der Installation erwartet. Ein **Setup Wizard** informiert dich über einige installierte Elemente (die du z.T. später noch kennenlernen wirst).

Kapitel 1 — Willkommen im Android Studio

Schließe diese Fenster mit einem Klick auf FINISH.

Je nach Computer kann es eine Weile dauern, bis Android Studio geladen ist. Einige Zeit später landest du in einem Willkommen-Fenster.

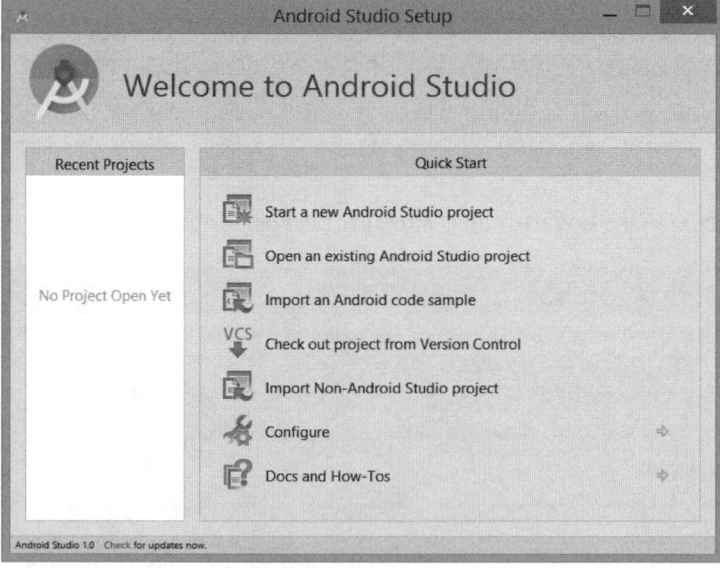

Unter RECENT PROJECTS ist alles noch leer, denn wir stehen ja erst am Anfang. Unter QUICK START werden dir mehrere Optionen angeboten.

Du möchtest gern gleich mit einem neuen Projekt beginnen? Allerdings ist noch ein bisschen Vorarbeit nötig, ehe du auf START A NEW ANDROID STUDIO PROJECT klicken kannst.

Der SDK Manager

Um ein Android-Projekt zu erstellen und zum Laufen zu bringen, benötigen wir die Hilfe von zwei Managern:

- Der SOFTWARE DEVELOPMENT KIT (SDK) MANAGER stellt die nötigen Elemente des Betriebssystems Android zur Verfügung. Davon gibt es ja inzwischen einige Versionen. Und wenn wir für möglichst viele Smartphones programmieren wollen, brauchen wir nicht nur die neueste, sondern auch einige der älteren Versionen.
- Der ANDROID VIRTUAL DEVICE (AVD) MANAGER bietet die geeigneten Smartphone-Emulationen (das heißt, er sorgt dafür, dass die jeweiligen Smartphones unter Windows künstlich nachgeahmt werden). Natürlich gibt es auch Emulationen für Tablets und andere Geräte.

Android Studio hat bei der Installation schon dafür gesorgt, dass die wichtigsten Pakete mitinstalliert wurden. Aber das heißt nicht, dass ein Projekt sofort reibungslos läuft. Denn es gibt noch mehr Pakete im Angebot, und einige davon werden zusätzlich benötigt. Um selbst zu bestimmen, was letztendlich installiert ist, brauchen wir beide Manager. Dann können deine Apps störungsfrei laufen.

Der SDK Manager

> Um das System auf den neuesten Stand zu bringen und das nötige »Drumherum« zu installieren, klicke auf CONFIGURE.

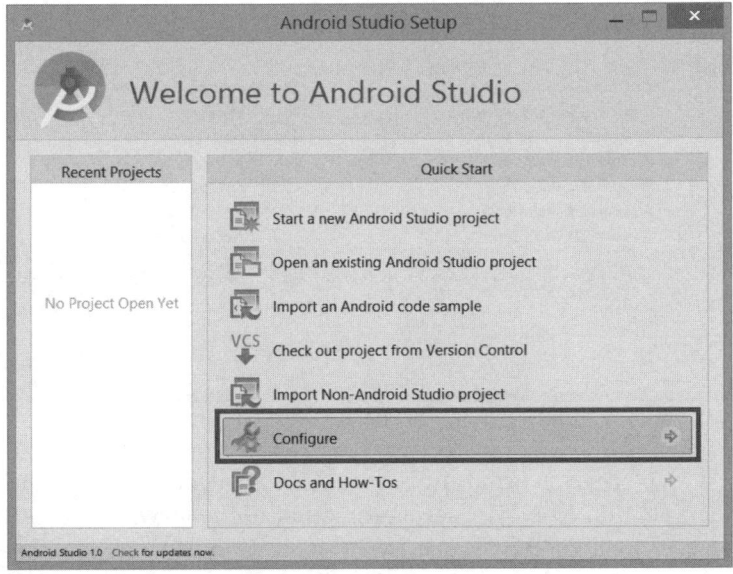

> Im nächsten Fenster klickst du auf SDK MANAGER.

Kapitel 1

Willkommen im Android Studio

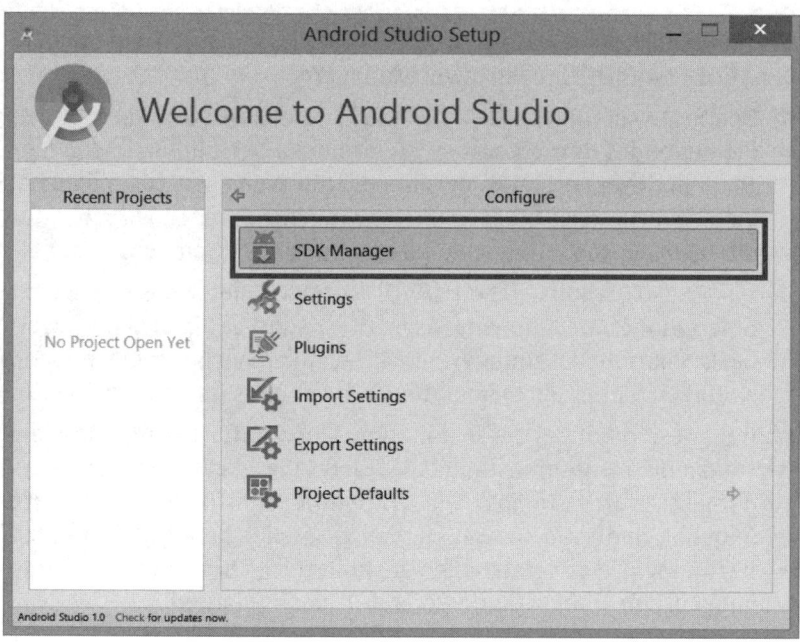

Es öffnet sich ein neues Zusatzfenster. Doch ehe es dir zur Verfügung steht, wird offenbar noch einiges geladen.

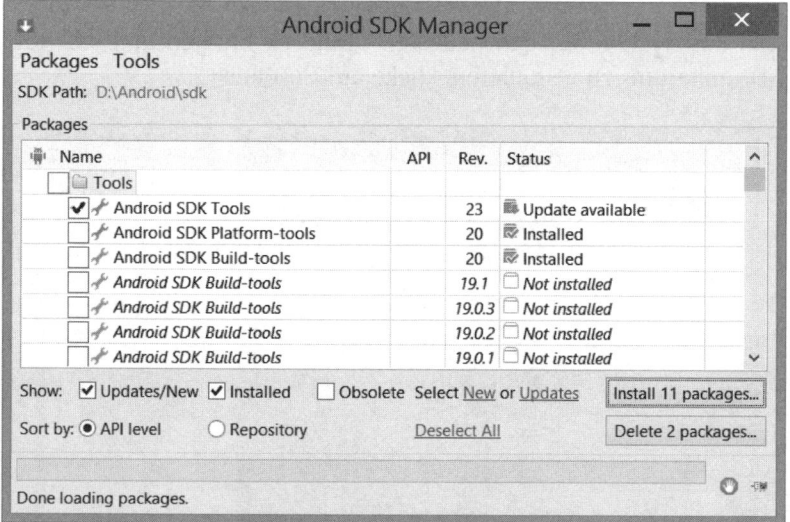

Da die Pakete (Packages) für die SDK Tools aus dem Internet geladen werden, ist nun eine **Internet-Verbindung** nötig. Es wird immer das angezeigt, was gerade aktuell ist, deshalb kann das, was du siehst, von der Abbildung im Buch abweichen.

Der SDK Manager

Normalerweise werden die SDK-Plattformen der neuesten Version von Android geladen. Du kannst **alles so lassen** oder die Liste nach unten blättern, nach Einträgen für ältere Android-Versionen suchen und die dann mit einem Häkchen versehen. Dann werden auch die mitinstalliert.

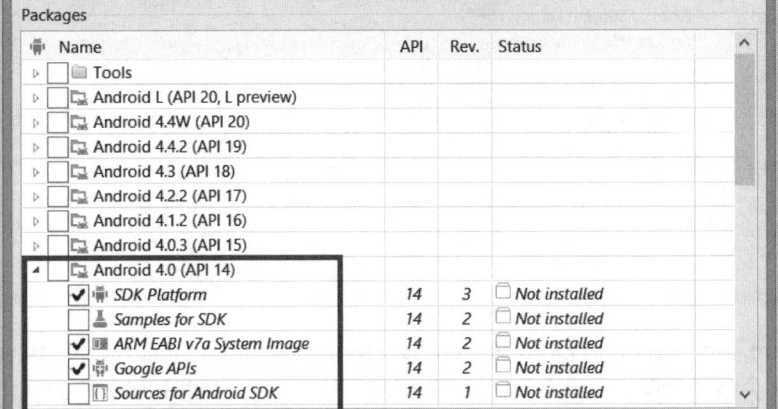

So wie Windows seine Versionsnummer hat, gibt es so etwas natürlich auch bei Android. Noch immer ist Version 4.0 die auf Smartphones am meisten verbreitete.

Daher solltest du auch **Android 4.0 (API 14)** auswählen, womit sich ältere Smartphones bedienen lassen. Auf jeden Fall brauchst du mindestens die SDK-Plattform. Wenn du nicht sicher bist, kannst du auch alles anklicken, was zu einer Version gehört.

Und es spricht nichts dagegen, noch weitere Versionen (vor allem zwischen API 14 und 21) hinzuzunehmen.

≫ Mit einem Klick auf INSTALL PACKAGES startest du die Zusatzinstallationen. (Zwischen diesen beiden Wörtern steht die Anzahl der Pakete, die aktuell zur Installation angeboten werden.) Alles, was angehakt wurde, wird nun geladen und installiert.

Im nächsten Fenster klickst du zuerst auf ACCEPT LICENSE, dann auf die Schaltfläche INSTALL.

Kapitel 1

Willkommen im Android Studio

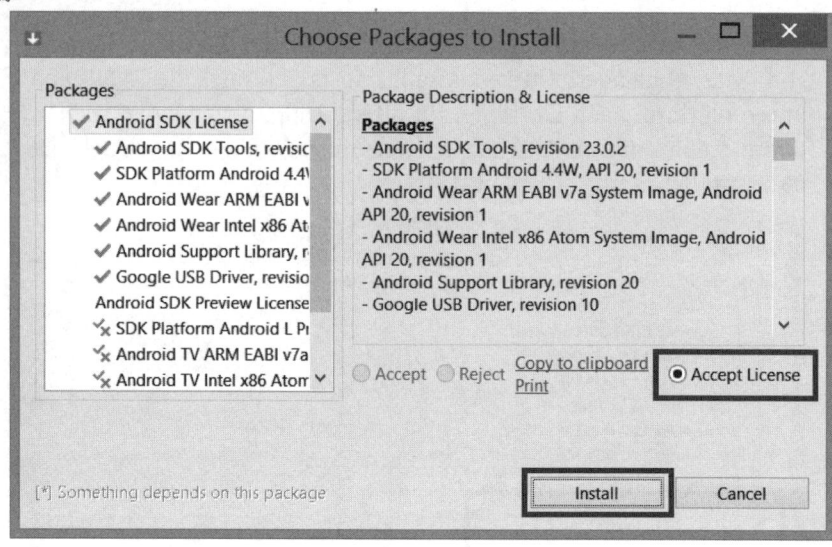

Nun kann es schon ein bisschen dauern, bis alles entpackt und installiert ist. Besonders, wenn du viele Android-Versionen herunterladen und installieren willst. Zum Schluss gibt es keine Extra-Meldung, sondern du landest wieder in dem Fenster mit der Liste der Packages.

Es ist möglich, dass der SDK Manager nach dem Installieren der ausgewählten Packages ein neues Update ankündigt.

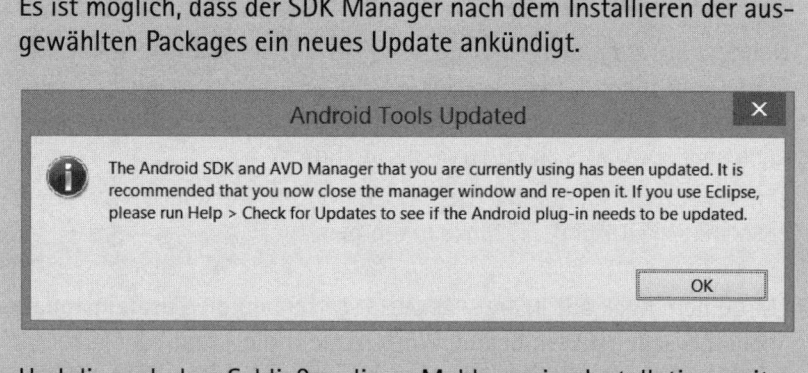

Und dir nach dem Schließen dieser Meldung eine Installation weiterer Pakete anbietet. Das siehst du an der Schaltfläche mit dem Text INSTALL PACKAGES. Sollte die aktivierbar sein und dort wieder eine Zahl stehen, dann gibt es noch mehr zu installieren.

≫ Wenn nötig, klicke erneut auf INSTALL PACKAGES, bis die Schaltfläche inaktiv ist.

Der SDK Manager

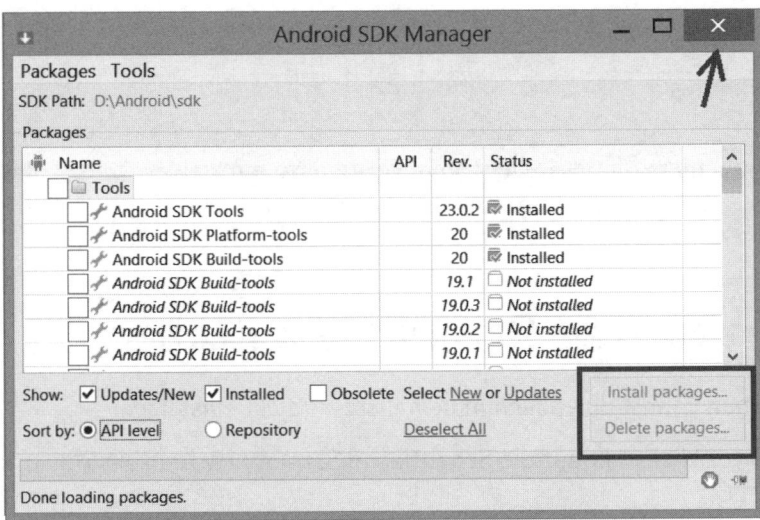

- Dann kannst du das Fenster wieder schließen.
- Zurück im Fenster von Android Studio klickst du auf den kleinen Zurück-Pfeil in der CONFIGURE-Leiste.

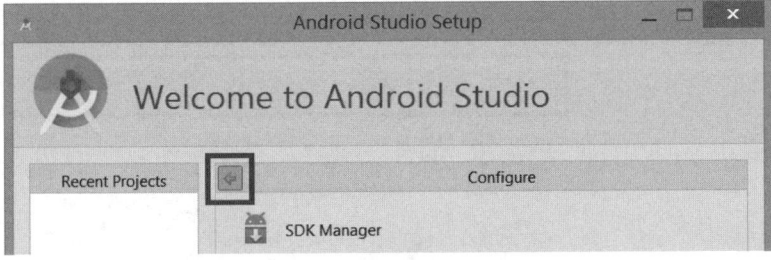

Der SDK Manager lässt sich jederzeit aus Android Studio heraus über das TOOLS-Menü aufrufen. Klicke dort auf ANDROID und im Zusatzmenü auf SDK MANAGER.

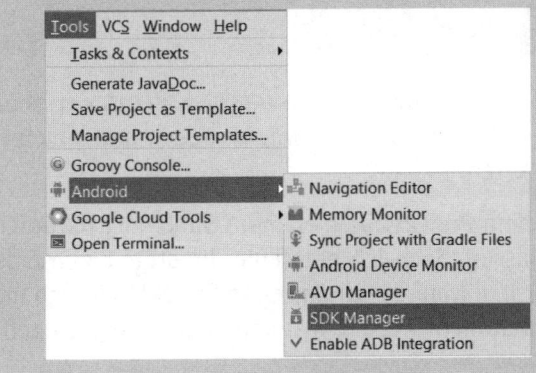

Kapitel

1

Willkommen im Android Studio

Außerdem gibt es in der Symbolleiste dazu ein kleines Symbol, das man auch direkt anklicken kann.

Ein neues Projekt erzeugen

Und nun kannst du endlich in dein erstes Projekt einsteigen.

≫ Dazu klickst du auf die Schaltfläche START A NEW ANDROID STUDIO PROJECT.

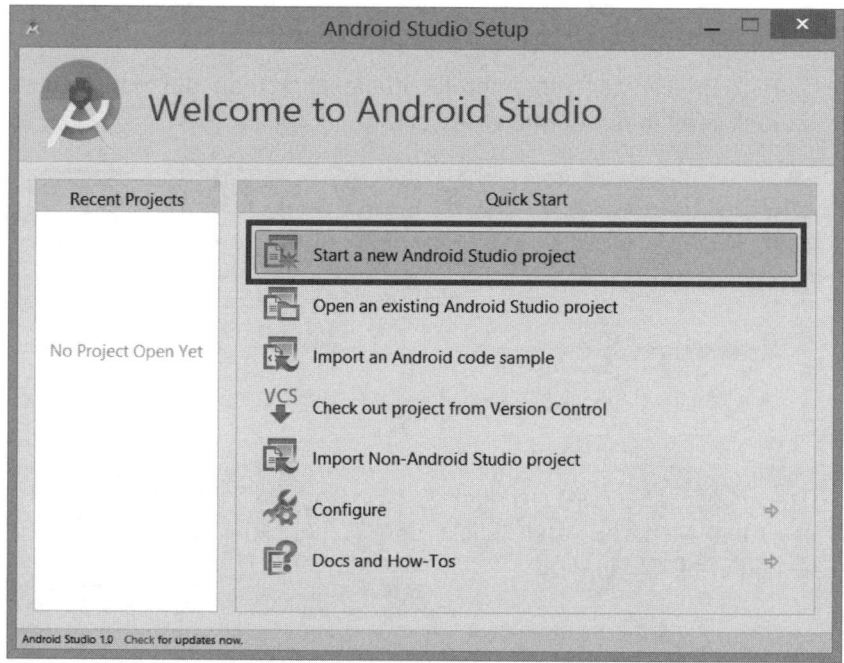

Ein neues Dialogfeld mit dem Titel CREATE NEW PROJECT erscheint und fordert dich heraus. Dann musst du etwas eingeben und gleich eine weitere Entscheidung treffen.

Zuerst braucht dein Projekt einen Namen. Du kannst natürlich My Application stehen lassen, doch ich empfehle dir, stets einen eigenen neuen Namen zu vergeben. Nennen wir das erste Projekte einfach mal Projekt1, auch weil wir noch nicht wissen, was genau die App, die nachher herauskommt, macht.

Ein neues Projekt erzeugen

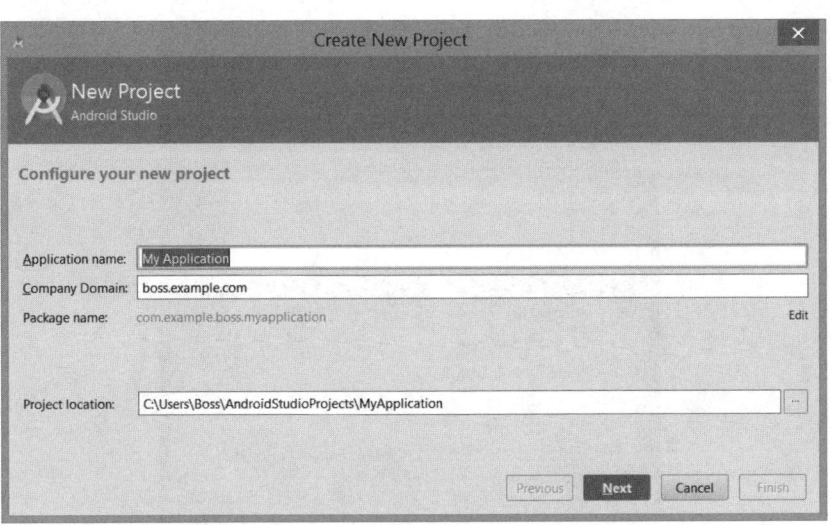

≫ Tippe hinter APPLICATION NAME einen neuen Namen ein.

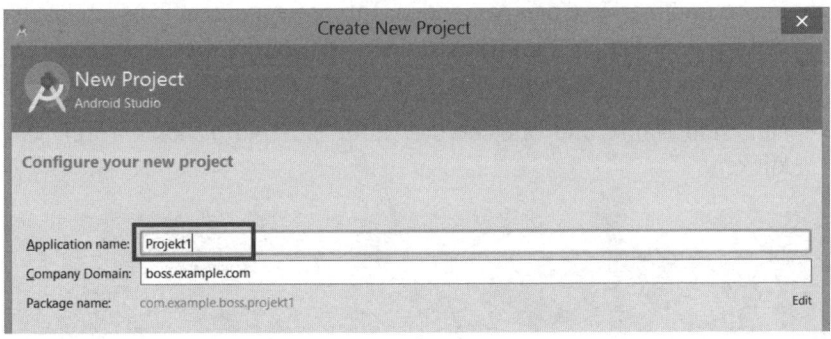

Darunter wird das Verzeichnis angezeigt, in dem dein Projekt untergebracht werden soll. Im Allgemeinen bietet Android Studio einen Platz im BENUTZER-Ordner auf Laufwerk C: an. Ich schlage vor, die Projektdateien in einem anderen Laufwerk unterzubringen.

Dazu kannst du einen weiteren Ordner in D:\ANDROID mit dem Namen PROJEKTE erstellen. Wenn dir das zu umständlich ist, lass einfach den angebotenen Speicherort hinter PROJECT LOCATION stehen.

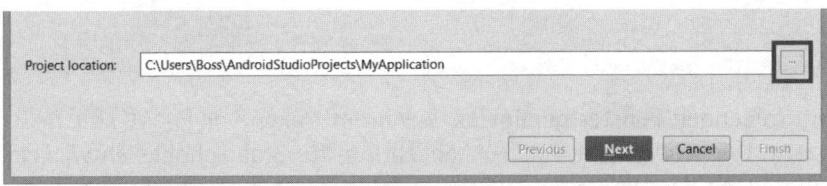

≫ Ansonsten klicke auf den kleinen Button ganz rechts, damit öffnest du ein neues (kleineres) Dialogfeld.

Kapitel 1

Willkommen im Android Studio

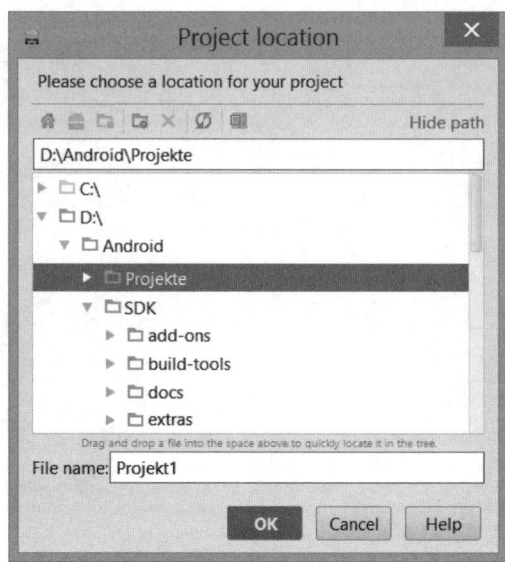

> ➤ Suche und markiere den passenden Ordner (in meinem Falle ist das der Unterordner PROJEKTE im Hauptordner ANDROID) und schließe das Dialogfeld mit Klick auf OK.

> ➤ Nun sind Name und Speicherort festgelegt und du kannst auf NEXT klicken.

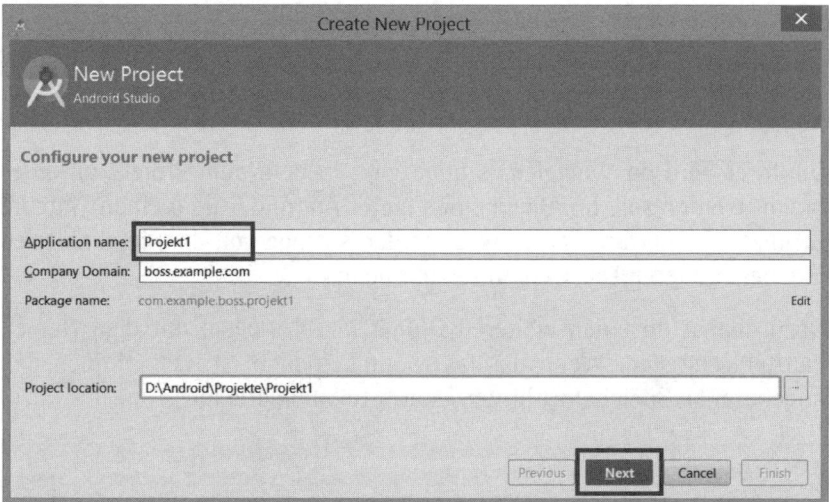

Im folgenden Fenster genügt es, wenn ein Haken vor PHONE AND TABLET steht. Wir wollen eine App (= Applikation) für Smartphones entwickeln, aber wenn das Ding auch auf einem Tablet läuft, umso besser (an anderen Geräten sind wir derzeit nicht interessiert).

Ein neues Projekt erzeugen

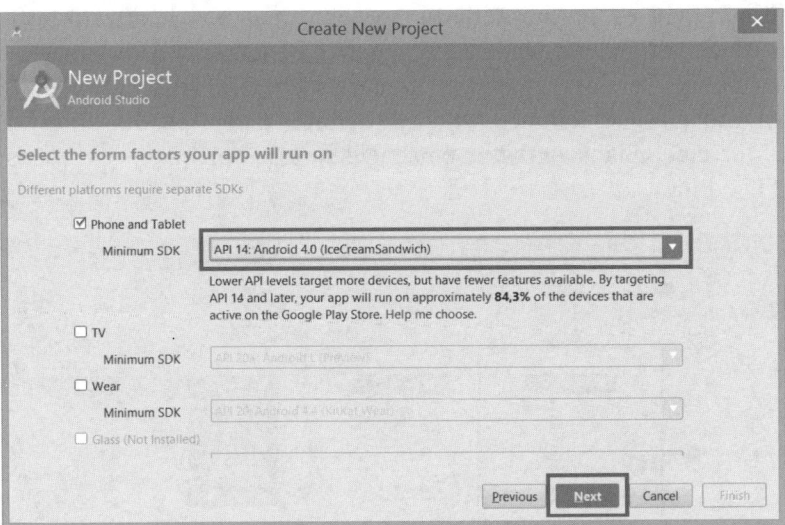

Darunter steht etwas von MINIMUM SDK. Damit ist das Betriebssystem, also Android gemeint. Genauer: die Pakete, die du vorher mit dem SDK Manager installiert hast.

> Da nicht alle Smartphones mit den neuesten Versionen versorgt werden, ist es sinnvoll, ein Projekt für eine etwas frühere Android-Version zu entwickeln. So läuft deine App auf möglichst vielen (auch älteren) Smartphones.

> Auf jeden Fall laufen sämtliche Apps, die für ältere Android-Versionen entwickelt wurden, auch auf allen neuen Smartphones.
>
> Wichtig ist: Für die eingestellte Version muss das **exakte** SDK installiert sein. Notfalls musst du also noch mal den SDK-Manager bemühen, um Fehlendes nachträglich zu installieren.

≫ Sorge dafür, dass die Android-Version eingestellt ist, mit der du arbeiten willst. Dann klicke auf NEXT.

Kapitel 1

Willkommen im Android Studio

Und nun geht es um die **Activity**. So nennt man ein Benutzerinterface. Das ist die Verbindungsstelle zwischen dem Benutzer (z. B. dir) und einem Smartphone. Vereinfacht kann man hier sagen: Ein Fenster auf dem Display. Also quasi der Rahmen für die Aktivitäten einer App. Du solltest dich hier für eine »Blank Activity« entscheiden, also sozusagen ein »Fenster mit nix drin«.

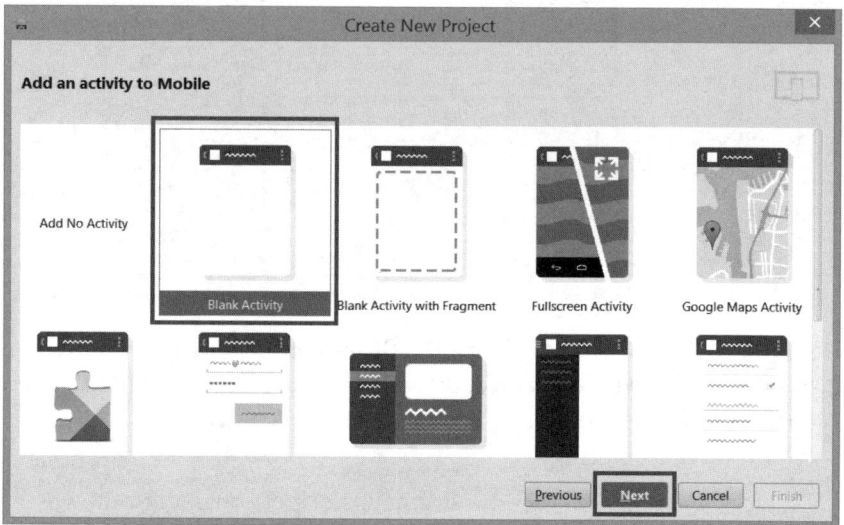

≫ Sorge dafür, dass BLANK ACTIVITY markiert ist, und klicke dann auf NEXT.

Auch im folgenden Fenster kannst du alles für dein aktuelles Projekt so stehen lassen.

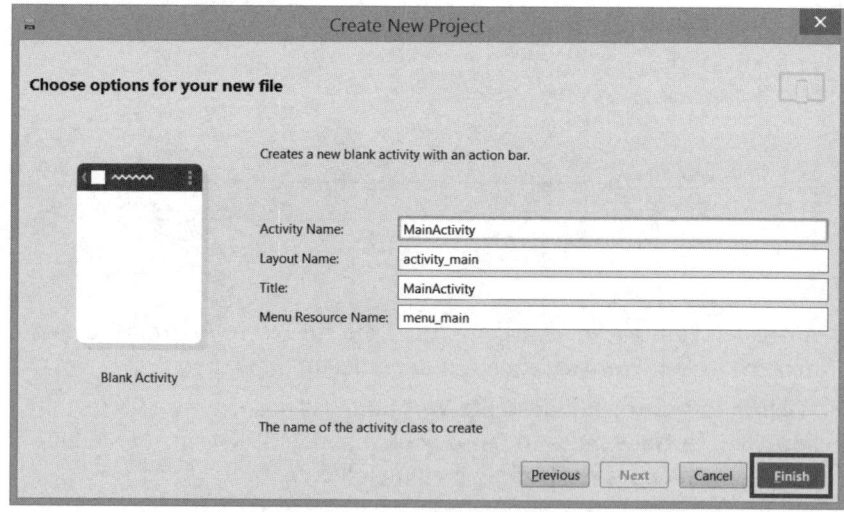

≫ Diesmal klickst du auf FINISH und schließt damit auch das Fenster.

Ein neues Projekt erzeugen

Nun beginnt Android Studio, deine Einstellungen zu verarbeiten. Das kann eine Weile dauern. Zuerst wird der Blick auf das Hauptfenster von einer Meldung gestört.

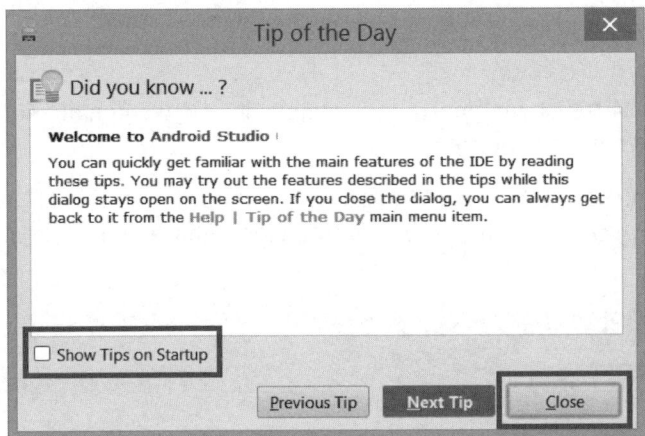

» Entferne den Haken vor SHOW TIPS ON STARTUP (es sei denn, du willst auf diese Tipps nicht verzichten). Um das Meldefenster zu schließen, klicke auf CLOSE.

Was dich dann erwartet, könnte etwa so oder ähnlich aussehen:

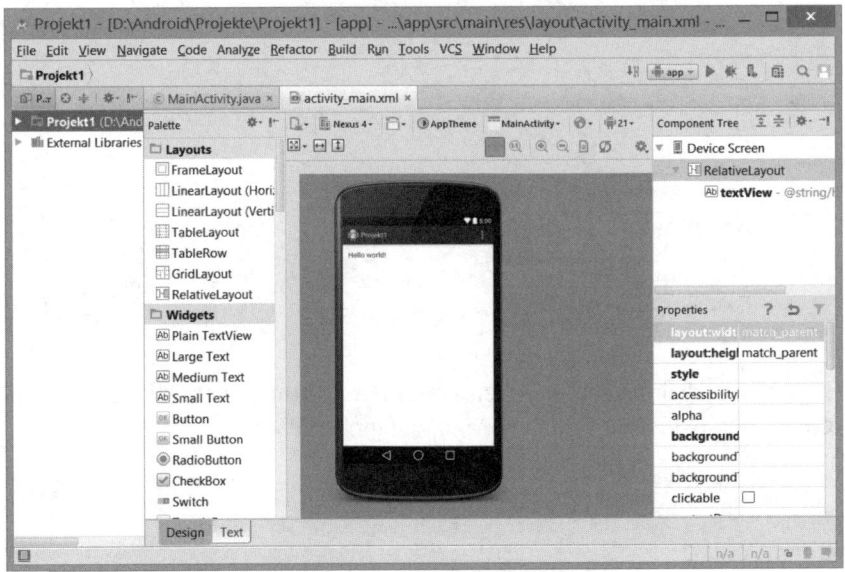

Die Startaufstellung von Android Studio

Für den ersten Augenblick mag das ein bisschen sehr verwirrend sein. Denn es erwarten dich gleich ein paar Fensterabschnitte:

◆ Links siehst du eine Spalte, die dem Explorer in einem Fenster unter Windows entspricht, hier werden die Bestandteile deines Projekts auf-

Kapitel 1 — Willkommen im Android Studio

gelistet. (Möglicherweise sieht es bei dir anders aus, z.B. wenn oben ANDROID statt PROJECTS eingestellt ist und die Listen eingeklappt sind.)

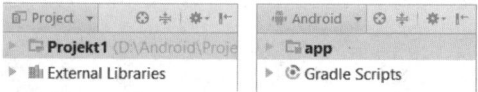

- ◇ In der Mitte ist ein Smartphone abgebildet. Da werden die Komponenten deiner App angezeigt.

- ◇ Und rechts stehen die Komponenten, aus denen die aktuelle App besteht. Dort lassen sich bestimmte Eigenschaften einstellen.

Möglicherweise sieht bei dir das Ganze so oder ähnlich aus:

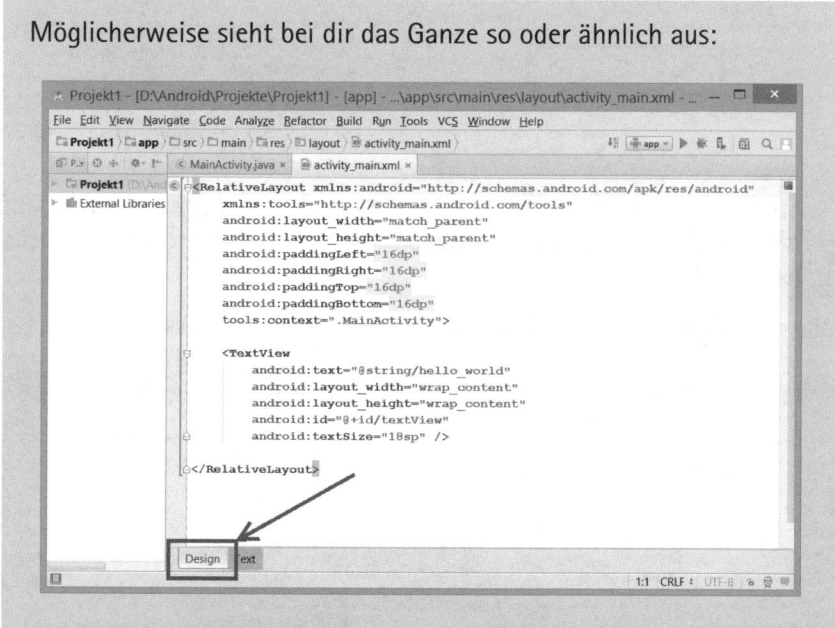

Dann hilft ein Klick ganz unten auf den linken Reiter DESIGN. Damit kommst du in das anfangs gezeigte Fenster.

Ganz oben ist die Menüleiste zu erkennen. Darunter befinden sich mehrere Symbole, die man mit der Maus anklicken kann.

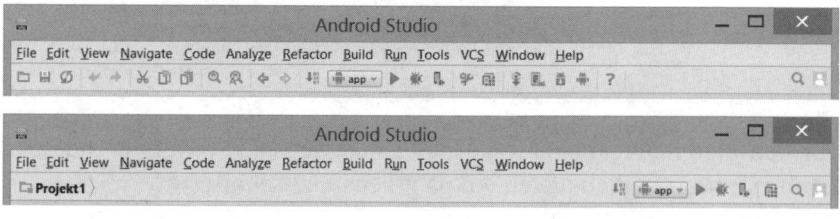

Diese vier Menüs von Android Studio wirst du wahrscheinlich am meisten benutzen:

Der AVD Manager

- Über das FILE-Menü kannst du Dateien speichern, laden (öffnen), ausdrucken, neu erstellen oder Android Studio beenden.
- Das Menü EDIT hilft dir bei der Bearbeitung deines Programmtextes, aber auch bei anderen Programmelementen. Außerdem kannst du dort bestimmte Arbeitsschritte rückgängig machen oder wiederherstellen.
- Über das RUN-Menü sorgst du dafür, dass dein Projekt ausgeführt wird.
- Und das HELP-Menü bietet dir vielfältige Hilfsinformationen (auf Englisch) an.

Du kannst auch aus Android Studio direkt ein neues Projekt erzeugen. Klicke im FILE-Menü auf NEW PROJECT.

Der AVD Manager

Haben wir etwa schon ein Programm bzw. eine App? Immerhin ist da ja schon einiges zu sehen.

➢ Probiere einfach mal aus, was passiert, indem du im RUN-Menü auf den ersten Eintrag RUN 'APP' klickst (oder auf den grünen Pfeil in der Symbolleiste).

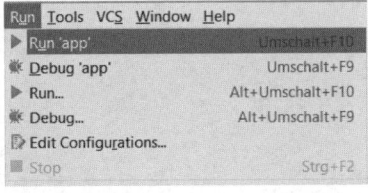

Nach einer Weile bekommst du dieses Dialogfeld zu sehen:

Mit CHOOSE DEVICE ist gemeint, dass du ein Ziel-Gerät aussuchen sollst, das ein Smartphone emuliert. Dass rechts im Hauptfenster ein Display angezeigt wird, genügt offenbar nicht.

Kapitel 1

Willkommen im Android Studio

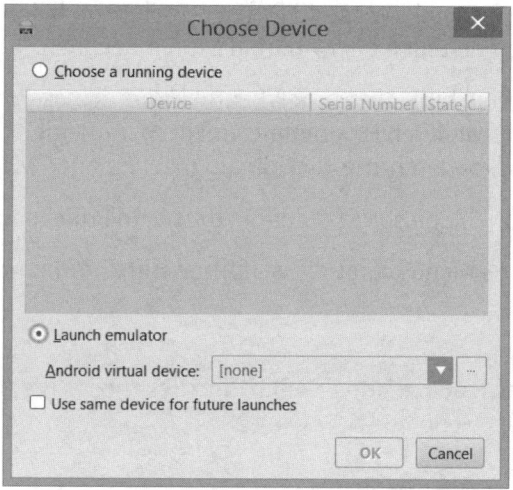

Möglicherweise finden wir in diesem Dialogfeld bei den Angebotsfenstern gähnende Leere vor. Dann gibt es kein RUNNING DEVICE (also ein »Gerät«, das gerade läuft) und es gibt auch keinen LAUNCH EMULATOR (also etwas, das ein Smartphone emuliert).

> Später werden wir direkt ein Smartphone an den PC anschließen, um unsere Apps auch dort zu testen. Jetzt aber brauchen wir ein virtuelles (also un-echtes) Gerät, das so tut, als sei es ein Smartphone.

Wir müssen also nur ein solches Gerät, genannt **Android Virtual Device** (kurz: AVD) finden und das aktivieren.

≫ Sorge dafür, dass der Eintrag LAUNCH EMULATOR aktiviert ist, dann klicke auf den kleinen Button mit den drei Pünktchen.

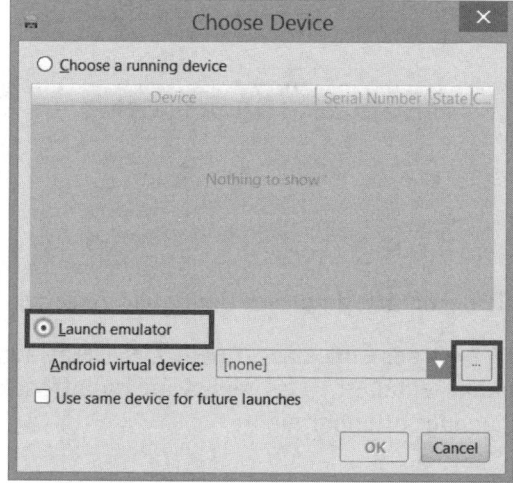

Der AVD Manager

Und schon erscheint ein neues Dialogfeld. Auch wenn das ebenfalls ziemlich verwaist aussieht, können wir mit dem nun etwas mehr anfangen.

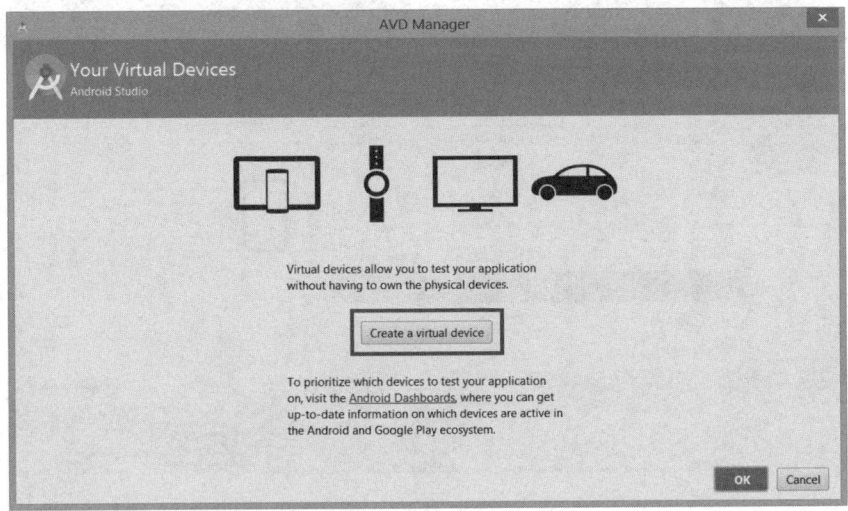

Wenn dort ein Gerätename steht, hat Android Studio bereits ein Gerät erzeugt. Das allerdings funktionierte bei mir nicht. Bei inzwischen neueren Versionen von Android Studio kann das Problem bereits gelöst sein. Auf alle Fälle solltest du wissen, wie du dir deinen eigenen Emulator baust.

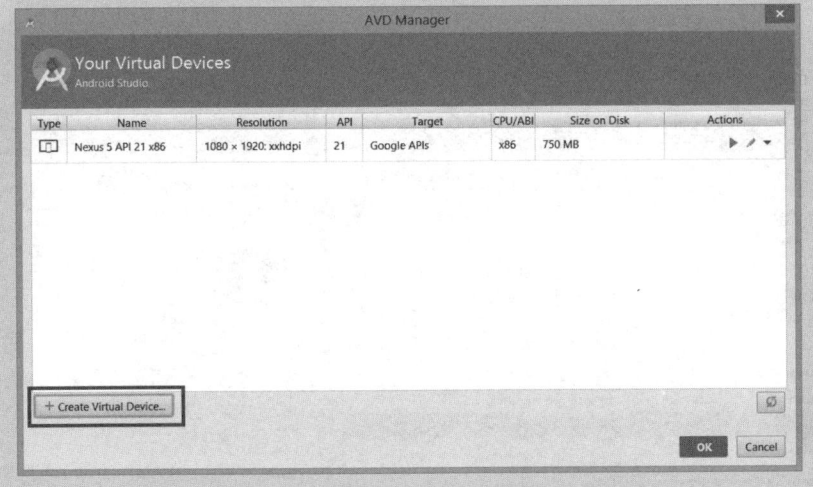

Über die Schaltfläche CREATE VIRTUAL DEVICE kannst du ein neues Android Virtual Device erzeugen, dir also dein eigenes virtuelles Smartphone zusammenbasteln.

Kapitel 1

Willkommen im Android Studio

» Wechsle per Mausklick ins Fenster SELECT HARDWARE.

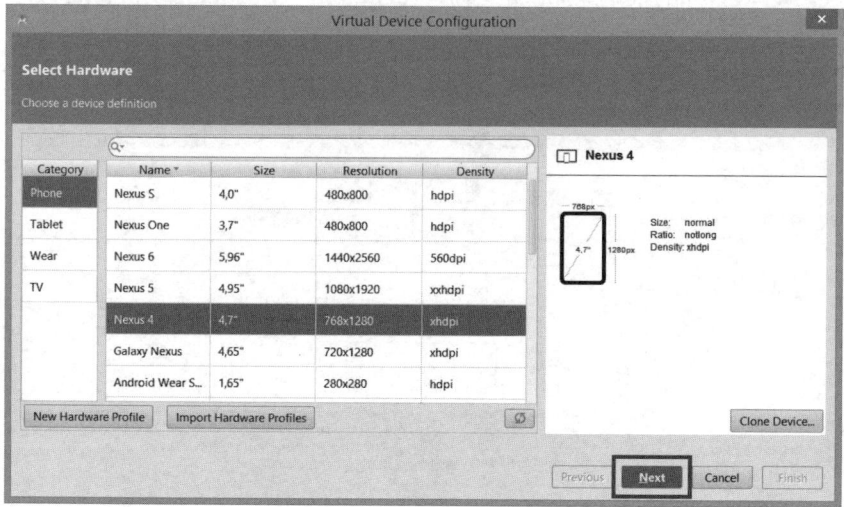

Dort kannst du dir nun ein Smartphone aussuchen (unter anderem sind dort auch Geräte aufgelistet, die keine Smartphones sind). Ich habe mir ein älteres Gerät ausgesucht.

» Markiere das Gerät, das du haben willst, und klicke dann auf NEXT.

Und schon wieder taucht ein neues Dialogfeld mit dem Titel SYSTEM IMAGE auf.

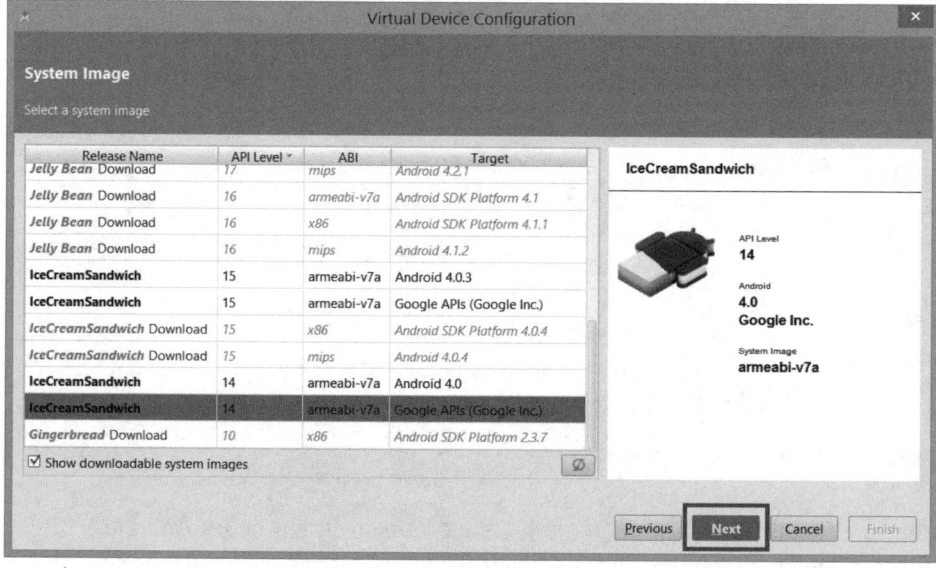

Hier wählst du eines der Android-Systeme aus der Liste. Was darin steht, hängt auch davon ab, wie viel du mit dem SDK-Manager installiert hast.

40

Der AVD Manager

≫ Markiere das System deiner Wahl und klicke auf NEXT.

≫ Im folgenden Fenster trägst du hinter AVD NAME noch einen Namen deiner Wahl ein, z. B. My_Phone. Dann klicke auf FINISH.

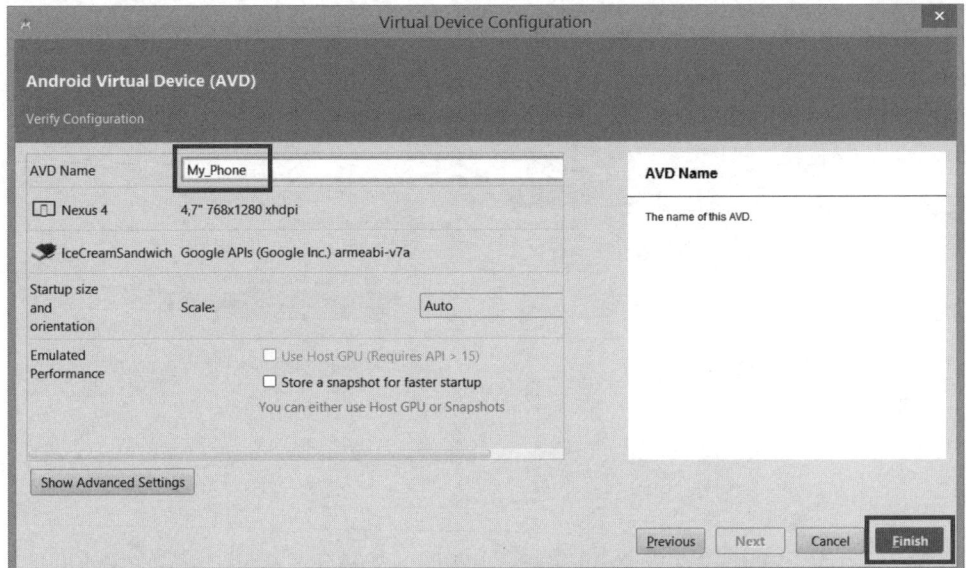

Und damit landest du wieder am Anfang. Nun hast du eine Liste mit einem oder zwei Emulatoren.

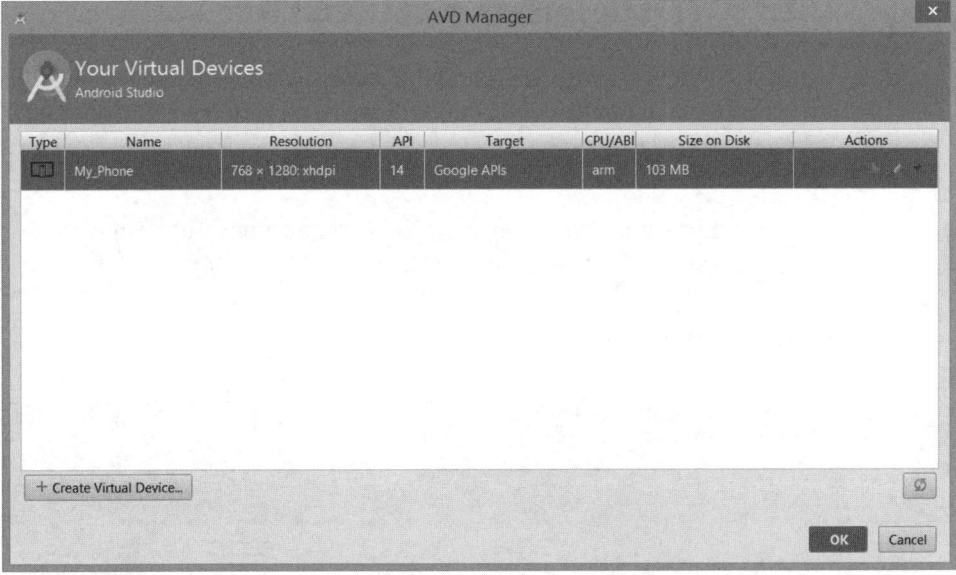

≫ Um das Ganze abzuschließen, kannst du auf OK klicken.

Kapitel 1

Willkommen im Android Studio

Der AVD Manager lässt sich jederzeit aus Android Studio heraus über das TOOLS-Menü aufrufen. Klicke dort auf ANDROID und im Zusatzmenü auf AVD MANAGER.

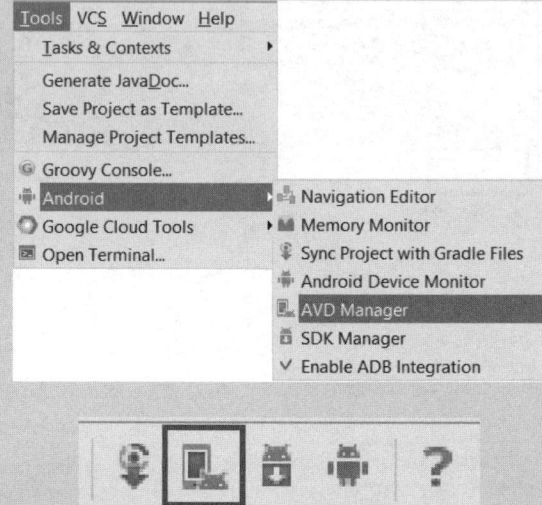

Außerdem gibt es in der Symbolleiste dazu ein kleines Symbol, das man auch direkt anklicken kann.

Die Emulation starten

Und nun solltest du den AVD Emulator auch gleich aktivieren, denn später brauchst du ihn ja sowieso, damit deine App läuft. (Falls du ihn mit OK beendet hast, starte ihn neu.)

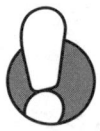

Früher oder später willst du natürliche deine Apps auf dem Smartphone testen. Wie das funktioniert, steht in **Anhang C**.

≫ Klicke auf das grüne Dreieck unter ACTIONS.

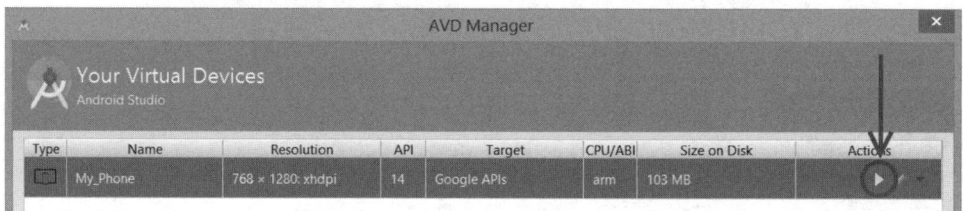

Die Emulation starten

Kurz darauf tut sich ein weiteres, diesmal eindrucksvoll großes Fenster auf, das wie ein Smartphone aussieht.

Und nun kann es (sehr) viele Minuten dauern, bis das Android-System sich »aufgerappelt« hat. Das ist so ähnlich, wie wenn du dein Smartphone komplett ausgeschaltet hast und neu startest. Also ist Geduld gefragt. (Aber die hast du ja bis jetzt ohnehin bewiesen.)

≫ Du kannst inzwischen das Fenster des AVD Managers (über das X-Symbol oben rechts) wieder schließen.

Warten wir jetzt erst einmal gelassen, bis das Emulations-Fenster so oder ähnlich aussieht:

Nun ist es Zeit, einen weiteren Versuch zu wagen, um unsere App (die ja eigentlich noch nicht unsere ist) zum Laufen zu bringen.

≫ Klicke im RUN-Menü erneut auf den Eintrag RUN 'APP' (oder auf den grünen Pfeil).

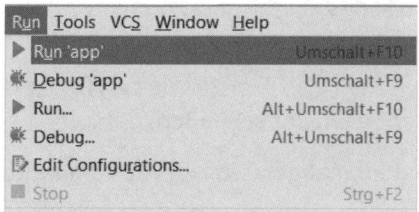

Nach einer Weile bekommst du das dir schon bekannte Dialogfeld zu sehen:

Die Emulation starten

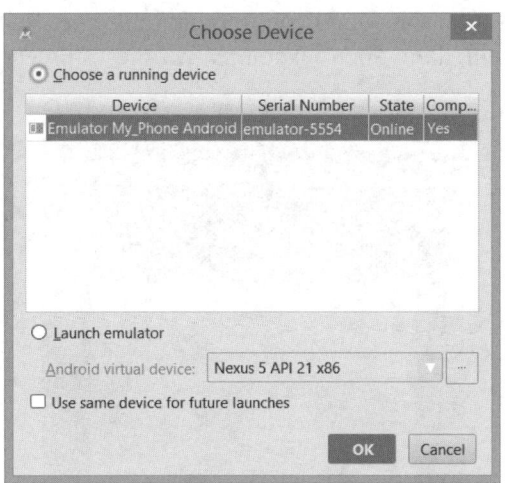

Diesmal aber steht da unter CHOOSE A RUNNING DEVICE ein Angebot, dem wir natürlich nicht widerstehen werden.

≫ Klicke auf OK.

Um herauszufinden, was jetzt abgeht, musst du in das Fenster deines virtuellen Smartphones wechseln.

≫ Dort ziehst du mit der Maus das Schloss-Symbol zur Seite (und hebst damit die »Handy-Sperre« auf).

Kapitel 1 — Willkommen im Android Studio

Nur kurz dürfte jetzt das Menü von Android (mit einer Reihe von Symbolen) zu sehen sein, dann aber bekommen wir dieses Ergebnis:

Obwohl wir in Sachen Programmierung noch keinen Finger gerührt haben, erscheint hier schon ein Gruß an alle Welt (auf Englisch).

> Bei dir passiert nichts dergleichen, sondern du bekommst in einem Fenster von Android Studio eine Fehlermeldung wie diese?
>
> [INSTALL_FAILED_OLDER_SDK]
>
> Dann musst du dir leider die Mühe machen, und überprüfen, ob das genau passende SDK auch installiert ist (und gegebenenfalls eine Installation nachholen). Notfalls erzeugst du ein komplett neues Projekt und achtest genau auf die Einstellung MINIMUM SDK.
>
> Oder es gibt eine solche Meldung (im unteren Fensterbereich):
>
>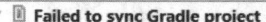

Die Emulation starten

Dann klickst du auf den Eintrag INSTALL MISSING PLATFORM(S) AND SYNC PROJECT. Oder auf INSTALL BUILD TOOLS AND SYNC PROJECT.

Ein neues Fenster erscheint, dort klickst du erst auf ACCEPT und dann auf NEXT.

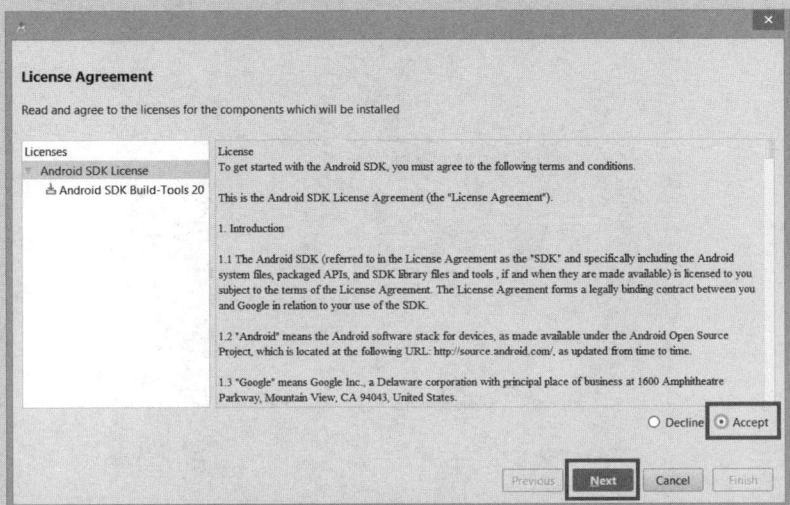

Im nächsten Fenster wird der Installationsfortschritt angezeigt.

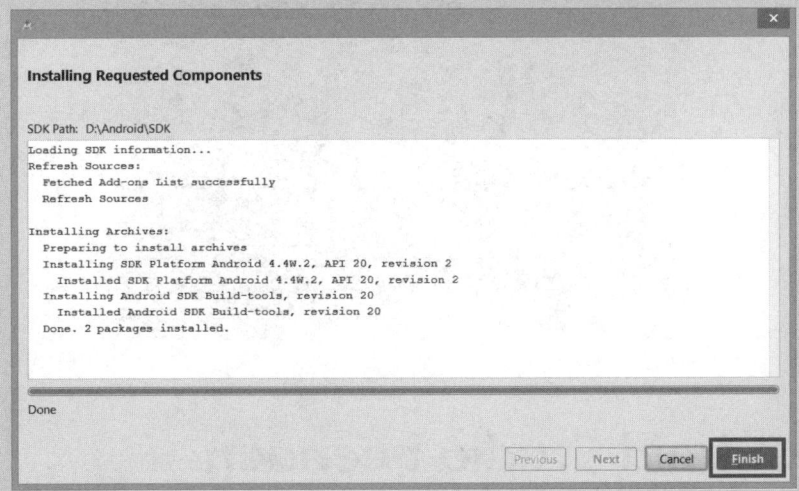

Wenn die Nach-Installation fertig ist, klicke auf FINISH.

(Der angezeigte Text kann bei dir anders sein, je nachdem welche Komponenten gefehlt haben.)

Kapitel 1 — Willkommen im Android Studio

≫ Im Emulator klickst du dich jetzt über die entsprechenden Symbole (unten im Display) zum Hauptmenü durch. Und dort findest du dann auch das Symbol deiner ersten App – möglicherweise erst nach dem Blättern zur nächsten Seite.

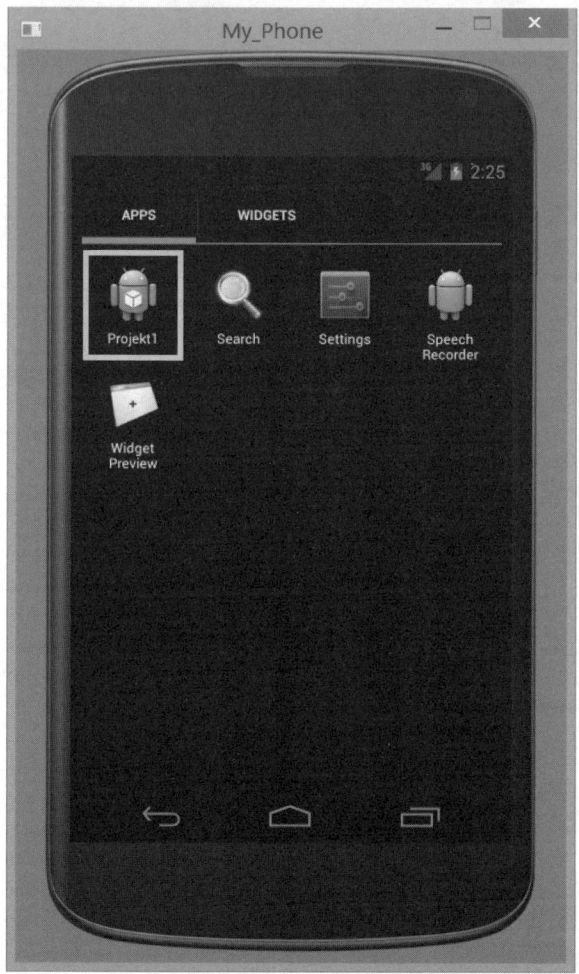

Android Studio beenden

Das erste Projekt ist erstellt und gelaufen. Was will man bei diesem Aufwand mehr? Natürlich willst du mehr, doch jetzt solltest du für eine Pause erst mal Android Studio verlassen.

≫ Klicke im Emulator-Fenster ganz oben rechts auf das kleine **X**.

Android Studio beenden

≫ Klicke auf FILE und dann auf EXIT. (Oder du klickst im Hauptfenster ganz oben rechts auf das kleine **X**.)

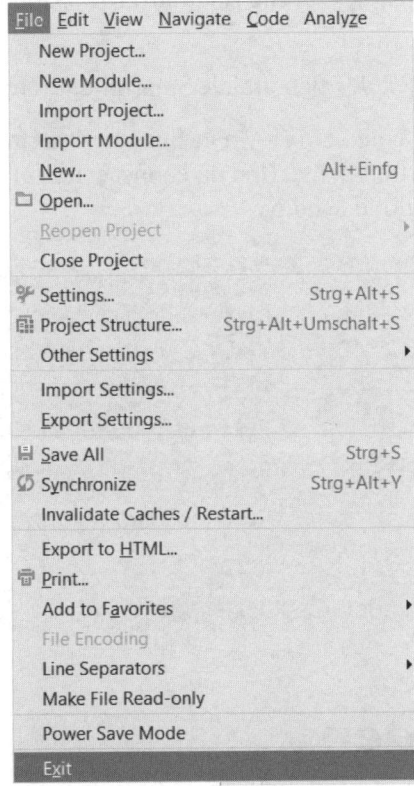

In einem Meldefenster wird noch einmal nachgefragt:

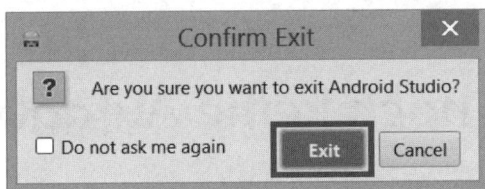

≫ Klicke auf EXIT. (Wenn du dieses Fenster nicht mehr sehen willst, musst du vorher DO NOT ASK ME AGAIN markieren.)

Kapitel 1 — Willkommen im Android Studio

Zusammenfassung

Eine eigene App. Dieses Ziel haben wir hier nicht erreicht. Noch nicht. Aber du hast hier schon mal einen ersten Eindruck über die Arbeit mit Android Studio gewonnen. Aller Anfang ist schwer? Hier passt es, doch der erste Hürdenlauf ist geschafft.

Du weißt jetzt etwas über

- ❖ den SDK Manager, der für die Android-Entwicklungspakete zuständig ist.
- ❖ den AVD Manager, der sich um die Smartphone-Emulatoren kümmert.

Du weißt, dass du eine Activity, ein Benutzerinterface als Aktionsrahmen für dein Projekt brauchst. Und du kennst schon ein paar Operationen im Umgang mit Android Studio:

Android Studio starten	Doppelklicke auf das Symbol für Android Studio. Oder klicke auf START/AUSFÜHREN und tippe den kompletten Pfad für STUDIO.EXE ein.
SDK Manager starten	Klicke auf TOOLS/ANDROID/SDK MANAGER.
AVD Manager starten	Klicke auf TOOLS/ANDROID/AVD MANAGER.
App-Projekt starten	Klicke auf RUN/'RUN APP'.
Hilfesystem aufrufen	Klicke auf HELP.
Android Studio beenden	Klicke auf FILE/EXIT.

Zwei Fragen ...

1. Was bedeuten SDK und AVD?
2. Was ist eine Activity?

... aber noch keine Aufgaben

2
Das erste eigene Projekt

Im ersten Kapitel hast du eine Menge arbeiten müssen, herausgekommen ist dabei eigentlich nichts, oder? Jedenfalls keine eigene App. Denn das mickrige »Hello World« stammt ja nicht mal von dir.

Doch dass du dich im letzten Kapitel so ins Zeug gelegt hast, wird sich hier auszahlen. Wir machen das Projekt zu **deinem** Projekt. Und du bekommst einen Einblick in das »System«, das hinter deinen Projekten steckt.

In diesem Kapitel lernst du

- wie man einen Anzeigetext erstellt
- wie man Strings als Ressourcen einbindet
- die Komponente Button kennen
- etwas über Pakete und Klassen
- wie man andere Projekte importiert

Von Hello zu Hallo

Nun solltest du deinem ersten Projekt auch einen eigenen Stempel aufdrücken. Dazu musst du wieder hinein in die Arbeitsumgebung Android Studio.

Kapitel 2

Das erste eigene Projekt

> Starte also Android Studio erst einmal neu.

Und einige Zeit darauf landest du ohne große Umschweife direkt in deinem Projekt. Den Android-Emulator brauchen wir jetzt noch nicht, du wirst nachher einen Weg finden, ihn direkt mit dem Programm zu starten.

Android Studio speichert deine Projekte **automatisch**. Das, was du zuletzt gemacht hast, bevor du Android Studio verlässt, das erwartet dich beim nächsten Start.

Du kannst aber auch selbst alles speichern, wenn du auf Nummer sicher gehen willst: Dazu klickst du auf FILE und dann auf SAVE ALL.

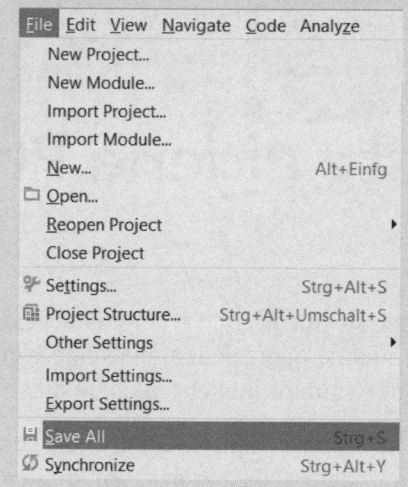

Wenn du in die Mitte des Hauptfensters von Android Studio schaust, dann siehst du eine für dich vielleicht fremde Ansammlung von Text, auch **Quelltext** genannt. Der wird dir wohl nur etwas sagen, wenn du schon mal programmiert hast. (Für die Kenner: Dieser Text ist in XML programmiert. Dazu später mehr.)

Schau dennoch ruhig noch etwas genauer hin. Dann wirst du irgendwo auch eine Zeile entdecken, in der dieses steht:

```
android:text="@string/hello_world"
```

Ob das die Stelle ist, an der wir »Hello World« durch einen anderen Satz ersetzen können? Zum Beispiel mit »Hallo, wie geht es?«?

Ehe du nun versuchst, einfach den Textteil `hello_world` direkt an Ort und Stelle durch einen anderen zu ersetzen, lassen wir hier lieber erst mal

Von Hello zu Hallo

alles, wie es ist. Denn am Quelltext selbst sollte nur der »operieren«, der sich wirklich schon mit dem Programmieren auskennt.

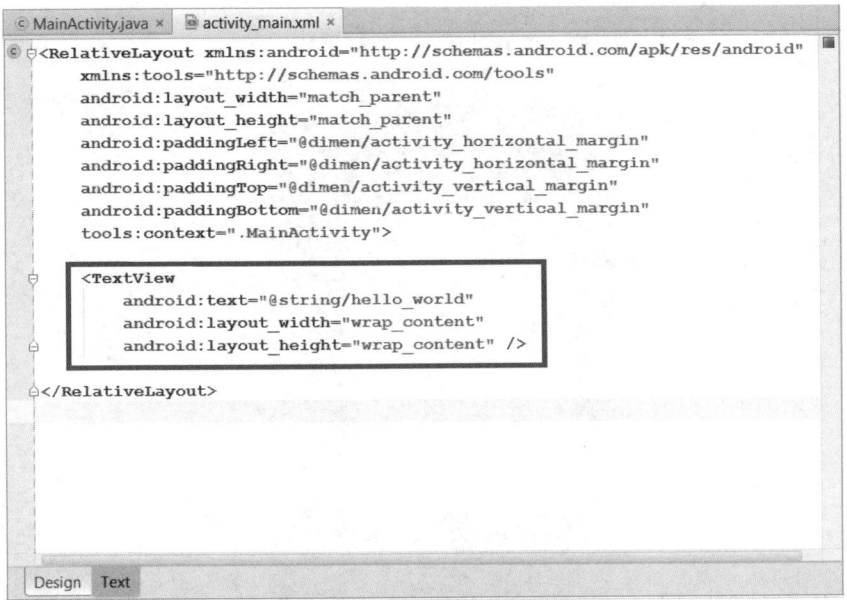

Um am Projekt etwas zu ändern, wechseln wir besser in einen anderen Arbeitsbereich.

➢ Klicke ganz unten im Editorfenster auf den linken Reiter DESIGN.

Kapitel 2 — Das erste eigene Projekt

Und du landest in einem Bereich, in dem du direkt die Oberfläche deiner App beeinflussen kannst.

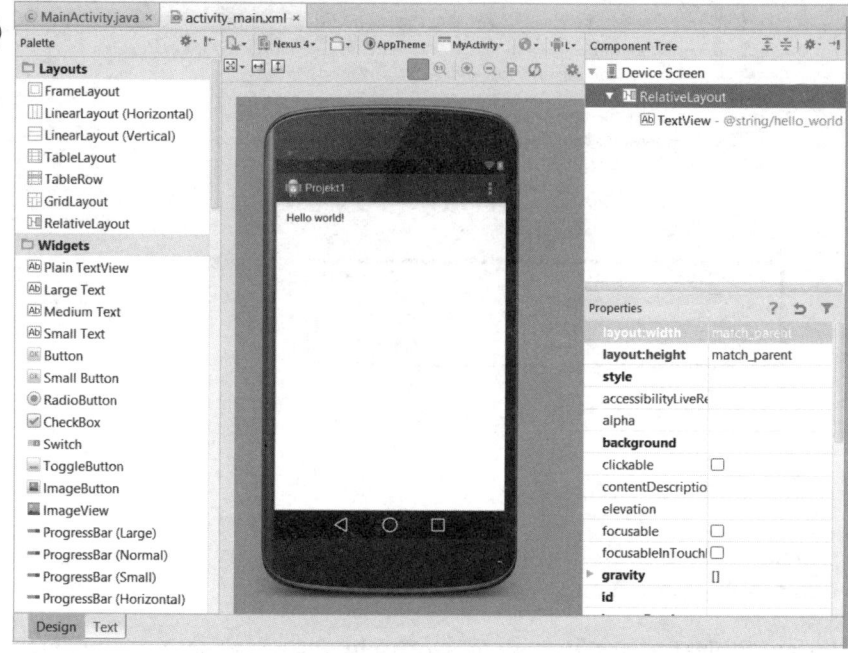

≫ Klicke auf das (bei mir ziemlich kleine) Anzeigefeld mit dem Text »Hello world!«, sodass es markiert ist.

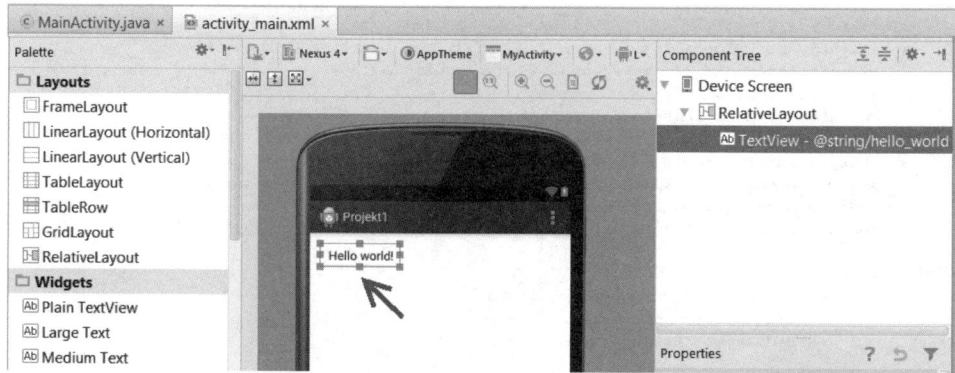

≫ Dann wanderst du im Hauptfenster auf die rechte Seite, rechts unten findest du unter PROPERTIES einige Einträge. Blättere dich durch bis zu der Zeile, in der links TEXT und rechts daneben @string/hello_world steht.

Von Hello zu Hallo

 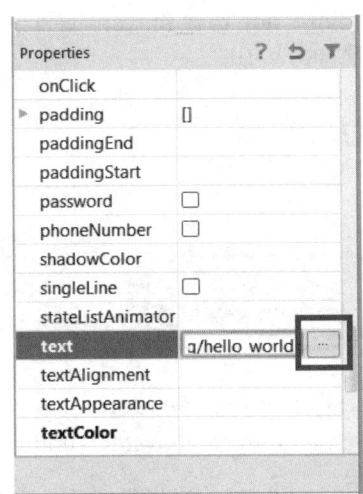

≫ Klicke ganz rechts auf den kleinen Button (mit den drei Pünktchen).

Es erscheint ein Dialogfeld mit dem Titel RESOURCES, in dem du unter anderem den String HELLO_WORLD in einer Liste findest.

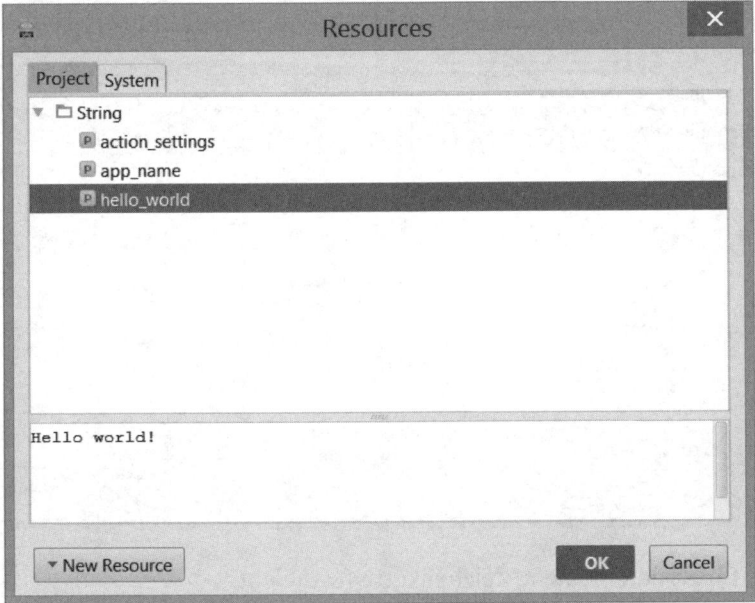

Mit **String** ist eine Zeichenkette gemeint. Ein Text ist eine solche Zeichenkette. Und den Inhalt bzw. Wert (englisch Value) findest du weiter unten: Hello World!

Kapitel 2 — Das erste eigene Projekt

> Klicke auf den Button NEW RESOURCE und direkt darunter auf NEW STRING VALUE.

Nun erscheint ein Fenster mit dem Titel NEW STRING VALUE RESOURCE. Hier kannst du nun einen Namen und einen Wert für den neuen Text eingeben.

> Tippe hinter RESOURCE NAME ein: Hallo_Frage

> Tippe hinter RESOURCE VALUE ein: Hallo, wie geht es?

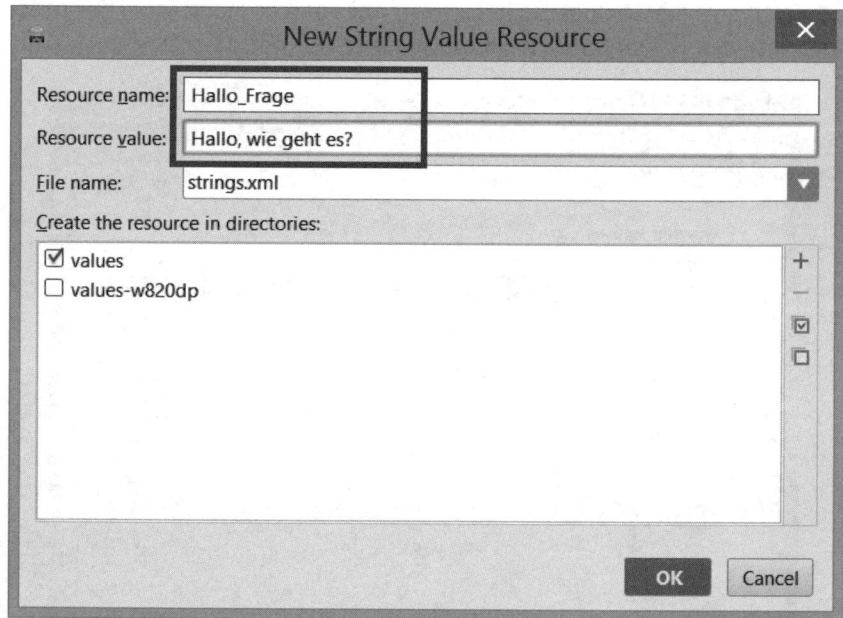

Damit hast du eine neue Zeichenkette festgelegt.

> Schau dir alles zur Kontrolle noch mal an, dann kannst du zur Bestätigung auf OK klicken.

Von Hello zu Hallo

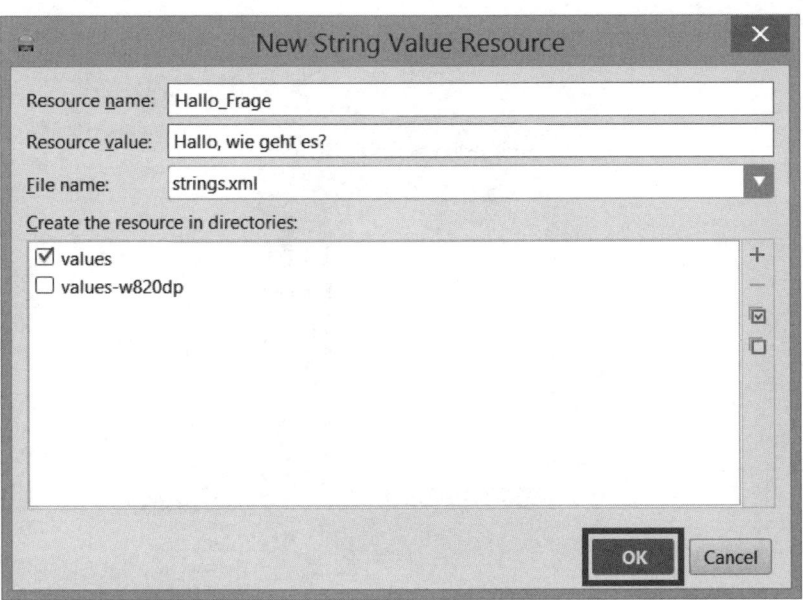

Dein neuer String taucht nun in der Liste auf.

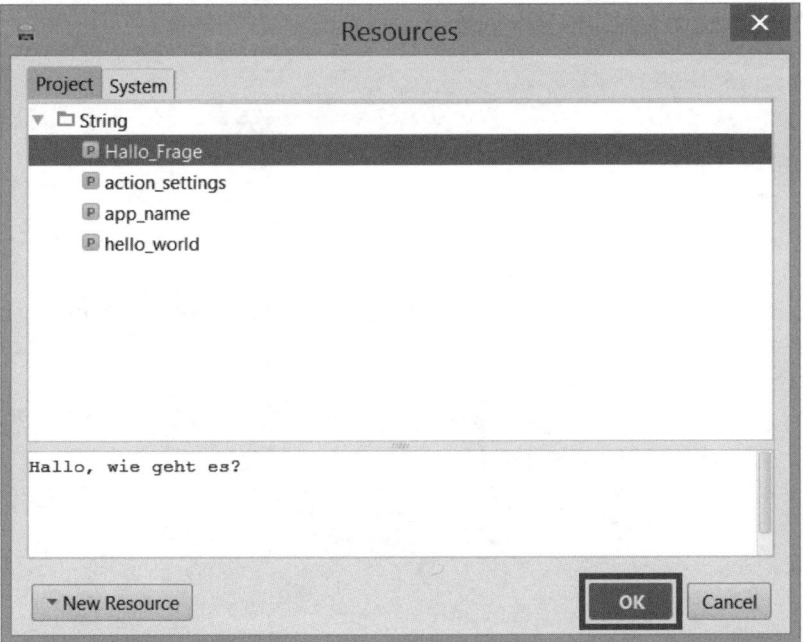

≫ Sorge dafür, dass er markiert ist, und klicke dann auch in diesem Fenster auf OK.

Und zurück im Hauptfenster von Android Studio siehst du auch gleich, dass sich etwas geändert hat: Dein neuer Text wurde angenommen.

Kapitel 2

Das erste eigene Projekt

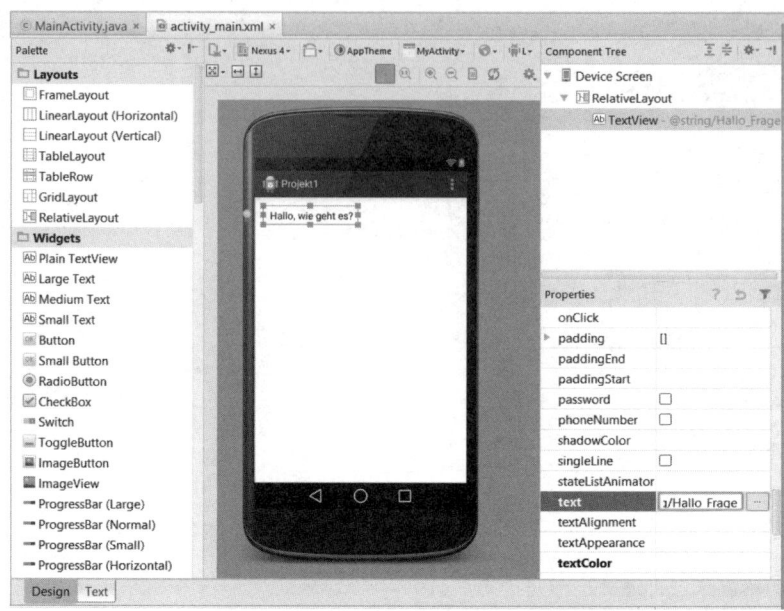

Probieren wir jetzt aus, ob unser Projekt mit dem neuen String zurechtkommt.

≫ Klicke auf RUN und RUN 'APP'.

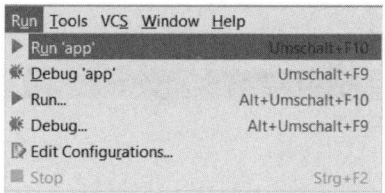

Sollten wir nicht erst den Emulator starten? Warte einen Moment, bis dieses Fenster erscheint:

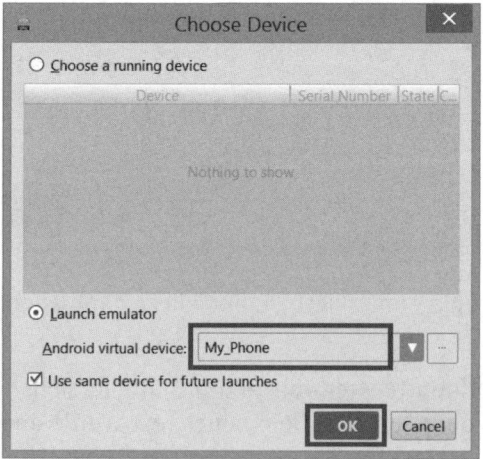

Kommt dir irgendwie bekannt vor? Da aktuell kein virtuelles Gerät läuft, wird unter Running Device auch nichts angeboten, doch weiter unten steht der Name des von dir erstellten Android Virtual Device (AVD). Bei mir ist es My_Phone, denn so habe ich mein Gerät genannt.

≫ Sorge dafür, dass Launch Emulator markiert ist, und klicke auf OK.

Nun heißt es wieder eine Weile warten, bis endlich erst das (unvermeidliche?) Schloss erscheint und dann nach dem »Aufschließen« endlich das, was von dir stammt. Der Satz »Hallo, wie geht es?« (→ Projekt1).

Damit du den Emulator nicht immer neu starten musst, lass ihn einfach laufen. Wechsle direkt in das Hauptfenster von Android Studio. Dort geht es jetzt weiter.

Gut oder Schlecht

Der Anzeigetext »Hallo, wie geht es?« verlangt nach einer Antwort. Das heißt, derjenige, der diese App benutzt, sollte auch die Möglichkeit haben, darauf zu antworten. Am besten ganz einfach per Fingertipp.

Dazu brauchen wir eine neue Komponente, die **Button** genannt wird. Man sagt auch **Schaltfläche**. Und viele sprechen einfach von einem Knopf. Wichtig ist, dass man diesen Bereich mit dem Finger antippen bzw. im Emulator mit der Maus anklicken kann.

Eine Komponente kennst du schon: das Anzeigefeld oder **Textfeld**, auch `TextView` genannt. Das ist die Fläche, in der der Text »Hallo, wie geht es?« angezeigt wird.

> Unter **Komponenten** versteht man Objekte, die in der Regel zur Bedienung von Programmen verwendet werden, also z.B. Schaltflächen (Buttons) und Textfelder (TextViews). In Android Studio sind die Basis-Komponenten als **Widgets** zusammengefasst.
>
> Und was sind **Objekte**? Eigentlich sind das doch diese Dinger, die ständig irgendwo herumstehen oder sich um uns herum bewegen. Also z.B. Häuser, Bäume, Autos, Leute. Auch du bist ein Objekt. Und zwar vom Typ Mensch. Objekte in einer Programmiersprache wie Java sind natürlich nur künstlich. Du wirst mit der Zeit nach und nach einige Objekte kennenlernen.

> Sorge dafür, dass du im DESIGN-Fenster von ACTIVITY_MAIN.XML bist. Dort suchst du unter WIDGETS nach dem Eintrag BUTTON und klickst darauf.

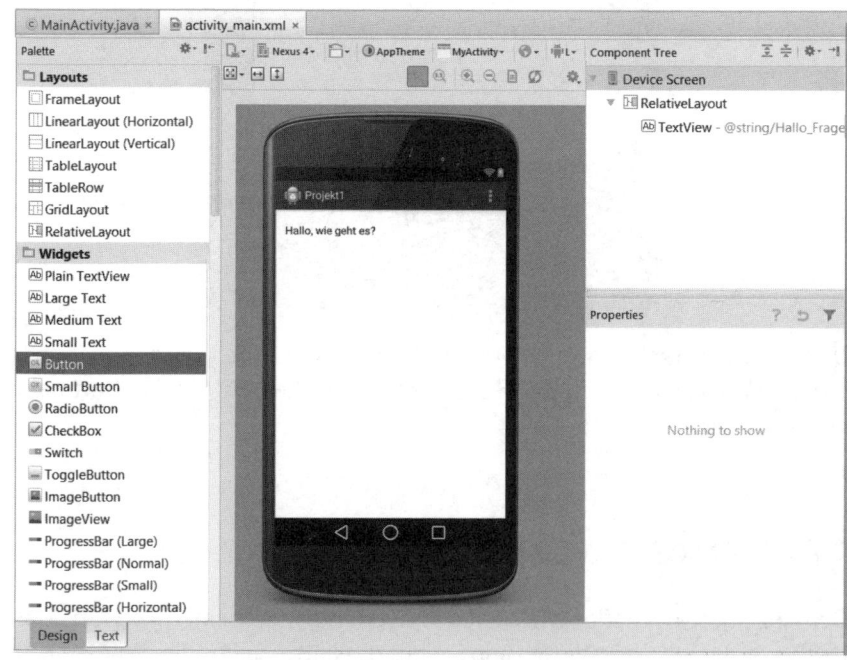

Gut oder Schlecht

≫ Dann fährst du mit der Maus ins Display-Feld des angezeigten Smartphones.

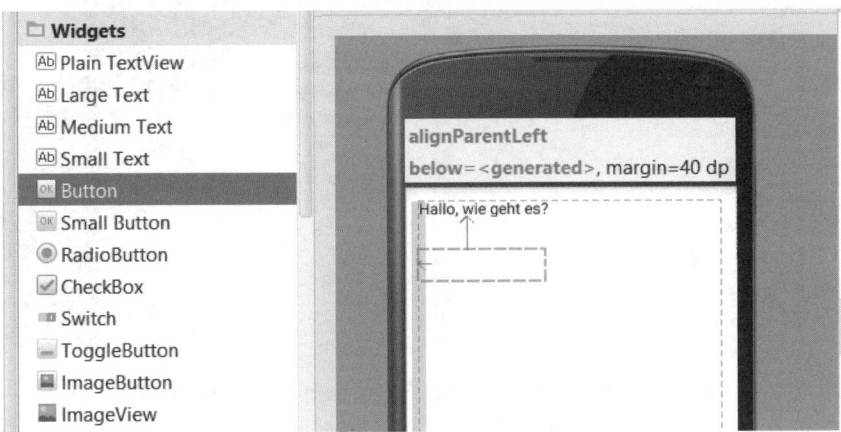

Du siehst bereits angedeutet, wo der Button platziert wird, er lässt sich durch die Mausbewegung nach oben oder unten verschieben.

≫ Drücke die linke Maustaste.

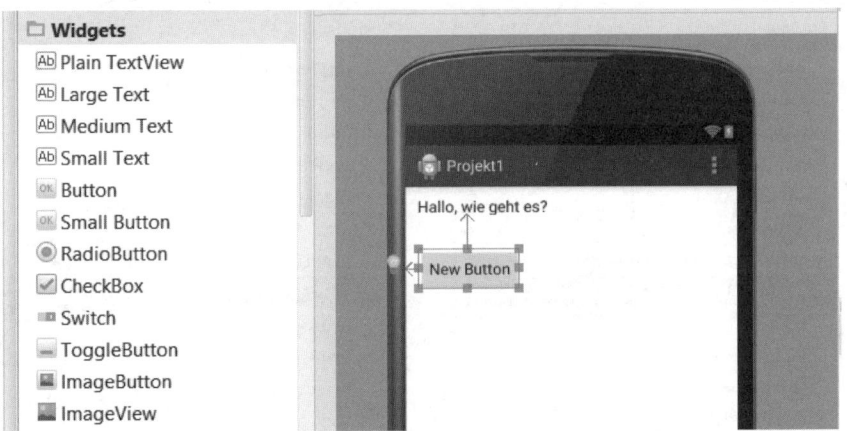

Und es gibt eine neue Komponente mit der Aufschrift »New Button«. Weil uns eine Antwort nicht reicht, wiederholen wir das Ganze jetzt gleich noch mal.

≫ Markiere links den Eintrag BUTTON, fahre mit der Maus auf eine Stelle im Display neben dem bereits vorhandenen Button und klicke dorthin.

Nun müsste es bei dir etwa so aussehen:

Kapitel 2

Das erste eigene Projekt

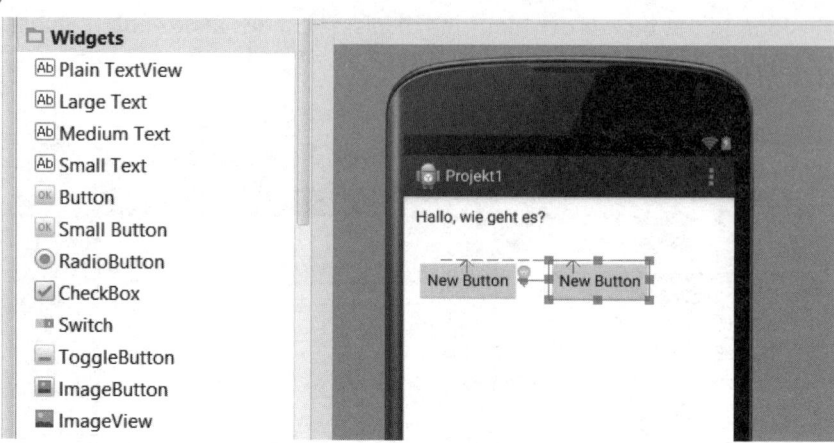

Klar, dass wir die Aufschriften »New Button« nicht so stehen lassen können. Also sollten wir sie schleunigst ersetzen. Ich schlage vor, wir bieten die klassischen Antworten »Gut« und »Schlecht« an.

≫ Markiere den linken Button. Dann suche in der PROPERTY-Liste rechts unten den Eintrag TEXT und rechts daneben steht New Button.

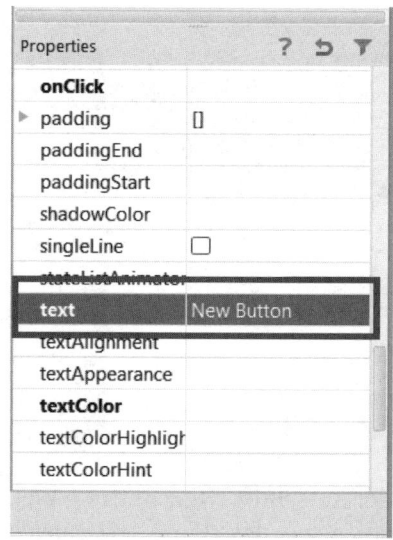 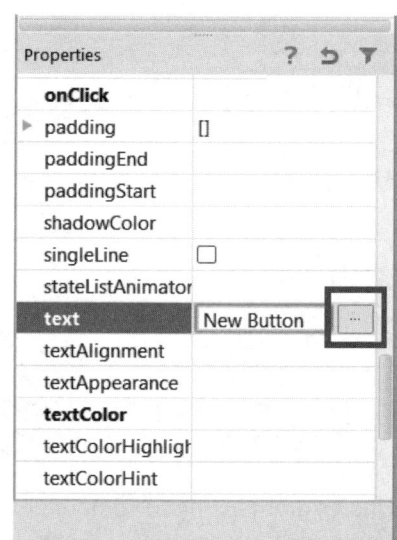

≫ Klicke ganz rechts auf den kleinen Button (mit den drei Pünktchen).

Es erscheint das dir schon bekannte Dialogfeld mit dem Titel RESOURCES, dort steht ja unter anderem auch dein Begrüßungs-String HALLO_FRAGE in der Liste.

Gut oder Schlecht

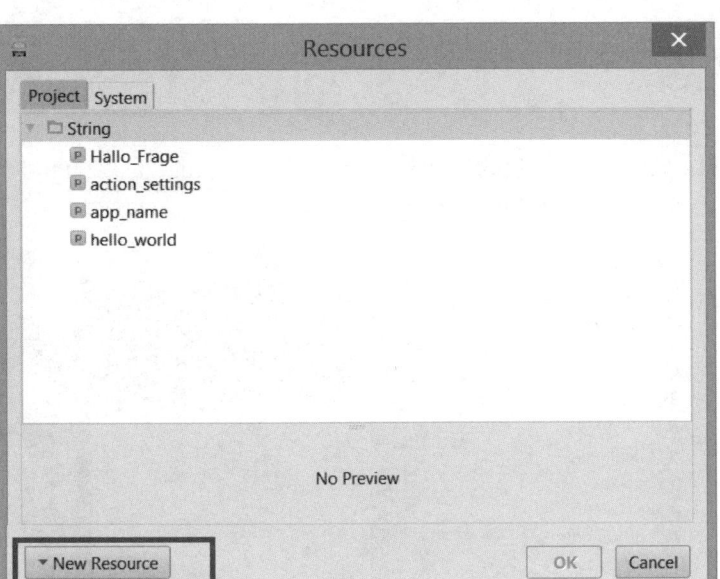

≫ Klicke wieder auf den Button NEW RESOURCE und direkt darunter auf NEW STRING VALUE.

Im nächsten Fenster mit dem Titel NEW STRING VALUE RESOURCE wird nun wieder ein Name und ein Wert für den neuen Text verlangt.

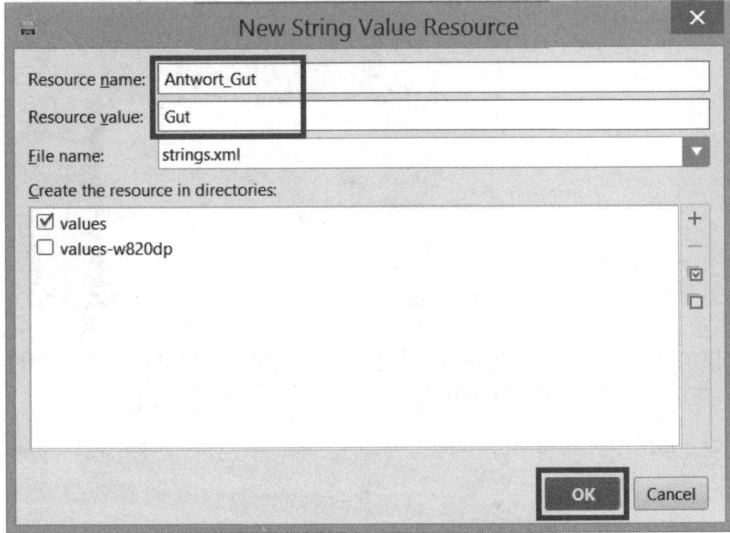

≫ Tippe hinter RESOURCE NAME ein: Antwort_Gut

≫ Tippe hinter RESOURCE VALUE ein: Gut

≫ Klicke zur Bestätigung auf OK.

Kapitel 2 — Das erste eigene Projekt

> Immer wenn du einen besseren Namen für die Ressource findest, nimm ihn!

Sobald du zurück im Hauptfenster von Android Studio bist, zeigt der linke Button auch schon seine neue Aufschrift.

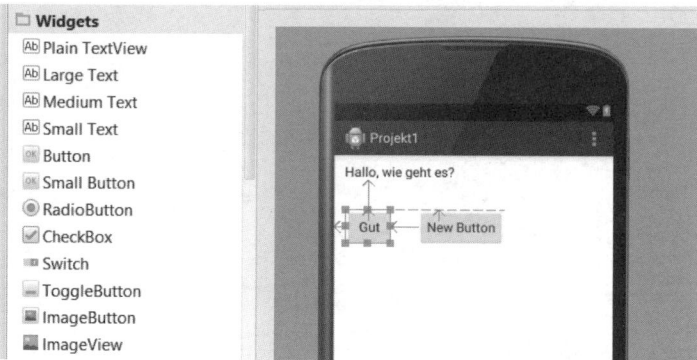

≫ Und nun darfst du dem zweiten Button die Aufschrift »Schlecht« geben. Für den Namen kannst du Antwort_Schlecht benutzen.

Wenn dir das gelungen ist, dürfte es auch in deinem Projekt so aussehen:

Nun spricht nichts dagegen, das Projekt in seinem jetzigen Zustand einmal über den Emulator zu schicken (→ Projekt1).

≫ Klicke auf Run und Run 'app'.

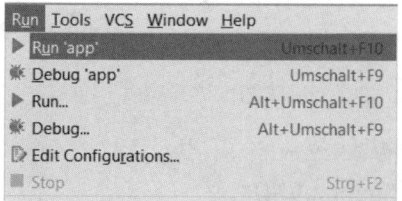

Gut oder Schlecht

Diesmal geht es etwas flotter, weil der Emulator bereits im Hintergrund lauert.

≫ Sollte erst das bekannte Fenster auftauchen, musst du nur auf OK klicken.

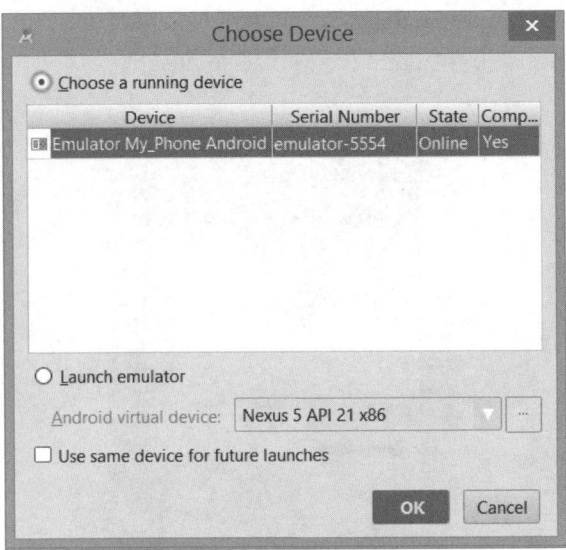

Etwas später kannst du den Emulator entsperren und bekommst ein solches Bild:

Kapitel 2 — Das erste eigene Projekt

Dein Emulator ist inzwischen eingeschlafen?

≫ Mit einem Klick auf das Display bekommst du ihn wieder wach.

Eventuell musst du ihn mit mehreren Klicks wachrütteln. Und sollte das nicht helfen, versuche es mit einem Neustart des Projekts.

Möglicherweise sieht dann das Ganze so aus:

≫ Dann klickst du einfach auf das kreisförmige Feld mit den sechs Punkten.

≫ In der nächsten Anzeige suchst du das Symbol für deine App (PROJEKT1) und klickst darauf.

Nun dürfte dein »Hallo, wie geht es?« wieder zu erkennen sein.

Antwort auf Antwort

Jeder Button lässt sich natürlich auch schon aktivieren. Mir geht es gerade gut. Also würde ich links klicken (oder tippen).

Aber wozu? Ja, du drückst auf »Gut«, wenn es dir gut geht, und auf »Schlecht«, wenn nicht. Und das soll alles sein?

Sinnvoller wäre es, wenn nach jedem Knopf-Druck auch etwas passieren würde. Denkbar wäre, dass jeweils eine neue Anzeige in dem Feld erscheint, in dem jetzt noch »Hallo, wie geht es?« steht. Also jeder Knopf-Druck erzeugt eine Antwort durch die App. Wie wäre es damit?

Buttontext	Anzeigetext
GUT	"Das freut mich!"
SCHLECHT	"Das tut mir leid!"

Doch wie soll das gehen? Ob wir einfach nur zwei neue Strings vereinbaren müssen? Probieren wir es aus.

≫ Markiere das Textfeld mit dem aktuellen Text »Hallo, wie geht es?«

≫ Klicke dich über den TEXT-Eintrag in der PROPERTY-Liste zum RESOURCES-Dialogfenster durch.

Kapitel 2

Das erste eigene Projekt

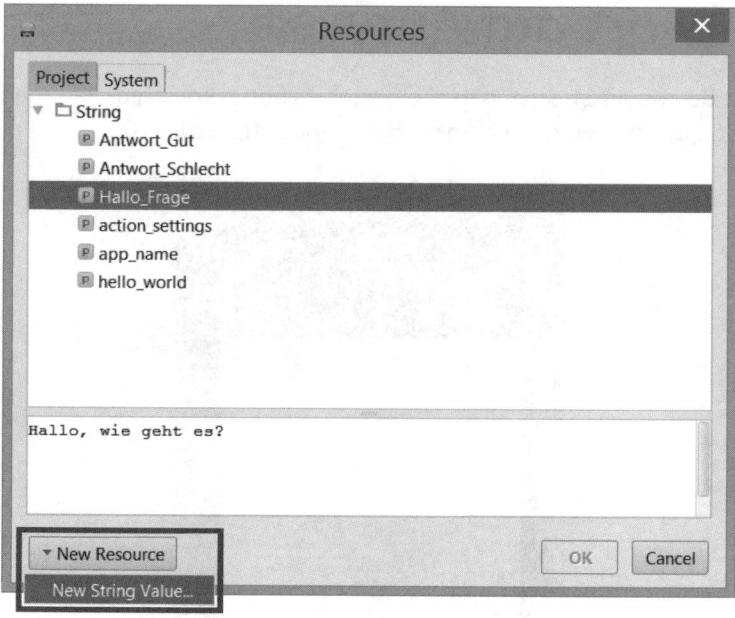

> Klicke wieder auf NEW RESOURCE und NEW STRING VALUE.
> Im Fenster für NEW STRING VALUE RESOURCE gibst du nun diese Texte ein:
> RESOURCE NAME: String_Plus
> RESOURCE VALUE: Das freut mich!
> Dann klickst du zur Bestätigung auf OK.
> Das wiederholst du jetzt noch einmal mit diesen Texten:
> RESOURCE NAME: String_Minus
> RESOURCE VALUE: Das tut mir leid!

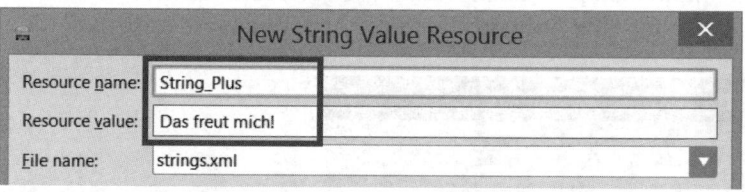

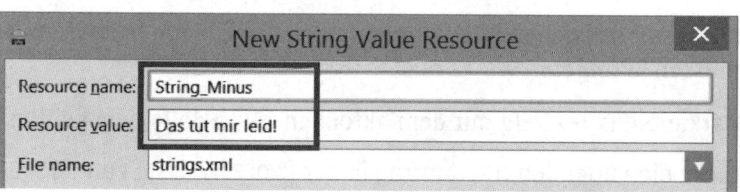

Antwort auf Antwort

> Es kann sein, dass du nach deiner Eingabe sofort wieder im Hauptfenster von Android Studio landest. Dann musst du dich erneut über den TEXT-Eintrag zum RESOURCES-Fenster durchklicken.

Wenn du fertig bist, gibt es zwei neue Strings, wie wir gleich sehen werden. Was aber stört:

Nun steht der Inhalt des Strings, den wir zuletzt erzeugt haben, im Display des Smartphones. Das darf nicht sein, lässt sich aber leicht ändern.

≫ Öffne das RESOURCES-Fenster.

Wie du in dieser Liste erkennen kannst, gibt es tatsächlich zwei Neuzugänge:

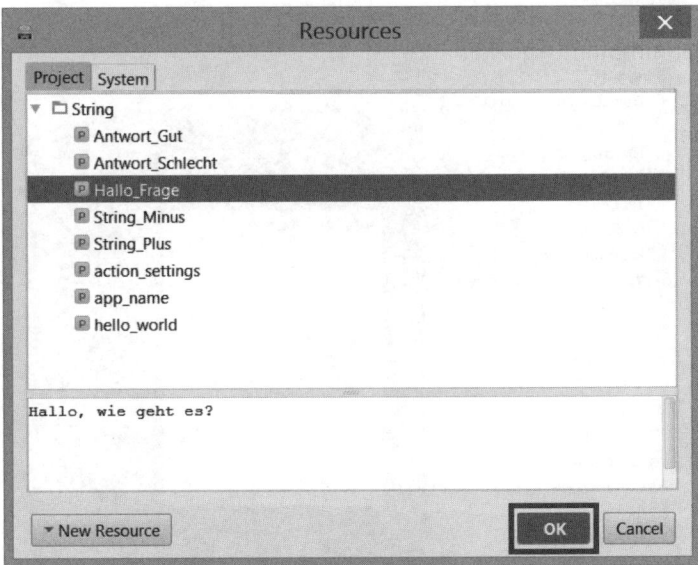

≫ Klicke jetzt auf den Eintrag HALLO_FRAGE, damit er markiert ist. Dann klicke auf OK.

Und schon ist alles wieder im Lot, in unserer Smartphone-Abbildung sieht es aus wie gehabt und gewünscht.

Doch wenn wir jetzt erneut unser Projekt starten, sehen wir keinen Unterschied zum vorhergehenden. Doch woher soll die App wissen, dass sie bei einem Klick (oder Touch) auf einen Button mit einem Antwortsatz reagieren soll?

Bisher haben wir uns nur damit beschäftigt, ein paar Strings zu erzeugen, ihnen Namen zu geben und sie mit Text zu füllen. Dazu haben wir das Display um zwei Buttons bereichert (→ PROJEKT1A).

Das schauen wir uns noch mal genauer an.

≫ Klicke ganz unten im Editorfenster auf den rechten Reiter TEXT.

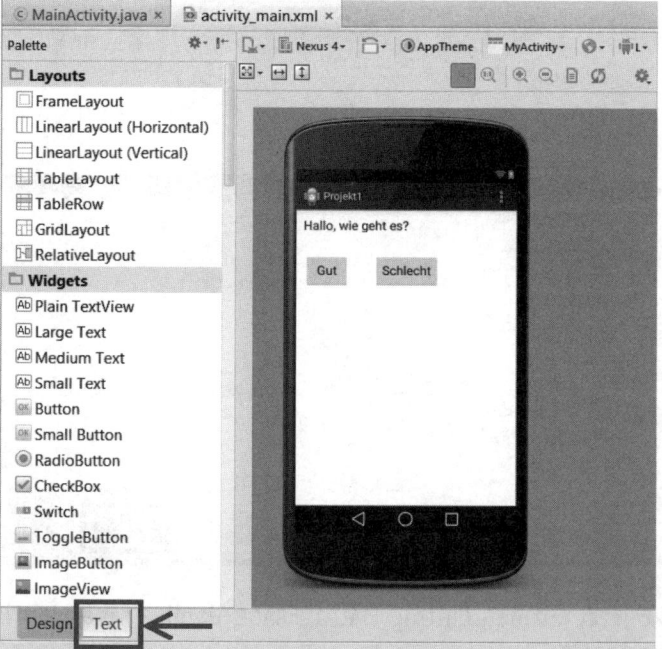

Antwort auf Antwort

Und du bist zurück im Text-Editor für die Datei ACTIVITY_MAIN.XML, der die Definitionen u.a. für die Komponenten enthält. Hier siehst du, was du angerichtet hast.

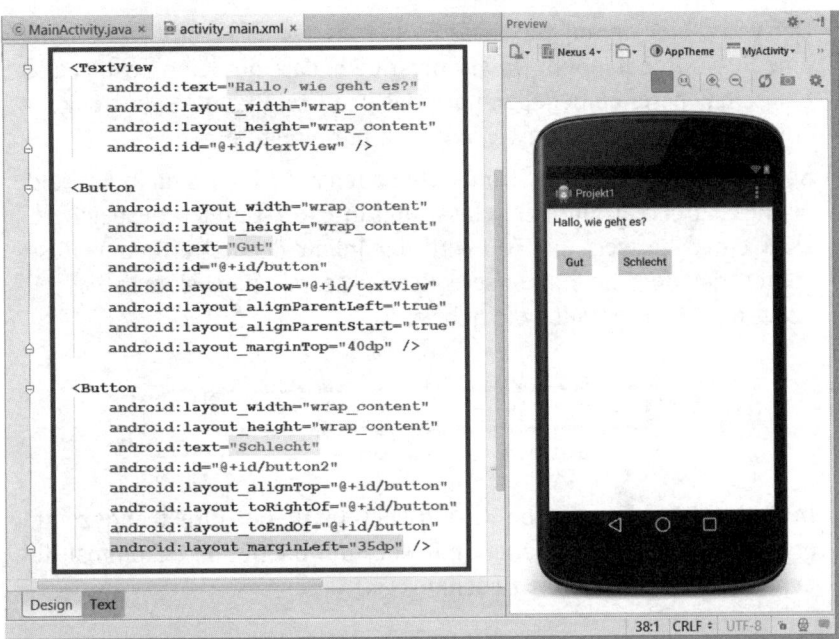

Zuerst sind da die drei Komponenten aufgeführt, die wir aktuell in unserem Projekt einsetzen, eine vom Typ TextView, zwei vom Typ Button. Außerdem sind alle direkt unter dem Namen genauer beschrieben.

```
< TextView
    android:text="@string/Hallo_Frage"
    android:layout_width="wrap_content"
    android:layout_height="wrap_content"
    android:id="@+id/textView" />
```

Beim Textfeld sind außer dem angezeigten Text noch angegeben, wie breit (layout_width) und hoch (layout_heigth) das Feld sein soll bzw. darf. Mit wrap_content ist gemeint, dass sie die Größe dem Text anpasst, der darin steht.

Und zuletzt kommt etwas sehr Wichtiges: die sogenannte ID. Das kürzt »**Identifier**« ab, zu Deutsch so was wie ein Identifikations-Kennzeichen. Vergleichbar mit der Personalausweisnummer. Die ID ermöglicht den Zugriff auf eine Komponente. Darauf kommen wir schon bald zurück.

Kapitel 2 — Das erste eigene Projekt

Dir ist das seltsame Zeichen "@" aufgefallen, das du sicher von E-Mail-Adressen kennst. Das ist der sogenannte Verweis-Operator, auch **Referenz-Operator** genannt.

Der weist hier darauf hin, dass es sich bei dem Nachfolgenden um eine **Ressource** handelt. Du erinnerst dich, dass du deine Strings alle über ein Fenster eingegeben hast, das den Titel RESOURCES hatte (kein Tippfehler: deutsch mit zwei, englisch mit einem S).

Sämtliche Elemente wie Strings, aber auch z. B. Bilder, sind in Android als Ressourcen zusammengefasst und in Extra-Dateien gespeichert. Über einen Verweis mit "@" wird der Inhalt der betreffenden Ressource geladen. So hat unsere Ressource mit dem Namen Hallo_Frage den Inhalt »Hallo, wie geht es?«.

```
android:text="Hallo, wie geht es?"
android:text="@string/Hallo_Frage"
android:layout_height="wrap_content"
android:id="@+id/textView" />
```

In Android Studio wird bei Strings der Textinhalt direkt angezeigt, erst bei näherem Hinschauen (mit Klick auf die Stelle) bekommst du den eigentlichen Verweis zu sehen.

Ähnlich sieht es bei der Definition der Komponente Button aus, von der wir uns nur einen Ausschnitt anschauen:

```
<Button
  android:layout_width="wrap_content"
  android:layout_height="wrap_content"
  android:text="@string/Antwort_Gut"
  android:id="@+id/button"
```

Auch hier siehst du die vier schon für das Textfeld genannten Eigenschaften (in etwas anderer Reihenfolge). Der Rest ist für uns jetzt nicht weiter von Bedeutung.

An diesem Text solltest du jetzt nichts ändern. Ein Profi würde nicht mit dem Design-Editor arbeiten, sondern direkt im Text. Aber davon bist du noch weit entfernt. Also gehen wir auf Nummer sicher und arbeiten hier jetzt nur im DESIGN-Modus.

Dennoch wirst du nicht umhinkönnen, auch Text zu bearbeiten, vor allem neuen Text einzugeben. Doch nicht in dieser Datei.

Was ist im Paket?

Die Datei ACTIVITY_MAIN.XML ist für dich im TEXT-Modus jetzt noch tabu! Änderungen dürfen vorerst nur im DESIGN-Modus vorgenommen werden.

Ganz anders bei der Datei MAINACTIVITY.JAVA, die du schon bald kennenlernen wirst. Da **musst** du direkt Hand anlegen, wenn aus deinem Projekt etwas werden soll.

Was ist im Paket?

≫ Wechsle nun über den Reiter MAINACTIVITY.JAVA zum gleichnamigen Quelltext.

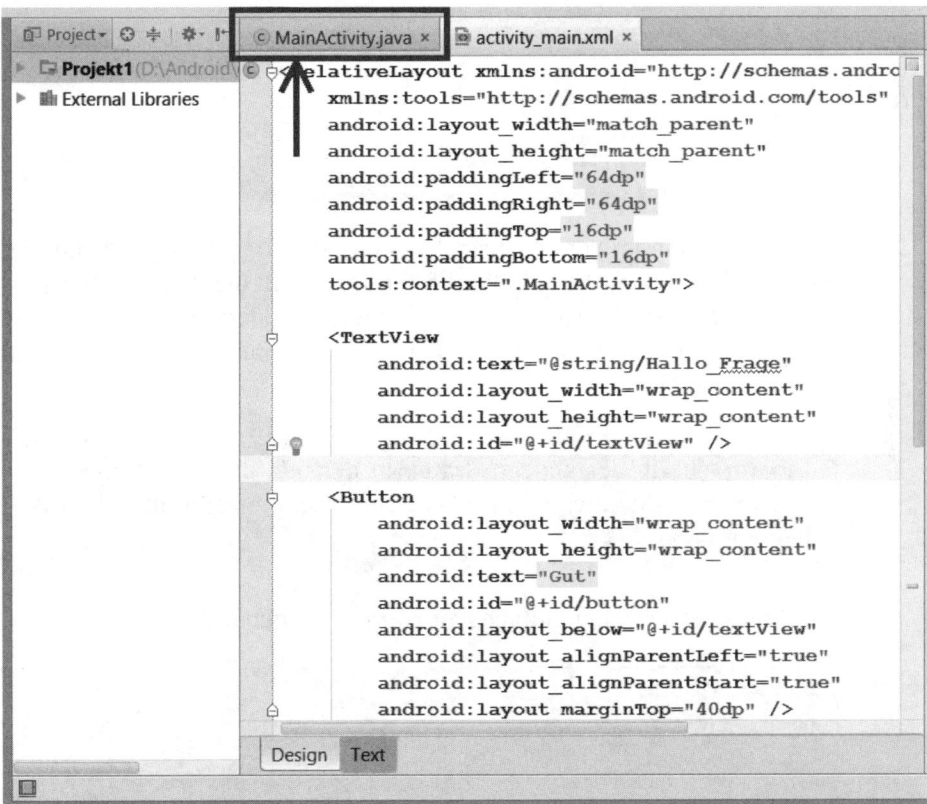

Was dich jetzt erwartet, müssen wir uns erst ein bisschen näher anschauen, ehe du anfängst, darin herumzutippen. Schließlich sollst du wissen, was du tust.

Kapitel 2 — Das erste eigene Projekt

```java
package com.example.boss.projekt1;

import ...


public class MainActivity extends Activity {

    @Override
    protected void onCreate(Bundle savedInstanceState) {
        super.onCreate(savedInstanceState);
        setContentView(R.layout.activity_main);
    }

    @Override
    public boolean onCreateOptionsMenu(Menu menu) {
        // Inflate the menu; this adds items to the action bar if it is present.
        getMenuInflater().inflate(R.menu.my, menu);
        return true;
    }

    @Override
    public boolean onOptionsItemSelected(MenuItem item) {
        // Handle action bar item clicks here. The action bar will
        // automatically handle clicks on the Home/Up button, so long
        // as you specify a parent activity in AndroidManifest.xml.
        int id = item.getItemId();
        if (id == R.id.action_settings) {
            return true;
        }
        return super.onOptionsItemSelected(item);
    }
}
```

Wie auch schon im vorigen Text der Datei ACTIVITY_MAIN.XML stehen hier (vorwiegend oder nur) englische Wörter. **Java** heißt die Programmiersprache, mit der man nicht nur für Android, sondern für viele andere Betriebssysteme Programme erstellen kann. Deshalb hat die Datei auch die Kennung .JAVA.

Die Sprache in der anderen Datei, in der u.a. deine Komponenten beschrieben sind, heißt **XML**. Aber wir programmieren hier vorwiegend in Java.

Ein Projekt ist in seiner einfachsten Form so aufgebaut:

```
package PaketName;
public class KlassenName {
  MethodenName {

  }
}
```

Das erinnert irgendwie an ein »Zwiebelsystem«: Die Außenhaut ist das Projekt mit eigenem Ordner. Darin liegt ein Paket (englisch: package). Offenbar muss ein Projekt nicht nur aus einem Paket bestehen. Im Paket-

Was ist im Paket?

Ordner finden wir die Daten einer Klasse (englisch: class). Auch hier liegt die Vermutung nahe, dass es mehr als eine Klasse geben kann.

> Was ist eine **Klasse**? Was ein Objekt ist, weißt du schon. Zum Beispiel ein konkretes Auto wie ein VW Golf.
>
> Weil es mehr als ein Objekt eines Typs geben kann, wie im richtigen Leben auch, fasst man deren Eigenschaften und Methoden in einer **Klasse** zusammen. Und mithilfe einer Klasse lassen sich dann mehrere oder viele Objekte erzeugen.
>
> So ließen sich aus einer (allgemeinen) Klasse Auto dann (konkrete) Objekte wie VW Golf oder Toyota Corolla ableiten. Und natürlich auch viele Golfs und viele Corollas.

In unserem Fall heißt das Paket com.example.projekt1 (dazwischen steht dann noch dein User-Name). Die Klasse trägt den Namen MainActivity. Und als ob es nicht schon genug wäre, gibt es »innen drin« noch etwas: den Hauptprogrammteil. Man spricht bei onCreate() und onCreateOptionsMenu() auch von **Methoden**.

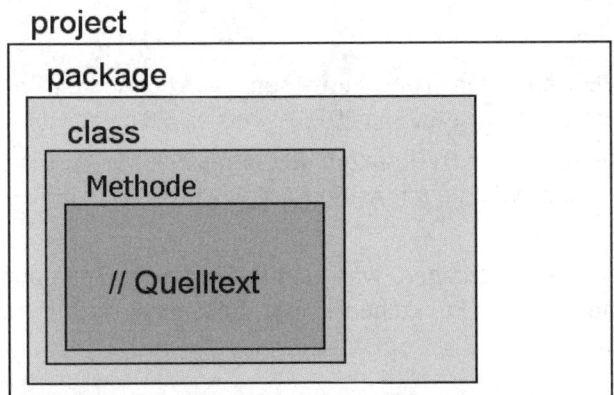

Sehr wichtig sind die geschweiften Klammern ({ }). Dazwischen stehen die Zeilen, die dem Programm erst richtig zum Leben verhelfen. Und die stammen künftig größtenteils von uns. Bisher haben wir es zwar nicht einmal zu einer einzigen Zeile gebracht, aber wir sind ja erst am Anfang.

> Zwingend nötig ist, dass es zu **jeder** öffnenden Klammer "{" auch eine schließende Klammer "}" geben muss! Wo genau du die Klammern hinsetzt, ist Geschmackssache. Unser aktueller Programmtext könnte also auch so aussehen:

Kapitel 2

Das erste eigene Projekt

```
public class MainActivity extends Activity
{
  protected void onCreate
  {
    // hier könnte dein Text stehen
  }
  // hier kann weiterer Text stehen
}
```

Oder gar so:

```
public class MainActivity extends Activity {
  protected void onCreate { } }
```

Immer, wenn wir einen **Kommentar** bzw. eine Bemerkung einsetzen wollen, um ein Programm an einer Stelle näher zu erläutern, benutzen wir zwei **Schrägstriche** (//).

Mach dir keine Sorgen, wenn es bei dir etwas anders aussieht. Dort könnte die obere Zeile auch so lauten:

```
public class MainActivity extends ActionBarActivity {
```

Welche Zeile du zu sehen bekommst, hängt von der Android-Version ab, die du einsetzt (zurzeit Anfang 2015 ist Version 5.0 gerade die neueste).

Alle Projekte auf der DVD nutzen die normale `Activity`. Die funktionieren genauso wie die mit `ActionBarActivity`.

Ich will nicht unterschlagen, was es mit der `import`-Zeile auf sich hat. Wenn du auf die drei Pünktchen klickst, bekommst du auf einmal eine Liste zu sehen.

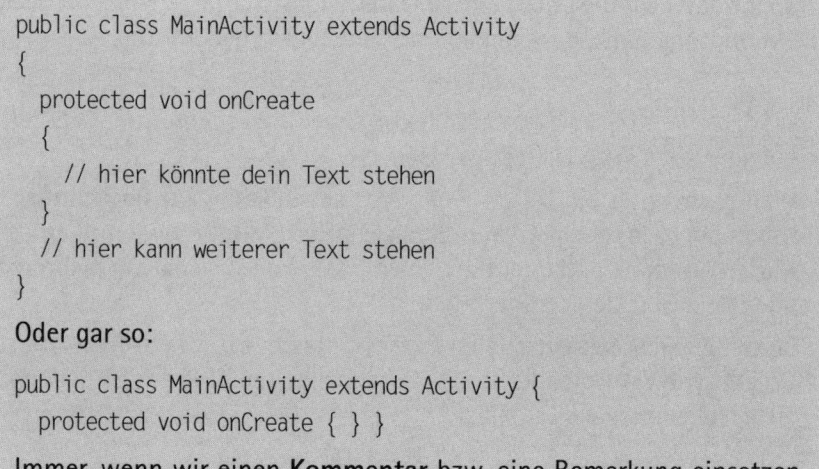

Was ist im Paket?

Das sind die Programmteile, die von außerhalb in das Projekt importiert werden, man nennt diese Dateien auch **Bibliotheken**. Sie enthalten viele zusätzliche Methoden, die nicht zum Standardwortschatz von Java gehören. Um den Import dieser Dateien kümmert sich Android Studio in der Regel selbst.

> Auch hier kann es bei einem selbst erzeugten Projekt etwas anders aussehen. Da könnte nämlich ganz oben eine solche oder ähnliche Zeile stehen:
>
> import android.support.v7.app.ActionBarActivity;
>
> Die ersetzt dann die import-Zeile für die normale Activity.

In der letzten Abbildung habe ich von der Möglichkeit Gebrauch gemacht, den Text eines Abschnitts über die kleinen Dreiecke links »einzuklappen«. Das kann dir mehr Übersicht verschaffen, wenn der Quelltext sehr lang ist. (Natürlich lässt sich alles jederzeit auch wieder »ausklappen«.)

Mit MAINACTIVITY.JAVA und ACTIVITY_MAIN.XML kennst du jetzt längst nicht alles an Dateien, aus denen ein Android-Projekt besteht. Aber mit den beiden haben wir es nicht nur im Moment am meisten zu tun.

Wenn du neugierig bist und unbedingt mehr wissen willst, dann kannst du ja links in der Liste unter PROJECT mal auf die kleinen grauen Dreiecke klicken. Es wird eine Zeit lang dauern, bis du den Namen der JAVA-Datei entdeckst, mit der du in Kürze arbeiten sollst.

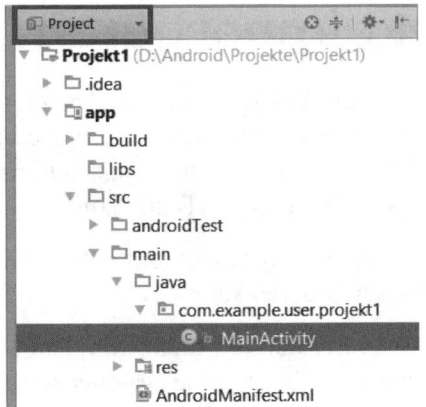

Und auch die XML-Datei wirst du nach einigem Suchen finden.

Kapitel 2

Das erste eigene Projekt

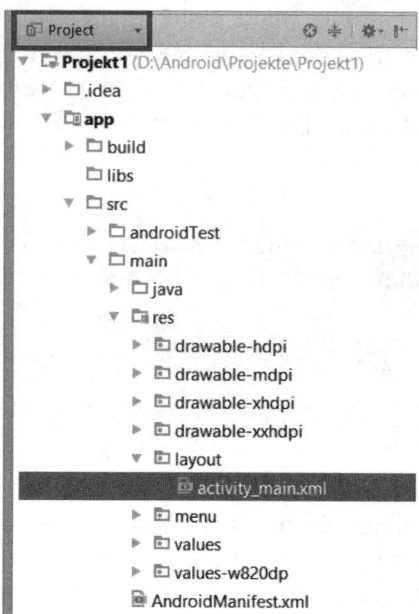

Wie du beim Stöbern siehst, gibt es eine Menge Dateien, die Android Studio automatisch für dein Projekt erzeugt hat. Die allermeisten lernst du nie näher kennen. Sei einfach froh, dass Android Studio sich darum kümmert.

Wir halten uns jetzt erst mal an unsere beiden Bekannten, wenn wir dieses Projekt ausbauen und unsere nächsten Projekte angehen.

Ein Projekt importieren

Möglicherweise willst du künftig nicht ständig alles selber eintippen, obwohl es zum Erlernen einer Programmiersprache das Beste ist. Aber warum soll man nicht auch mal bequem sein dürfen? Und die ganzen Projekte findest du ja auch auf der DVD im PROJEKTE-Ordner.

Auf jeden Fall solltest du wissen, wie du auf diese Dateien zugreifen und sie in Android Studio importieren kannst.

Schon im Startfenster von Android Studio, von dem aus du ja ein neues Projekt erzeugen kannst, gibt es eine Möglichkeit, Projekte auch zu importieren.

≫ Klicke dort auf OPEN AN EXISTING ANDROID STUDIO PROJECT.

Ein Projekt importieren

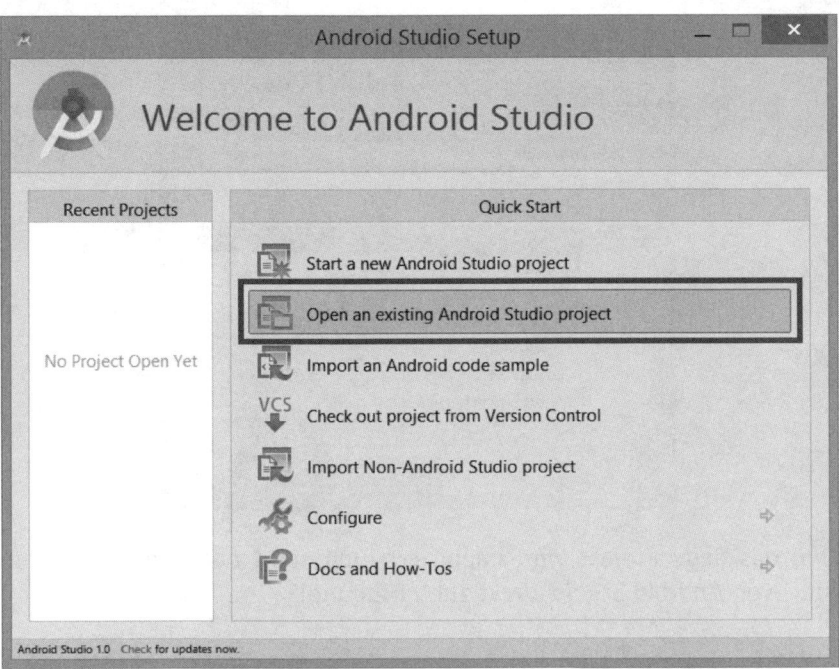

» Im folgenden Dialogfeld suchst du das DVD-Laufwerk und dort den Ordner PROJEKTE. Dort sind die Projekte nach Kapiteln geordnet.

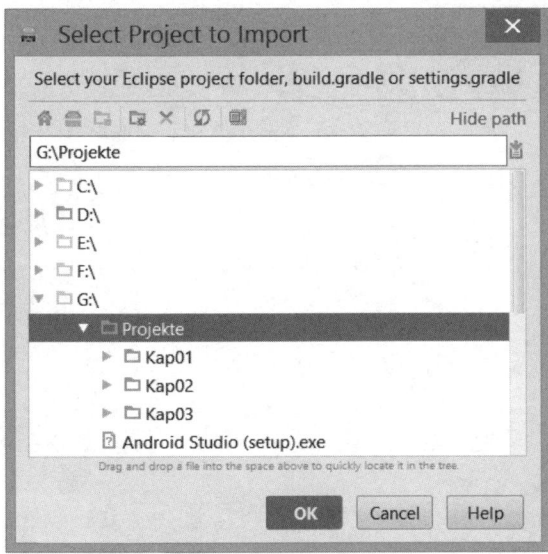

» Öffne den Kapitel-Ordner und suche das Projekt, das du importieren willst. Markiere den Eintrag und klicke dann auf OK.

Kapitel 2

Das erste eigene Projekt

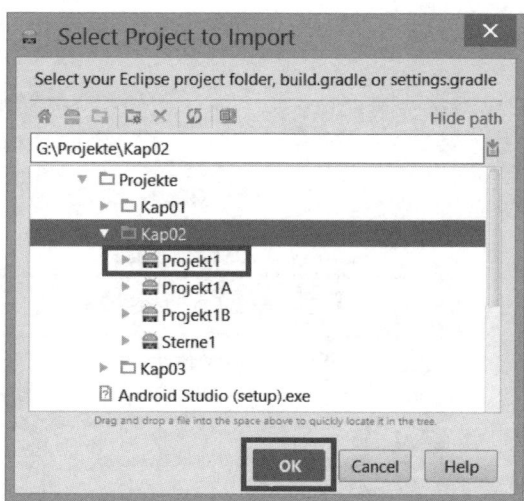

Und das neue Projekt wird importiert (und steht auch beim nächsten Start von Android Studio direkt zur Verfügung).

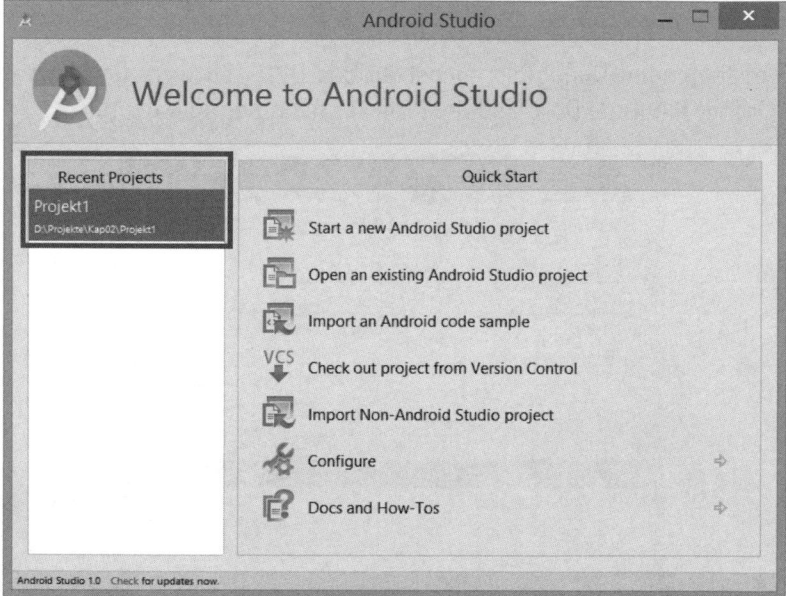

Zusammenfassung

Eine Pause ist fällig, nicht nur zum Verschnaufen, sondern auch um Kräfte für die kommende Arbeit zu sammeln. Hier hast du wieder einiges Neues kennengelernt, zum Beispiel zwei wichtige Dateien:

Ein paar Fragen ...

MAINACTIVITY.JAVA	Datei mit dem Quelltext für das Programm (in Java)
ACTIVITY_MAIN.XML	Datei mit dem Quelltext fürs Layout (in XML)

Du kennst zwei Komponenten und weißt ein bisschen mehr über den Umgang mit **Strings**. Zuletzt hast du Begriffe wie **Quelltext** und **Ressource** (englisch Resource) sowie einige weitere Wörter kennengelernt:

TextView	Anzeigefeld, mit dem man Text darstellen kann
Button	Schaltfläche, auf die man mit dem Finger tippen oder mit der Maus klicken kann
String	Zeichenkette
package	Sammlung von zusammengehörenden Klassen
class	Datentyp mit Attributen und Methoden, aus dem sich (konkrete) Objekte erzeugen lassen
import	Einfügen von Bibliotheken
resource	Sammlung von Daten und Objekten (z.B. Texte und Bilder)
//	Kommentar

Ein paar Fragen ...

1. Was ist der Unterschied zwischen package und class?
2. Welche Komponenten in Android kennst du schon?

... und zwei Aufgaben

1. Erweitere das aktuelle Projekt um einige zusätzliche Buttons mit Antworten, die deiner Meinung nach noch infrage kommen könnten.
2. Erstelle ein neues Projekt mit dem Anzeigetext »Sternzeichen«, dazu zwölf Buttons mit den Namen der Sternzeichen als Aufschriften.

3
Hallo mit Knopfdruck

Nun haben wir in unserem Projekt eine nette Begrüßung eingebaut mit der Möglichkeit, unsere freundliche Anfrage auch zu beantworten. Allerdings bis jetzt nur theoretisch. Deshalb bauen wir hier das ganze Projekt weiter aus. Bringen wir der App bei, auf das Antippen (Smartphone) oder Draufklicken (Emulator) angemessen zu reagieren.

In diesem Kapitel lernst du

- ◎ wie man Variablen vereinbart
- ◎ wozu eine ID gut ist
- ◎ die Methode `onCreate()` kennen
- ◎ etwas über `OnClickListener`
- ◎ die Methode `onClick()` kennen
- ◎ wie man mit Buttons eine Aktion auslöst
- ◎ einiges über das Layout einer App
- ◎ wie man ein Projekt kopiert

Kapitel 3 — Hallo mit Knopfdruck

Variablen verknüpfen

Und jetzt solltest du die Ärmel aufkrempeln, denn es gibt einiges zu tun. Ich gehe davon aus, dass Android Studio bereits gestartet ist und du dich mitten in deinem Projekt befindest.

≫ Wechsle über den Reiter MAINACTIVITY.JAVA zum gleichnamigen Quelltext.

Hier bringen wir die Anweisungen unter, mit denen wir die drei betroffenen Komponenten ansprechen können:

◆ Wird der Button mit der Aufschrift »Gut« angeklickt oder angetippt, dann soll das Textfeld den Satz »Das freut mich!« anzeigen.

◆ Wird der Button mit der Aufschrift »Schlecht« angeklickt oder angetippt, dann soll das Textfeld den Satz »Das tut mir leid!« anzeigen.

Um eine Verbindung zu diesen drei Komponenten herzustellen, brauchen wir drei passende **Variablen** bzw. **Objekte**, die wir so festlegen:

```java
final TextView Anzeige1 =
  (TextView) findViewById(R.id.textView);
Button Knopf1 = (Button) findViewById(R.id.button);
Button Knopf2 = (Button) findViewById(R.id.button2);
```

Was ist eine **Variable**? So genau erinnerst du dich nicht mehr, was das eigentlich ist? Aus dem Matheunterricht kennst du wahrscheinlich den Begriff **Platzhalter**. Die werden meist mit Buchstaben wie x oder y bezeichnet. Und weil Platzhalter in jeder Aufgabe einen anderen Wert annehmen können, also keinen von vornherein festgelegten Wert haben, nennt man so etwas Variablen (das Fremdwort »variabel« heißt auf Deutsch ja so viel wie »veränderlich«).

Im Gegensatz dazu gibt es natürlich in Java auch **Konstanten**. Die haben dann einen festgelegten Wert, der sich während des Programmlaufs nicht verändert. Und auch bei jedem neuen Programmstart behält eine Konstante ihren Wert.

Ein Beispiel ist der Text »Hallo, wer bist du?«. Aber auch Zahlen wie z. B. 0, 1, -1, 3.14 (Pi) lassen sich als Konstanten einsetzen (wie du noch sehen wirst).

Als Namen benutzt man normalerweise Begriffe, die auch ein bisschen erklären, wofür die Variable steht. In unserem Falle heißen die Variablen Anzeige1, Knopf1 und Knopf2. Wir könnten sie aber auch z. B. label1, button1, button2 nennen.

Variablen verknüpfen

Dabei ist es nicht egal, ob für die Wörter große oder kleine Buchstaben benutzt werden. Java unterscheidet eindeutig zwischen Groß- und Kleinschreibung. Der Name einer Variablen darf übrigens nicht mit einer Ziffer beginnen. (Probiere einfach aus, was geht!)

Und so werden Variablen vereinbart:

Erst kommt der Typ. Ist es eine Zahl (int) oder eine Zeichenkette (String)? Dann könnte eine Vereinbarung so aussehen:

```
int Zahl;
String Text;
```

Oder auch so:

```
int Zahl = 1;
String Text = "Hallo";
```

Im zweiten Fall bekommt die Variable gleich einen Startwert.

Bei Objekten ist es ein bisschen komplizierter, denn die haben natürlich noch eine Menge Eigenschaften und Methoden. Also müsste doch eine Vereinbarung sehr aufwendig sein? Nicht unbedingt.

Nun gibt es in unserem Projekt bereits ein paar Komponenten, nämlich eine vom Typ TextView und zwei vom Typ Button. Wir müssen dazu also nur eine Verbindung herstellen, damit das Programm weiß, was jeweils gemeint ist, wenn wir von Anzeige1, Knopf1, Knopf2 reden.

≫ Wechsle dazu jetzt noch einmal über ACTIVITY_MAIN.XML ins entsprechende Fenster mit der Beschreibung der drei Komponenten (→ Projekt1A).

Im dortigen Quelltext interessiert uns jeweils pro Komponente nur eine einzige Zeile:

```
android:id="@+id/textView"
android:id="@+id/button"
android:id="@+id/button2"
```

Hallo mit Knopfdruck

Da steht die ID, also die Bezeichnung, über die sich eine Komponente zweifelsfrei identifizieren lässt. Und damit haben wir auch einen Anknüpfungspunkt für unsere Variablen:

Variable	Identifikation
Anzeige1	R.id.textView
Button1	R.id.button
Button2	R.id.button2

Das vorgestellte "R.id" bedeutet so viel wie »Ressourcen-ID«, dahinter steht dann direkt der Identifizierungs-Name. Und findViewById ist die **Methode**, die diese ID findet und eine Verknüpfung herstellt.

> Neugierig wie du bist, willst du wahrscheinlich wissen, wozu dann die zweite Typbezeichnung in Klammern gut ist:
>
> TextView Anzeige1 = (TextView) ...
> Button Knopf1 = (Button) ...
> Button Knopf2 = (Button) ...
>
> Weil die Methode findViewById für **alle** Komponenten gilt, wird ihr durch die vorangestellte **Typisierung** klar gesagt: Konzentriere dich in einem Fall auf ein Textfeld, in den beiden anderen Fällen auf einen Button. (Du kannst ja mal ausprobieren, was passiert, wenn du diese Klammer-Typisierungen weglässt.)

> Ein anderer Begriff für Typisierung ist Typumwandlung (englisch: Typecasting.

Man könnte also die Zeile

```
Button Knopf1 = (Button) findViewById(R.id.button);
```

so oder ähnlich übersetzen: »Vereinbare eine Button-Variable mit dem Namen `Knopf1` und finde dazu die Identifikations-Kennzeichnung (ID) einer passenden Button-Komponente.«

onCreate und import

Nun fragst du zu Recht: Wo sollen die Vereinbarungen denn hin?

» Wechsle über den Reiter MAINACTIVITY.JAVA zurück zum gleichnamigen Quelltext.

Lass jetzt mal deinen Blick von ganz oben langsam herunterschweifen, bis er an dieser Vereinbarung hängen bleibt:

```
public class MainActivity extends Activity
```

(Oder auch `ActionBarActivity`.) Hier beginnt die Definition der Klasse `MainActivity`. Direkt darunter steht die erste wichtige Methode (das `@Override` überspringe ich jetzt mal):

```
protected void onCreate(Bundle savedInstanceState) {
   super.onCreate(savedInstanceState);
   setContentView(R.layout.activity_main);
}
```

Die Methode oder Funktion `onCreate()` kümmert sich um die Erzeugung der **Activity**, also um das Benutzerinterface bzw. den Aktionsrahmen für deine App.

Dazu setzt sie zwei weitere Methoden ein: Weil dein Projekt von einer Art »Mutterprojekt« abgeleitet wurde (wie auch alle deinen künftigen Android-Projekte), muss erst die `onCreate`-Methode der Mutter aufgerufen werden (das geschieht durch das vorangestellte Wort `super`:

```
super.onCreate(savedInstanceState);
```

Kapitel 3 — Hallo mit Knopfdruck

Dann folgt die Festlegung des Layouts, das zur Activity gehört (damit deine App ein bestimmtes Aussehen hat):

```
setContentView(R.layout.activity_main);
```

In unserem Falle gehören zum Layout natürlich alle Komponenten, die wir im letzten Kapitel eingebaut haben (aus der ACTIVITY_MAIN-Datei).

Das ist bisher alles, was die Methode onCreate() tut. Bis jetzt, aber das werden wir gleich ändern. Direkt unter die letzte der beiden Zeilen setzen wir unsere eigenen.

≫ Tippe jetzt diesen Text ein:

```
final TextView Anzeige1 =
    (TextView) findViewById(R.id.textView);
Button Knopf1 = (Button) findViewById(R.id.button);
Button Knopf2 = (Button) findViewById(R.id.button2);
```

Anschließend ergibt sich bei mir dieses Bild:

```
public class MainActivity extends Activity {

    @Override
    protected void onCreate(Bundle savedInstanceState) {
        super.onCreate(savedInstanceState);
        setContentView(R.layout.activity_main);

        //TextView-Variable erzeugen
        final TextView Anzeige1 = (TextView) findViewById(R.id.textView);

        // Button-Variablen erzeugen
        Button Knopf1 = (Button) findViewById(R.id.button);
        Button Knopf2 = (Button) findViewById(R.id.button2);
    }

    @Override
    public boolean onCreateOptionsMenu(Menu menu) {...}

    @Override
    public boolean onOptionsItemSelected(MenuItem item) {...}
}
```

Sieht irgendwie nicht gut aus? Kein Wunder, denn TextView und Button sind jetzt noch zwei Fremdwörter für Android Studio, solange es nicht die Bibliotheken kennt, in denen diese Komponenten definiert sind. Aber Android Studio ist sogar bereit, das mit dem Importieren für dich zu erledigen.

onCreate und import

» Markiere das Wort TextView und drücke dann die Tasten [Alt]+[↵], sobald ein entsprechender Hinweis erscheint.

» Markiere das erste Wort Button und drücke dann die Tasten [Alt]+[↵].

Wenn alles geklappt hat, dann müsste es jetzt im Editor-Fenster so aussehen:

```java
public class MainActivity extends Activity {

    @Override
    protected void onCreate(Bundle savedInstanceState) {
        super.onCreate(savedInstanceState);
        setContentView(R.layout.activity_main);

        //TextView-Variable erzeugen
        final TextView Anzeige1 = (TextView) findViewById(R.id.textView);

        // Button-Variablen erzeugen
        Button Knopf1 = (Button) findViewById(R.id.button);
        Button Knopf2 = (Button) findViewById(R.id.button2);
    }

    @Override
    public boolean onCreateOptionsMenu(Menu menu) {...}

    @Override
    public boolean onOptionsItemSelected(MenuItem item) {...}
}
```

Das ist aber nicht alles. Wenn du weiter oben die import-Zeile mit den drei Pünktchen mal (per Mausklick) aufklappst, bekommst du ein ganzes Bündel von import-Anweisungen zu sehen:

```java
import android.app.Activity;
import android.os.Bundle;
import android.view.Menu;
import android.view.MenuItem;
import android.widget.Button;
import android.widget.TextView;
```

Vier davon waren schon von Anfang an da, die zwei letzten sind jetzt neu hinzugekommen.

Wenn das mit der Tastenkombination [Alt]+[↵] nicht klappt, dann gibt es noch ein kleines Lampensymbol, das am Anfang einer Zeile erscheint (leider nicht immer).

Kapitel 3 — Hallo mit Knopfdruck

```
//TextView-Variable erzeugen
final TextView Anzeige1 = (TextView) findViewById(R.id.textView);

// Button-Variablen erzeugen
Button Knopf1 = (Button) findViewById(R.id.button);
Button Knopf2 = (Button) findViewById(R.id.button2);
```

Mit Klick auf das kleine Dreieck direkt dahinter öffnest du ein Kontextmenü, über den Eintrag IMPORT CLASS kannst du die nötige Bibliothek importieren.

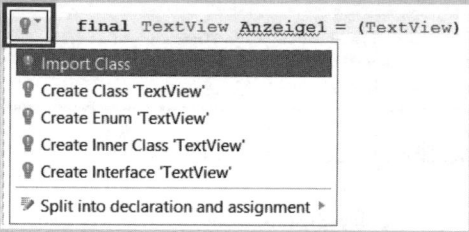

Klappt auch das nicht, musst du die beiden Zeilen für TextView und Button von Hand eintippen.

Nun ist immer noch nicht alles zu deiner Zufriedenheit? Dich stört, dass einige Wörter unterkringelt sind, wenn auch nicht rot? Das ist die Rechtschreibkontrolle von Android Studio. Weil einige Wörter keine englischen sind, wird hier gemeckert. Die App läuft aber trotzdem. Also beachte die Kringel nicht weiter – oder benutze nur englische Wörter.

Den Buttons Leben einhauchen

Widmen wir uns jetzt den Ereignissen. Ja, es soll was passieren: Die Buttons sollen auf Mausklick bzw. auf Fingertipp reagieren. Und hier ist die passende Definition für den ersten Button (→ HALLO1):

```
Knopf1.setOnClickListener(new View.OnClickListener() {
  @Override
  public void onClick(View v) {
    Anzeige1.setText("Das freut mich!");
  }
});
```

≫ Tippe diesen Text direkt unter den anderen ein und vergiss auch scheinbare Kleinigkeiten wie Klammern und Semikola nicht.

Den Buttons Leben einhauchen

> Du weißt nicht, wie du auf deiner Tastatur an die geschweiften Klammern kommst? Mit ⌊AltGr⌋+⌊7⌋ erhältst du die öffnende Klammer, mit ⌊AltGr⌋+⌊0⌋ die schließende Klammer. (Die fügt Android Studio oft auch automatisch hinzu.)

Wird diese Struktur per Druck auf den entsprechenden Button aktiviert, dann bekommst du in der Anzeige den Text »Das freut mich!« zu sehen. Sieht ziemlich kompliziert aus? Schauen wir uns das Ganze mal genauer an (später brauchen wir ja noch mal so ein »Ding« für den zweiten Button).

Mit setOnClickListener() und über das Schlüsselwort new wird ein OnClickListener installiert. Das ist ein Interface (deutsch: eine Schnittstelle), zuständig für das Antippen oder Anklicken einer Komponente wie z.B. einer Schaltfläche. Es bietet auch gleich die Methode, die wir brauchen, mit dem passenden Namen onClick():

```
public void onClick(View v) {
}
```

Indem ein Button im OnClickListener »eingesetzt« wird, kann er über die Methode OnClick() verfügen bzw. auf Druck oder Klick »lebendig« werden. Und wir als Programmierer bestimmen, was genau passiert, wenn wir in den Raum zwischen die beiden geschweiften Klammern eine entsprechende Anweisung setzen:

```
Anzeige1.setText("Das freut mich!");
```

Damit wird der Text »Hallo, wie geht es?« im Textfeld in »Das freut mich!« geändert, also mit setText() neu gesetzt.

Wichtig ist der Punkt in der Mitte. Das ist der **Verbindungsoperator**. Der verbindet ein Objekt wie die Komponente (hier ein Textfeld) mit der Methode (hier setText()).

> Damit habe ich natürlich noch nicht alles erklärt, was du wissen willst? Stimmt, aber Begriffe wie Override, void, protected, public und final werden ebenso wie einige andere »Vorkommnisse« später noch erläutert. Jetzt soll es erst mal darum gehen, mit unserer App möglichst zügig weiterzukommen.

Kapitel 3 — Hallo mit Knopfdruck

≫ Und hier ist die »Einbettung« für den zweiten Button. Tippe auch das direkt unter den letzten Text ein (→ HALLO1):

```
Knopf2.setOnClickListener(new View.OnClickListener() {
  @Override
  public void onClick(View v) {
    Anzeige1.setText("Das tut mir leid!");
  }
});
```

Auch dieser Text gehört komplett in die Methode onCreate, direkt unter unsere Vereinbarungen.

Leider mag auch Android Studio erst mal unser neues Wort View nicht, hier fehlt also noch die passende Bibliothek.

≫ Markiere also das Wort View und drücke dann die Tasten [Alt]+[↵]. Oder füge diese Zeile selbst hinzu:

```
import android.view.View;
```

Was ist ein View? Das ist sozusagen die Mutter oder der Vater aller Komponenten aus dem Widget-Bereich. Sowohl TextView als auch Button sind von View abgeleitet.

Und nun hätten wir eigentlich alles für einen neuen Probelauf zusammen.

```
@Override
protected void onCreate(Bundle savedInstanceState) {
    super.onCreate(savedInstanceState);
    setContentView(R.layout.activity_main);

    //TextView-Variable erzeugen
    final TextView Anzeige1 = (TextView) findViewById(R.id.textView);

    // Button-Variablen erzeugen
    Button Knopf1 = (Button) findViewById(R.id.button);
    Button Knopf2 = (Button) findViewById(R.id.button2);

    // Buttons und Methoden verknüpfen
    Knopf1.setOnClickListener(new View.OnClickListener() {
        @Override
        public void onClick(View v) {
            Anzeige1.setText("Das freut mich!");
        }
    });
    Knopf2.setOnClickListener(new View.OnClickListener() {
        @Override
        public void onClick(View v) {
            Anzeige1.setText("Das tut mir leid!");
        }
    });
}
```

Dir ist noch nicht gänzlich klar, welcher Mechanismus hinter dem ganzen »Klick-System« steckt? Dann hilft dir vielleicht diese Illustration weiter:

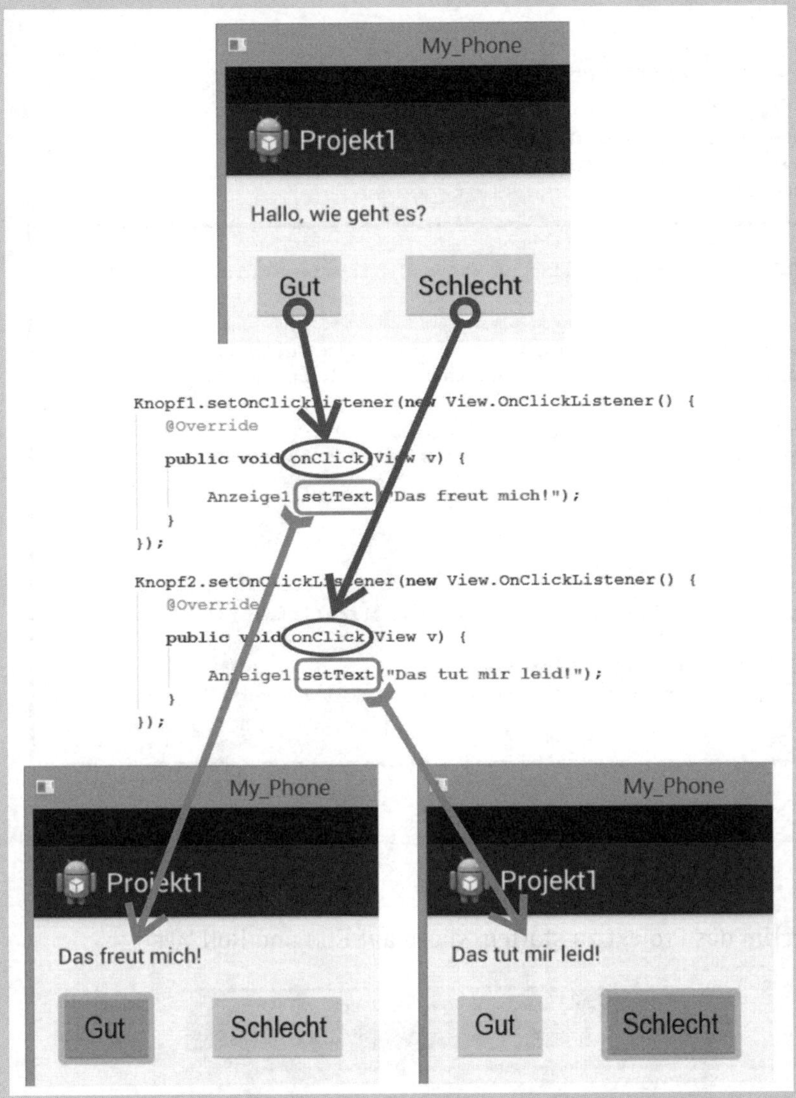

Kapitel 3 — Hallo mit Knopfdruck

Über das Berühren der Buttons wird eine der beiden `onClick`-Methoden ausgeführt. Und die sorgt dann für die Aktivierung der Methode `setText()`, damit das Textfeld den passenden Text bekommt.

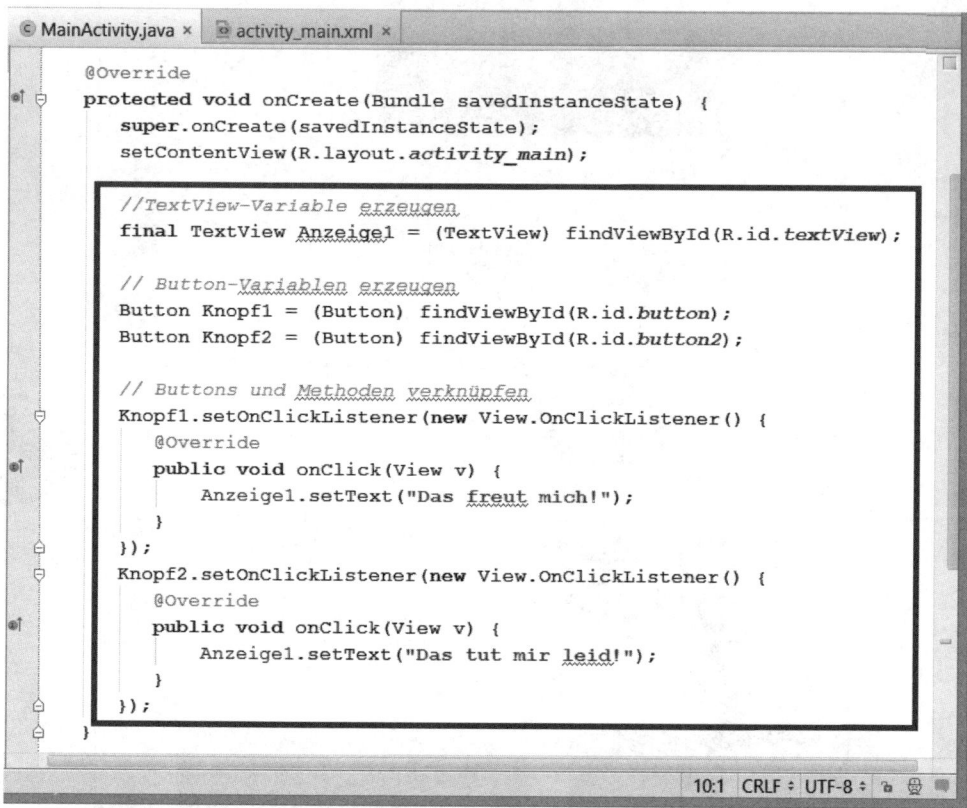

» Um das Projekt zu starten, klicke auf RUN und RUN 'APP'.

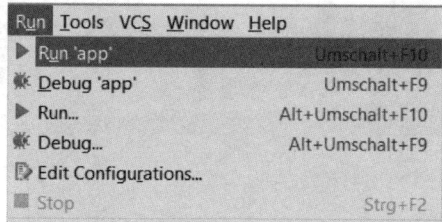

» Im folgenden Fenster sollte LAUNCH EMULATOR markiert sein und MY_PHONE angezeigt werden. Wenn nicht, sorge dafür und klicke auf OK.

Den Buttons Leben einhauchen

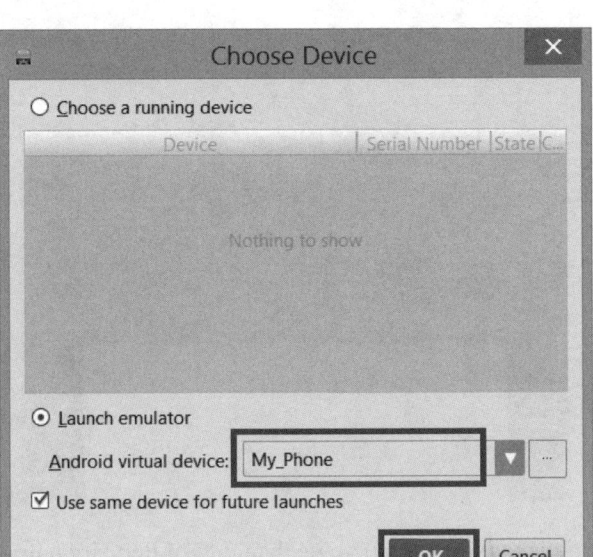

≫ Oder du hattest den Emulator bereits vorher über den AVD Manager gestartet. Dann sollte CHOOSE A RUNNING DEVICE eingestellt sein. Klicke auch hier auf OK.

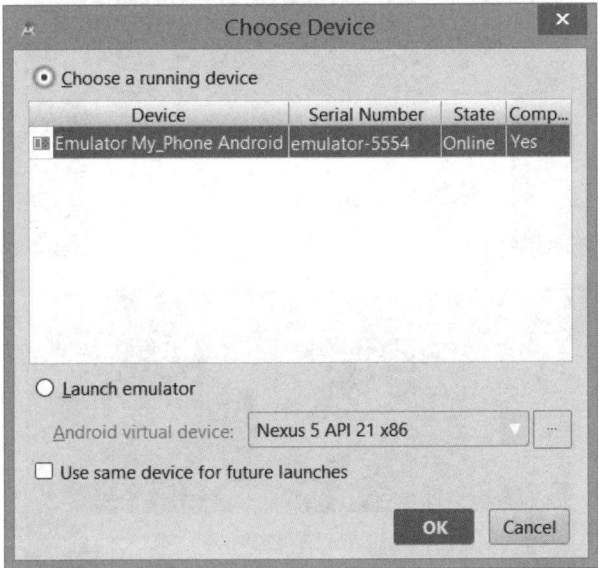

Auf jeden Fall dauert es wieder ein bisschen (wenn der Emulator bereits im Hintergrund läuft) oder auch sehr viel länger (wenn er erst seinen Dienst aufnimmt). Möglicherweise musst du dich dann erst zu deiner App durchklicken und sie starten.

Und endlich siehst du den Begrüßungstext und die zwei Antwort-Buttons.

» Und jetzt klicke (oder tippe) abwechselnd auf den einen und den anderen Button.

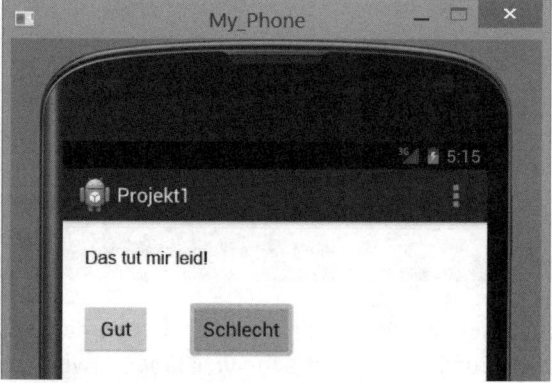

Und die App tut genau das, was sie soll. Dein Smartphone interessiert sich für dein Befinden. Jedenfalls ein bisschen, oder?

Ressourcen-Strings benutzen

Ressourcen-Strings benutzen

Das Programm funktioniert, aber es gibt noch einiges zu verbessern. Schon im aktuellen Quelltext. Wozu haben wir eigentlich im letzten Kapitel zwei Strings vereinbart und in die Ressource gesteckt? Die enthalten doch genau die beiden Antwortsätze, die wir hier direkt über setText() als Parameter zugewiesen haben.

> **Parameter** sind Werte oder Inhalte, die eine Methode übernimmt, um damit zu arbeiten. Jede Methode hat zwei runde Klammern, in denen ein oder auch mehrere Parameter stehen können. Ein anderer Begriff für Parameter ist **Argument**.
>
> In unseren Fall wird die Methode setText() zweimal aufgerufen und übernimmt jedes Mal einen anderen Wert als Parameter bzw. Argument. Dass es auch etwas anderes als ein Wert sein kann, siehst du gleich.

Wie übergeben wir setText() nun einen String aus der Ressource? Nun, wir wissen, dass es ein String ist, wir wissen, wie er heißt. Ob das genügt? Probieren wir's aus:

```
Anzeige1.setText(R.string.String_Plus);
Anzeige1.setText(R.string.String_Minus);
```

Wobei das vorgestellte "R.string" diesmal Ressourcen-String bedeutet, dahinter steht dann direkt der String-Name. Eine Extra-Methode zum Finden des Strings ist hier nicht nötig. Android Studio fischt sich den String aus der richtigen Ressourcen-Datei.

Damit ändert sich jetzt der Quelltext so (→ HALLO1):

```
Knopf1.setOnClickListener(new View.OnClickListener() {
  @Override
  public void onClick(View v) {
    Anzeige1.setText(R.string.String_Plus);
  }
});
Knopf2.setOnClickListener(new View.OnClickListener() {
  @Override
  public void onClick(View v) {
    Anzeige1.setText(R.string.String_Minus);
  }
});
```

Kapitel 3 — Hallo mit Knopfdruck

Wundere dich nicht, wenn dir Android dieses Bild zeigt. Nicht sofort, sondern in der Regel, wenn du Android Studio beim nächsten Mal mit deinem Projekt startest.

```
// Buttons und Methoden verknüpfen
Knopf1.setOnClickListener(new View.OnClickListener() {
    @Override
    public void onClick(View v) {
        Anzeige1.setText("Das freut mich!");
    }
});

Knopf2.setOnClickListener(new View.OnClickListener() {
    @Override
    public void onClick(View v) {
        Anzeige1.setText("Das tut mir leid!");
    }
});
```

Sieht auf einmal so aus, also wären die direkten Texte zurückgekehrt, oder nicht?

≫ Fahre mit dem Mauszeiger über den jeweiligen Text und beobachte, was passiert.

```
// Buttons und Methoden verknüpfen
Knopf1.setOnClickListener(new View.OnClickListener() {
    @Override
    public void onClick(View v) {
        Anzeige1.setText("Das freut mich!");
        Anzeige1.setText(R.string.String_Plus);
    }
});

Knopf2.setOnClickListener(new View.OnClickListener() {
    @Override
    public void onClick(View v) {
        Anzeige1.setText("Das tut mir leid!");
        Anzeige1.setText(R.string.String_Minus);
    }
});
```

Auf einmal werden die Originale wieder sichtbar. Nette Geste von Android Studio, denn damit bekommen wir im Quelltext auch bei Ressourcen-Strings zu sehen, was drinsteht.

Der passende Titel

Du darfst dich jetzt erst einmal zufrieden zurücklehnen und lächeln: Dein erstes Projekt hast du geschafft. Es würde auch auf einem Smartphone laufen. Aber so, wie es jetzt aussieht? Ich finde das Layout eher hässlich. Daran sollten wir gleich etwas ändern (und damit ist es mit dem zufriedenen Zurücklehnen vorbei).

Zuerst kümmern wir uns um den App-Namen. Der sollte nicht mehr länger PROJEKT1 heißen. Dazu müssen wir erst mal wissen, wo dieser Name eigentlich steht. Bevor du dich in direkter Umgebung umschaust: In MAINACTIVITY.JAVA und ACTIVITY_MAIN.XML wirst du nicht fündig.

Wir müssen uns also auf die Suche begeben. Und damit du nicht zu lange im Dunkeln tappst: Wir suchen eine XML-Datei namens ANDROIDMANIFEST.

≫ Um die zu finden, klickst du links in der Projektliste auf das kleine graue Dreieck vor dem Projektnamen, dann weiter auf APP, SRC und MAIN, um schließlich auf den Eintrag ANDROIDMANIFEST.XML zu stoßen. In dieser Datei stehen wesentliche Informationen, ohne sie läuft keine App.

≫ Doppelklicke auf diesen Eintrag und rechts daneben dürfte der Inhalt dieser Datei auftauchen.

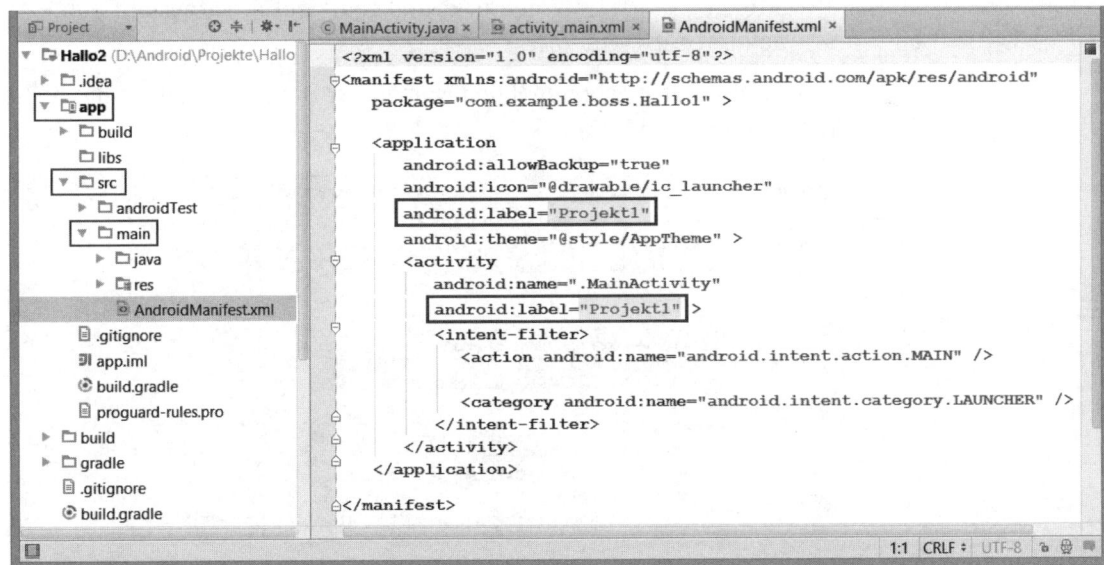

Klar, dass du nun versucht bist, dort gleich den Text "Projekt1" durch einen anderen wie z.B. "Hallo" zu ersetzen. Sobald du aber mit der Maus darauf zeigst, siehst du, dass dahinter natürlich ein String aus der Ressource steckt.

Kapitel 3 — Hallo mit Knopfdruck

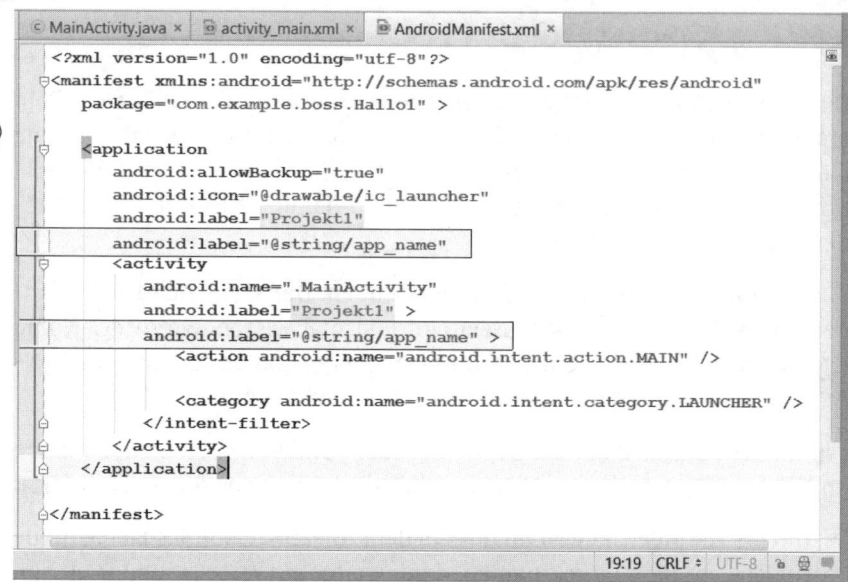

Wir müssen uns also erneut auf die Suche machen. Diesmal nach der Datei, in der der betreffende String steckt. Diesmal müssen wir noch ein bisschen tiefer »graben«. Oder auch nicht, denn Android Studio bietet uns seine Hilfe an:

≫ Halte die ⌈Strg⌉-Taste gedrückt und zeige mit der Maus auf den Eintrag hinter android.label =.

Und du bekommst schon mal den Namen der Datei zu sehen, in der nicht nur dieser String steckt.

Der passende Titel

≫ Und jetzt klicke (bei weiterhin gedrückter [Strg]-Taste) auf diesen Eintrag. Und schon öffnet sich die passende Datei im Editorfenster.

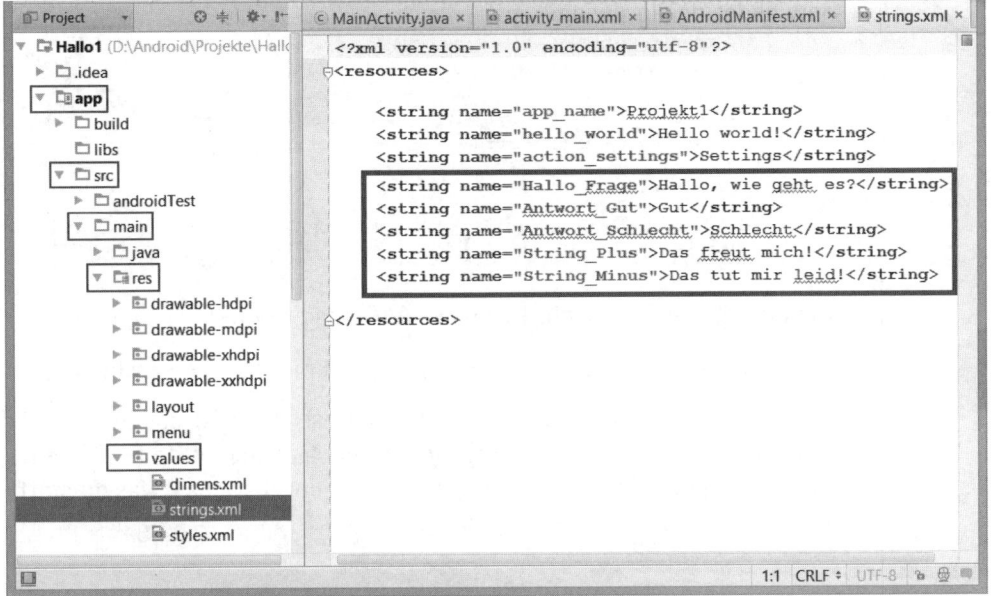

≫ Wenn das nicht klappt, dann musst du dir die Mühe machen und dich links in der Projektliste über APP – SRC – MAIN – RES – VALUES durchklicken, bis du den Eintrag STRINGS.XML gefunden hast. Dann doppelklickst du darauf.

In dieser Datei triffst du außer dem, was Android Studio da bereits hineingepackt hat, alle von dir erzeugten Strings wieder. Und du hättest eine Möglichkeit, ihren Inhalt an dieser Stelle zu ändern.

Wir kümmern uns jetzt um den allerersten String ganz oben. Aus

```
<string name="app_name">Projekt1</string>
```

soll jetzt

```
<string name="app_name">Hallo</string>
```

werden. (Oder du hast einen anderen besseren Namen?)

≫ Trau dich und ändere den Text um. Pass aber auf, dass du sonst nichts löschst oder veränderst (vor allem, dass keine von den spitzen Klammern verschwindet).

Kapitel 3 — Hallo mit Knopfdruck

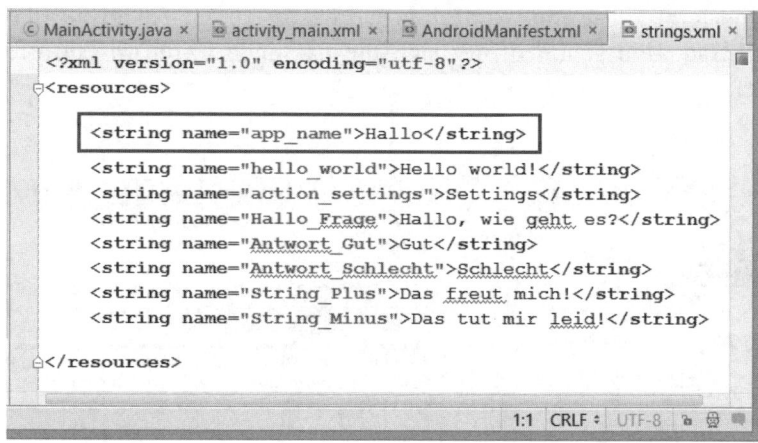

Und nun testen wir gleich, was diese Änderung bewirkt.

≫ Starte das Projekt und den Emulator (falls nicht schon geschehen).

Wenn du auf die Hauptmenüansicht schaltest, dann ist das Symbol für die App »Projekt1« verschwunden und an etwas anderer Stelle ein neues Symbol aufgetaucht. Es trägt den Namen »Hallo« (bzw. das, was du stattdessen in STRING.XML eingetippt hast).

Layout-Pflege

≫ Und wenn du diese App per Mausklick startest, dann erscheint dein HALLO-Programm auch mit dem passenden Titel:

Layout-Pflege

Alles andere ist natürlich so geblieben. Das Layout wirkt weiterhin ziemlich hässlich – finde ich. Und wie können wir das ändern?

≫ Wechsle zuerst einmal zum Fenster mit dem Quelltext von ACTIVITY_MAIN.XML. Und dort wählst du die DESIGN-Ansicht (→ HALLO2).

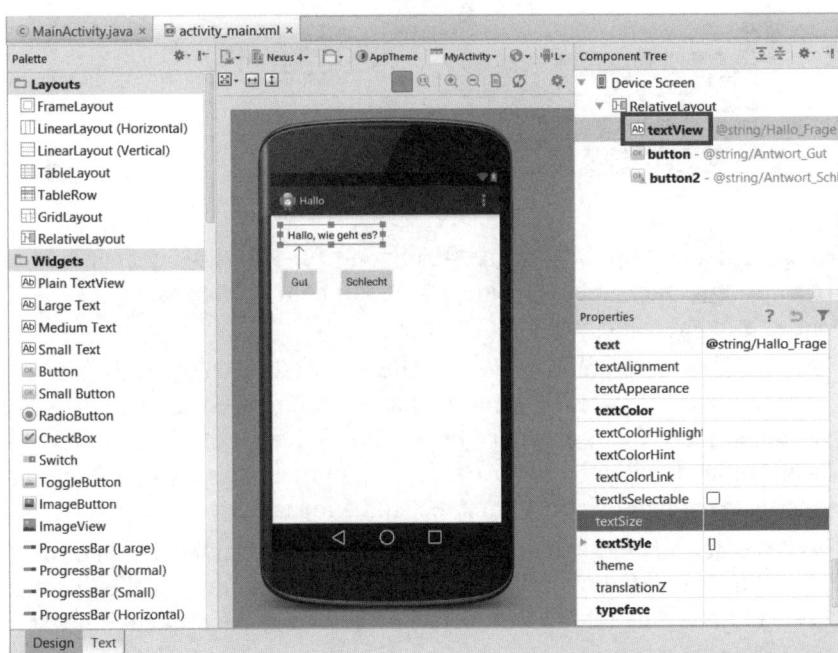

Kapitel 3 — Hallo mit Knopfdruck

Wir beginnen mit dem Textfeld. Der Text soll eine größere Schrift erhalten und er soll schön mittig auf dem Display erscheinen.

≫ Klicke auf das Textfeld (TextView). Suche dann auf der rechten Seite unter PROPERTIES den Eintrag TEXTSIZE (dazu musst du ein bisschen blättern).

≫ Klicke auf den Bereich dahinter und gib eine Zahl zwischen 24 und 32 ein.

Sobald du an eine andere Stelle klickst, ergänzt Android Studio dahinter »dp« als Maßeinheit. Und der Begrüßungstext wird tatsächlich (deutlich) größer angezeigt.

Was bedeutet **dp**? Das ist die Abkürzung für »Density-independent Pixels«. Ein **Pixel** ist ein farbiger Punkt auf dem Display. Von der Auflösung hängt es ab, wie viele Punkte es gibt.

Als Basis benutzt man eine Punktdichte von 160 Punkten pro Zoll, das sind etwa 63 Pünktchen pro Zentimeter. Dann ist ein dp genau ein Bildpunkt. Geht es um Smartphones oder Tablets mit einer anderen Auflösung, dann wird die dp-Größe von Android automatisch umgerechnet und deine Schrift entsprechend angepasst.

Wir werden später auch dp für die Maße von Buttons verwenden. Für die Schrift empfiehlt Android Studio noch eine andere Maßeinheit, wie du nach einem Klick auf die kleine gelbe Lampe vor dem Eintrag TEXTSIZE sehen kannst:

Layout-Pflege

> Es gibt mit **sp** noch eine weitere Maßeinheit (sp kürzt »Scale-independent Pixels« ab). Diese orientiert sich zusätzlich an den Einstellungen, die ein Benutzer auf seinem Gerät vorgenommen hat.

≫ Als Nächstes klickst du mit der Maus auf das Textfeld und ziehst es bei gedrückter Maustaste in die Mitte.

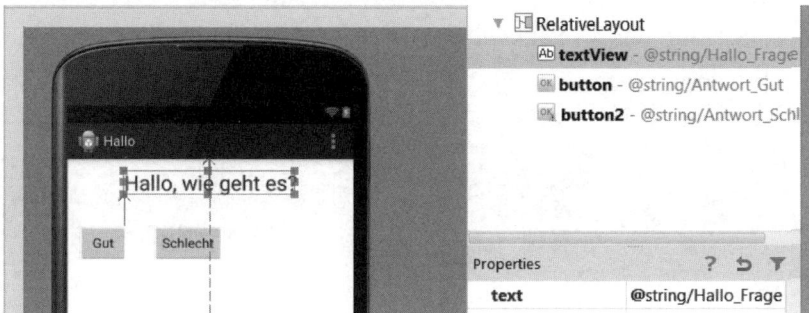

Und nun kümmern wir uns um die Buttons. Die sollen doch bitteschön gleich groß sein.

≫ Klicke auf einen Button (am besten auf den linken). Suche dann auf der rechten Seite unter Properties den Eintrag LAYOUT:WIDTH (den findest du ganz oben).

Kapitel 3 — Hallo mit Knopfdruck

LAYOUT:WIDTH und LAYOUT:HEIGHT enthalten die Breite und die Höhe einer Komponente. Voreingestellt ist meistens WRAP_CONTENT, das heißt: Breite und Höhe werden dem Inhalt angepasst (sind also möglichst klein).

Die Höhe müssen wir in der Regel nicht ändern, wohl aber die Breite einer Komponente. Denn oft ist es unerwünscht, dass gleiche Komponenten verschiedene Maße haben. Hier sollen unsere Buttons genau gleich breit sein.

≫ Klicke auf das Dreieck hinter WRAP_CONTENT und wähle im Menü <UNSET>.

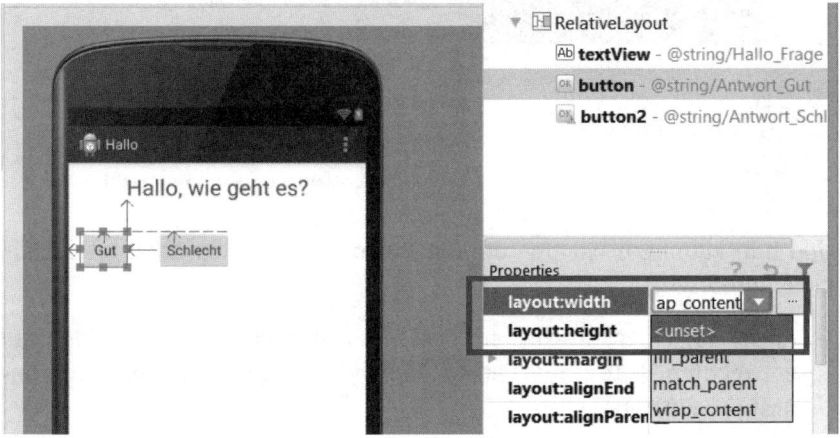

≫ Nun ist das Feld leer, tippe einen Wert zwischen 140 und 180 ein. (Nach dem Verlassen des Eingabefeldes wird wieder »dp« angehängt, was bei Maßen für Komponenten auch so passt.)

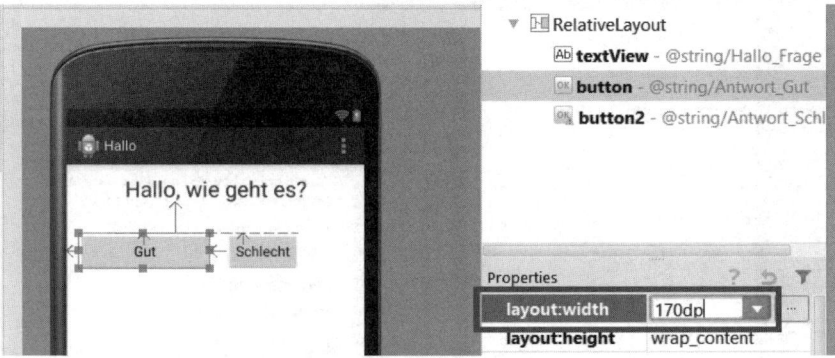

≫ Dasselbe wiederholst du nun noch für den anderen Button.

Womit das ganze Layout schon deutlich ansehnlicher geworden ist.

Layout-Pflege

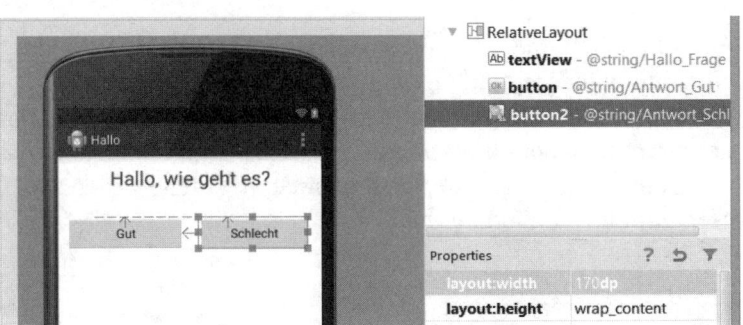

Ein paar kleine Korrekturen aber könnte man schon noch vornehmen.

➢ Verpasse auch den Buttons eine größere Schrift.

➢ Und dann solltest du noch alle Komponenten ein kleines bisschen nach unten verschieben.

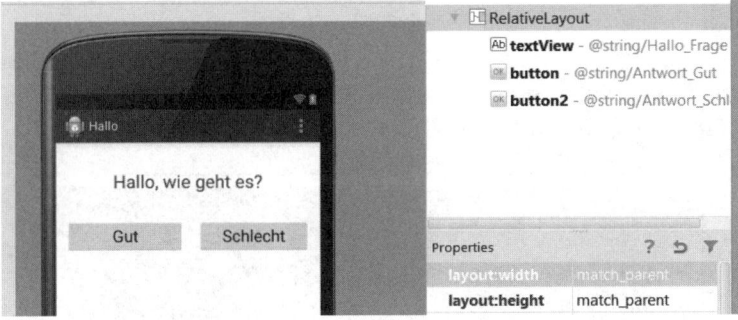

Dabei sollten wir es dann belassen. Es sei denn, du selbst willst noch ein bisschen experimentieren.

Einen letzten Programmlauf solltest du deinem Projekt aber auf jeden Fall gönnen.

➢ Starte das Programm und den Emulator. Sorge dafür, dass dort die App gestartet wird.

Kapitel 3 — Hallo mit Knopfdruck

Vielleicht ist dir aufgefallen, dass beim Verschieben des Textfeldes die Buttons mitwandern, und wenn du den linken Button (GUT) irgendwohin schiebst, kommt der rechte mit. Also sind irgendwie alle Komponenten miteinander (unsichtbar) verknüpft. Wenn man genau hinschaut, kann man bei markierten Komponenten Pfeile entdecken. Die weisen auf eine Verbindung hin.

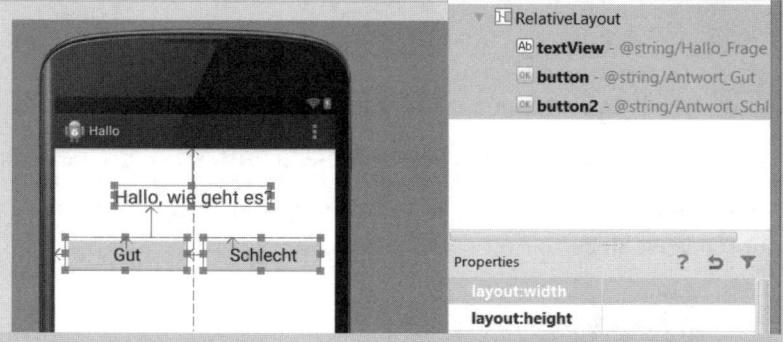

Es muss also noch eine Menge anderer Layout-Optionen geben, die du ausprobieren kannst, wenn du willst. Zwei Beispiele:

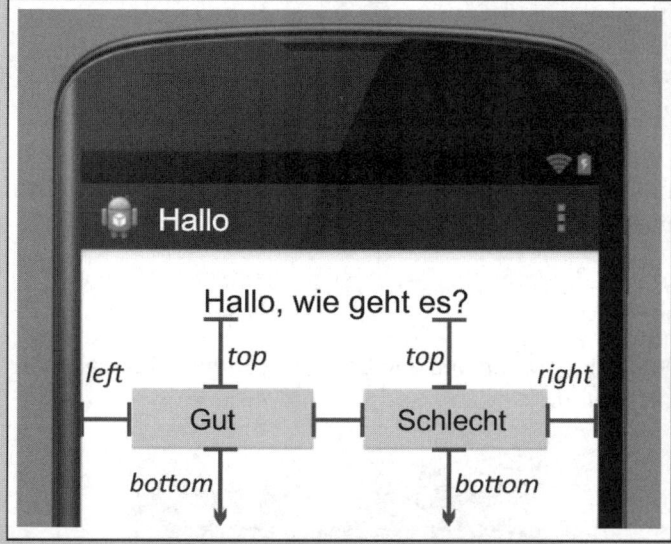

LAYOUT:MARGIN ist für den Rand zuständig, genauer für den Abstand, den die Komponente vom Rand des Displays oder einer Nachbarkomponente haben soll. (Die Maßeinheit ist dp.)

Layout-Pflege

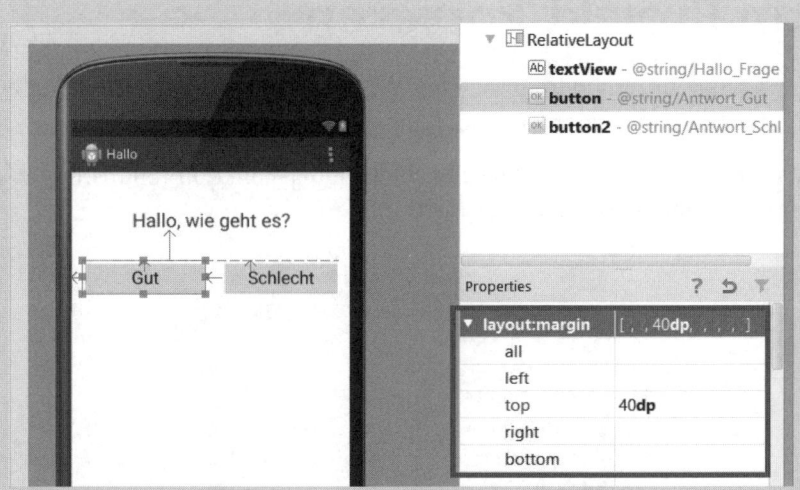

LAYOUT:ALIGN sorgt dafür, dass die Position einer Komponente sich an die einer anderen anpasst, mit der sie verankert ist.

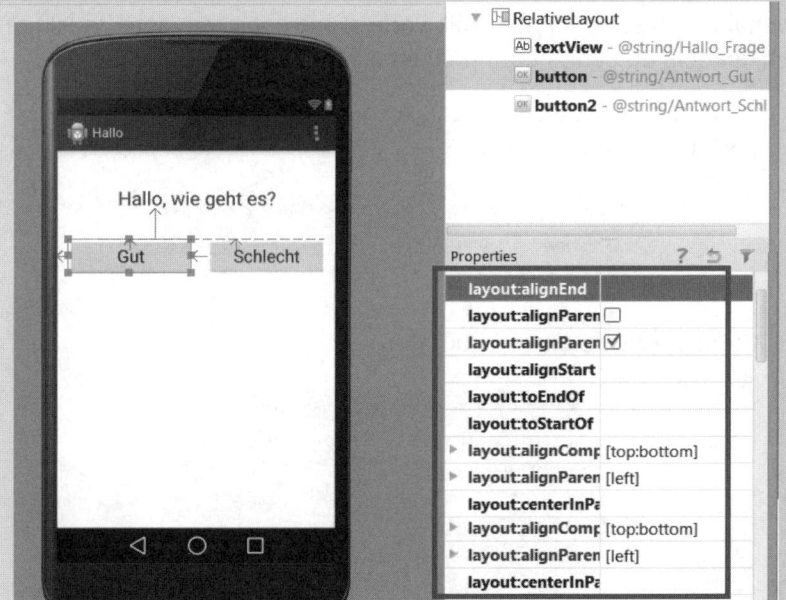

Im PROPERTIES-Fenster sind hier die meisten Namen nur zum Teil zu erkennen. Mit einem Mausklick wird ein Name vollständig angezeigt.

Zu den Anpassungsoptionen gehören u. a. auch LAYOUT:TOXOF, wobei für das »X« die Positionen START, END, LEFT, RIGHT stehen können.

Kapitel Hallo mit Knopfdruck

3

Ein Projekt kopieren

Das Layout unter Android ist eine Wissenschaft für sich. Beim Experimentieren kann also optisch auch einiges schiefgehen.

Das meiste lässt sich mithilfe der Rückgängig-Funktion (EDIT/UNDO) wieder reparieren (meistens, aber nicht immer).

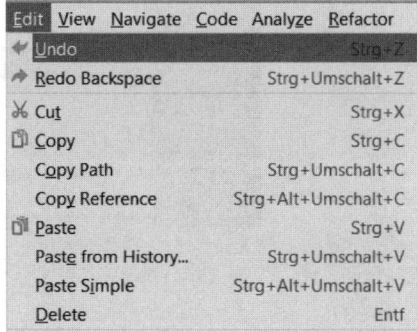

Deshalb solltest du für alle Fälle **vorher** eine Kopie von dem Projekt anlegen, an dem du dann herumprobieren kannst, so viel du willst:

➢ Sorge dafür, dass links in der Liste der Eintrag des Projekts markiert ist, das du verdoppeln willst.

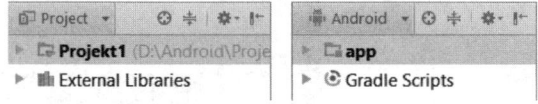

➢ Klicke auf REFACTOR und COPY.

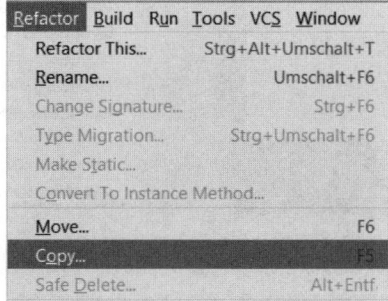

➢ Im nächsten Dialogfeld gibst du dem Projekt einen **neuen** Namen. Dann klickst du auf OK.

Ein Projekt kopieren

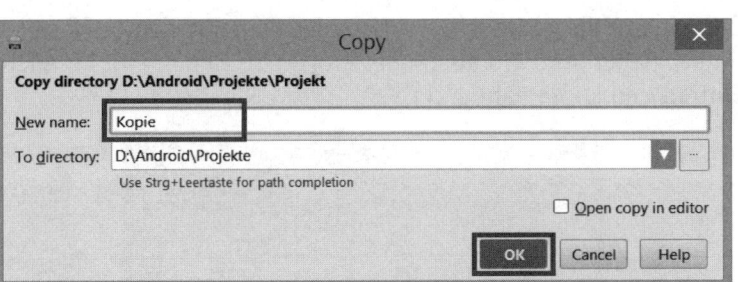

Sollte in deinem Projekt nun irgendetwas nicht mehr so laufen wie gewünscht, hast du immer noch die Kopie (oder das Original).

Du kannst auch dein aktuelles Projekt schließen und die Kopie importieren.

≫ Dazu klickst du zuerst auf FILE und dann auf CLOSE PROJECT.

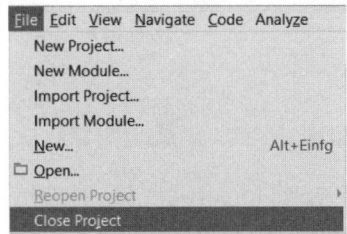

≫ Das Hauptfenster schließt sich und das Startfenster von Android Studio erscheint.

≫ Klicke dort auf OPEN AN EXISTING ANDROID STUDIO PROJECT.

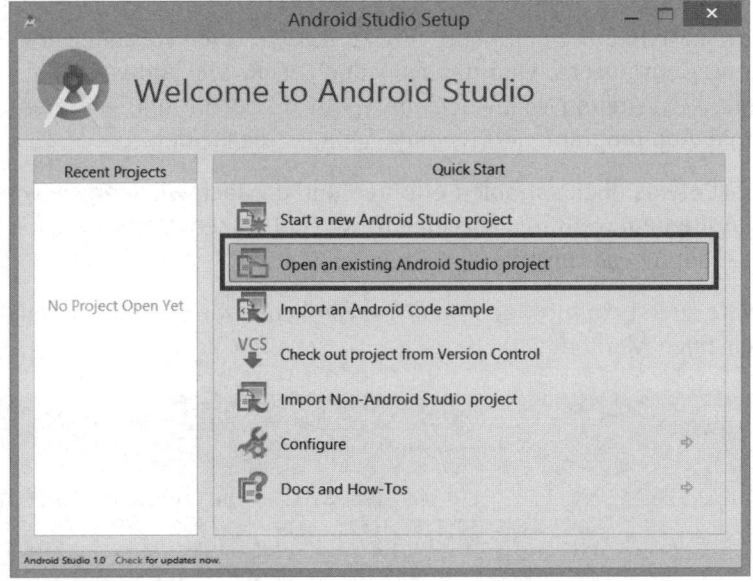

Kapitel 3 — Hallo mit Knopfdruck

> Dann musst du ein bisschen suchen, bis du deine Kopie gefunden hast (in der Regel dort, wo auch dein Projekt zu finden ist). Markiere den Eintrag und klicke dann auf OK.

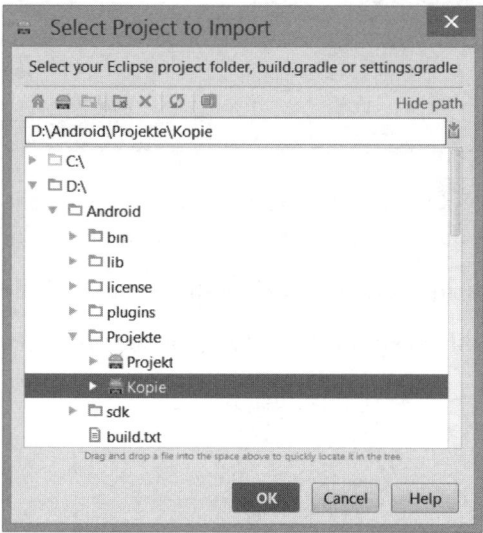

Und das neue Projekt wird importiert (und steht auch beim nächsten Start von Android Studio direkt zur Verfügung).

Zusammenfassung

Damit hätten wir unser erstes Projekt geschafft. Es gibt etwas zu sehen, und wenn man auf einen Knopf drückt, passiert auch was. Vielleicht bist du etwas enttäuscht, weil das alles doch recht viel Aufwand für nicht gerade viel Wirkung war. Aber nun weißt du schon mal, wie man eine Android-App programmiert (wenn auch nur eine kleine).

Du hast etwas über **Variablen** erfahren und darüber, wie man sie vereinbart. Außerdem weißt du, was eine **ID** ist. Und deinen Wortschatz hast du auch schon wieder erweitert.

Da wäre zuerst ein Interface (so etwas Ähnliches wie eine Klasse) mit seiner einzigen Methode:

OnClickListener	Interface für das Berühren von Komponenten (Klicken oder Tippen)
setOnClickListener()	ein OnClickListener-Interface installieren
onClick()	Methode, die bei einem »Druck« auf eine Komponente ausgeführt wird

Ein paar Fragen ...

Dazu ein Java-Schlüsselwort zum Erzeugen eines neuen Elements:

new	Objekt/Struktur erzeugen

Und dann sind da eine »Ober-Komponente«, ein paar weitere Methoden und ein Operator:

View	Basis-Komponente (Widget), von der es viele Ableitungen gibt (z.B. TextView und Button)
onCreate()	Methode, die beim Start einer App dafür sorgt, dass »alles klar« ist, bevor die App benutzt wird
findViewById()	Methode, die über die ID eine Komponente sucht (und findet)
setText()	Methode, die den Anzeigetext einer Komponente (neu) setzt
.	Operator, der ein Objekt mit einer Methode verbindet.

Schließlich kennst du mit STRINGS.XML und ANDROIDMANIFEST.XML zwei weitere Dateien. Die erste enthält wichtige Informationen über eine App. Die zweite sammelt alle Ressourcen-Strings, die du vereinbarst:

string name	Namen und Inhalt eines Strings festlegen
/string	Ende-Marke für einen String

Ein paar Fragen ...

1. Wie wird eine Variable vereinbart?
2. Wie verknüpft man ein Objekt Knopf vom Typ Button mit einer Schaltfläche, die man im Layout der App erzeugt hat?

... und ein paar Aufgaben

1. Erweitere das *Hallo*-Projekt auf mindestens vier Schaltflächen: Benutze außer GUT und SCHLECHT noch ein paar weitere Knopfaufschriften. Und programmiere die passenden Antworten dazu.
2. Erweitere das *Sterne*-Projekt um (kurze) passende Antworten zu jedem Sternzeichen.

4
Rechnen mit dem Zufall

Lassen wir das Hallo-Projekt erst einmal in Ruhe und fangen wir etwas Neues an. Jetzt geht es um Mathematik, genauer um die Grundrechenarten. Die beherrscht jeder Computer, natürlich auch ein Smartphone. Das darf es hier beweisen. Und du tust einfach nur das, was dein Mathelehrer mit dir gemacht hat: Du lässt rechnen. Allerdings musst du zuvor das passende Projekt erstellen.

In diesem Kapitel lernst du

◎ etwas über Zufallszahlen

◎ einige Operatoren kennen

◎ wie man Zahlen in Zeichenketten umwandelt

◎ was lokale und globale Variablen sind

◎ etwas über public, private und protected

Alles auf neu

Mit unserem Mathe-Projekt fangen wir wieder völlig neu an. Dazu muss das aktuelle Projekt geschlossen werden, das nach dem Start von Android Studio geöffnet wird.

Kapitel **4**   Rechnen mit dem Zufall

≫ Klicke auf FILE und dann auf CLOSE PROJECT.

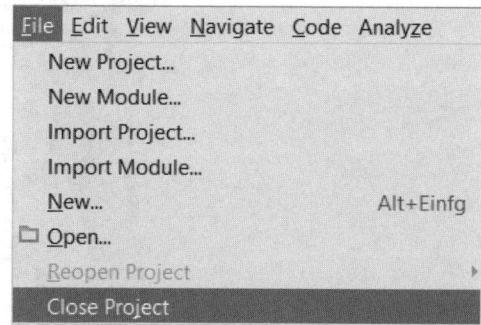

Das Hauptfenster schließt sich und das Startfenster von Android Studio erscheint.

≫ Klicke dort auf OPEN AN EXISTING ANDROID STUDIO PROJECT.

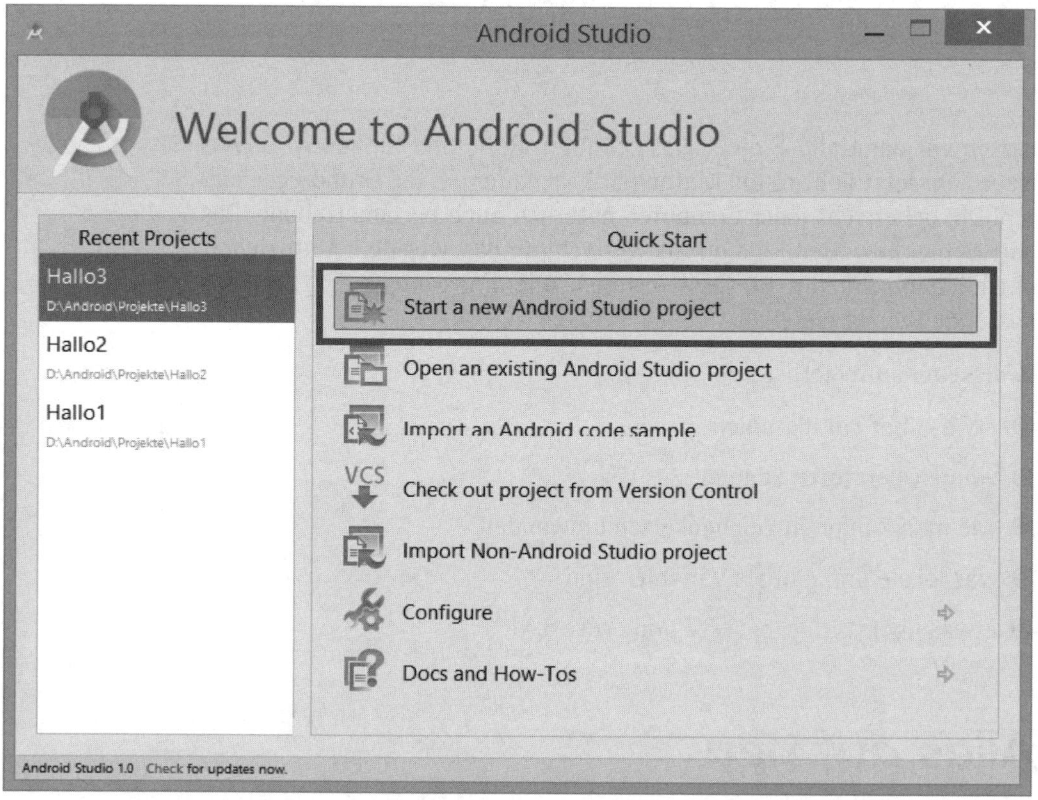

Es öffnet sich das dir schon bekannte Dialogfeld mit dem Titel CREATE NEW PROJECT.

Alles auf neu

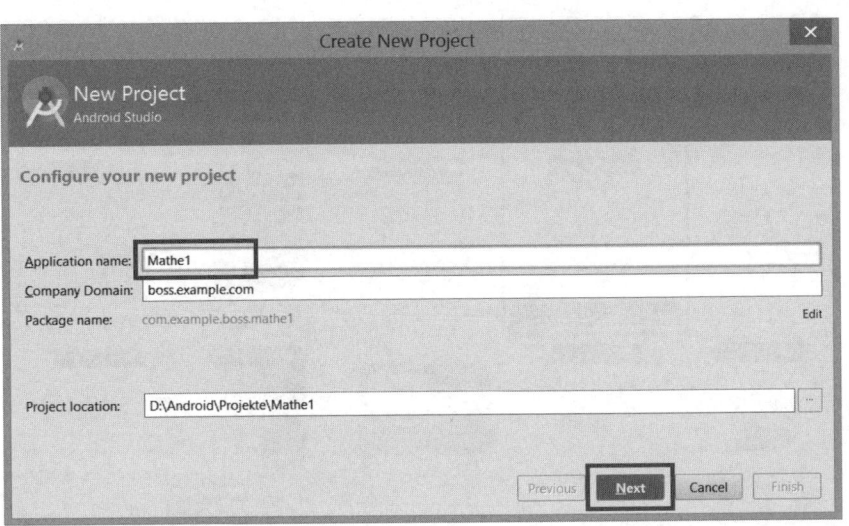

» Tippe hinter APPLICATION NAME als neuen Namen Mathe1 ein. Dann klicke auf NEXT.

» Im folgenden Fenster kontrollierst du, ob die Einstellung von MINIMUM SDK passt. Dann klicke auf NEXT.

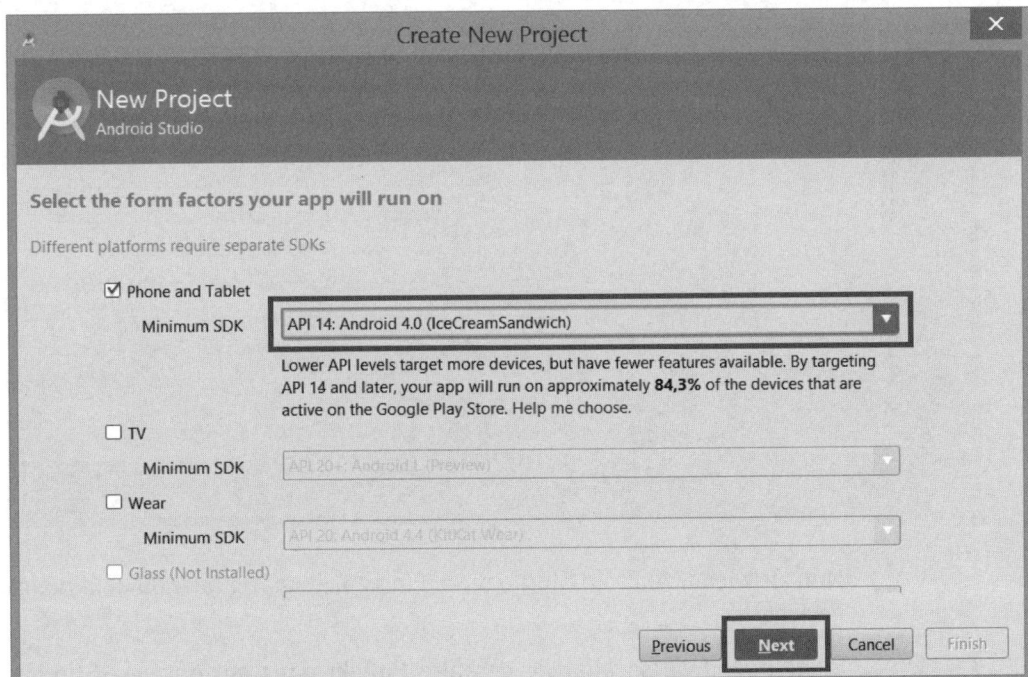

» Wenn im nächsten Fenster die Einstellung BLANK ACTIVITY markiert ist, klickst du auf NEXT.

Kapitel 4

Rechnen mit dem Zufall

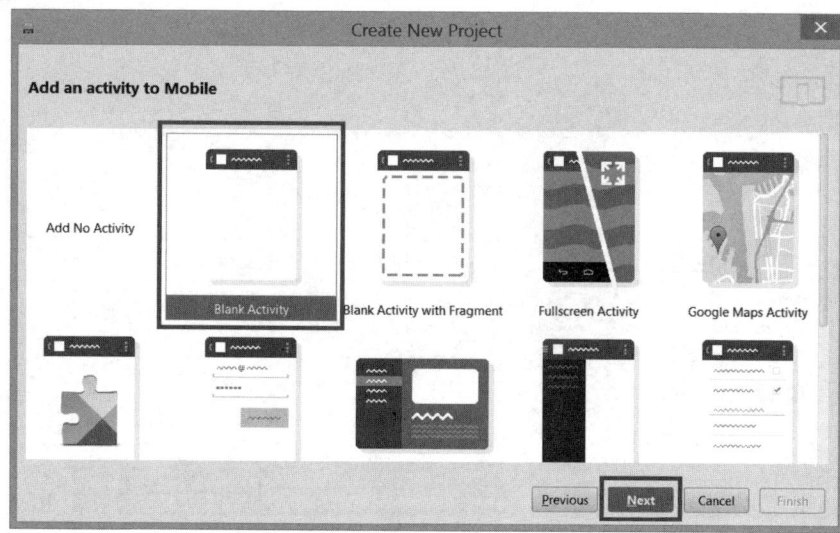

> ≫ Auch im folgenden Fenster klicke einfach nur auf FINISH, womit das Fenster geschlossen wird.

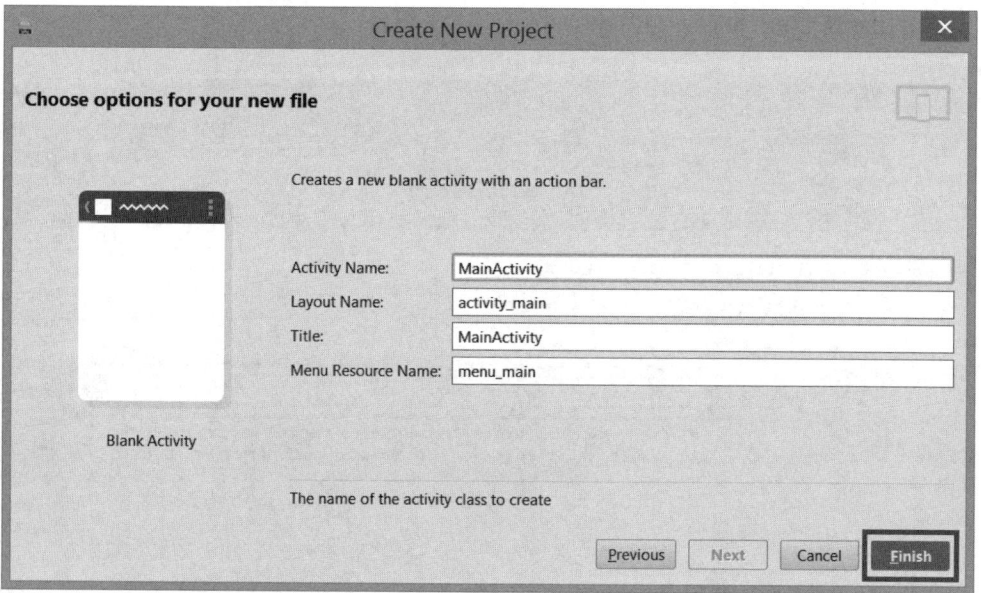

Nun ist wieder Android Studio dran. Einige Zeit später hast du dein neues Projekt.

Sieht irgendwie so aus wie das alte Projekt ganz am Anfang? Stimmt, Android Studio backt stets die gleichen Brötchen. Immerhin ja schon aufgeschnitten. Und es liegt an uns, was wir dazwischen packen, ob Marmelade oder Honig, Wurst oder Käse. Und wie viel.

Alles auf neu

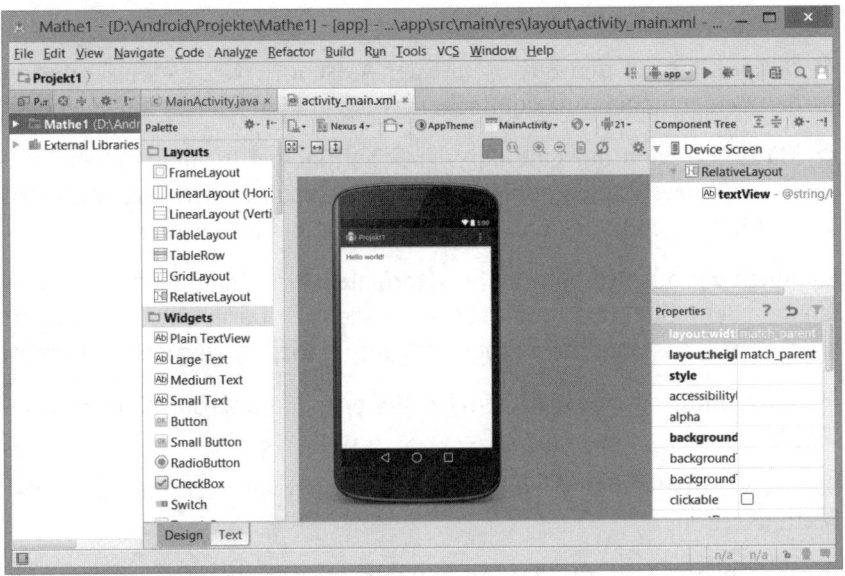

Du sollst auch gleich sehen, wie ich mir das Layout des neuen Projekts vorstelle. Außer dem Textfeld (TextView), das schon vorhanden ist, brauchst du noch zwei weitere und beim Typ Button kannst du dich gleich fünfmal bedienen. Wozu, das erfährst du noch. Wie die Komponenten auf dem Display verteilt werden, siehst du hier (wobei die unteren Textfelder eigentlich nicht sichtbar sind, wenn sie keinen Text enthalten):

Kapitel 4 — Rechnen mit dem Zufall

Und so geht das kleine Spiel:

◇ Durch Klick auf den Button mit der Aufschrift »Neu« sollen unten in den beiden neuen Anzeigeflächen zwei zufällige Zahlen auftauchen.

◇ Klickst du dann auf eine der vier Schaltflächen für die Rechenarten, werden diese Zahlen addiert, subtrahiert, multipliziert oder dividiert. Und das Ergebnis soll dann im oberen Textfeld erscheinen.

Beginnen wir mit den Vorarbeiten. Normalerweise findet man im Editorfenster den Quelltext von ACTIVITY_MAIN.XML. Darin ist das Layout beschrieben, das man beim Programmlauf im Display zu sehen bekommt.

≫ Sorge dafür, dass du in diesem Fenster bist, und wechsle in den DESIGN-Modus.

Das inzwischen leidige »Hello World!« brauchen wir auch hier nicht, das Textfeld schon.

≫ Ändere den Text für das Anzeigefeld über PROPERTIES und TEXT. Als Namen schlage ich NeueAufgabe vor und als Inhalt des Strings Klicke auf NEU.

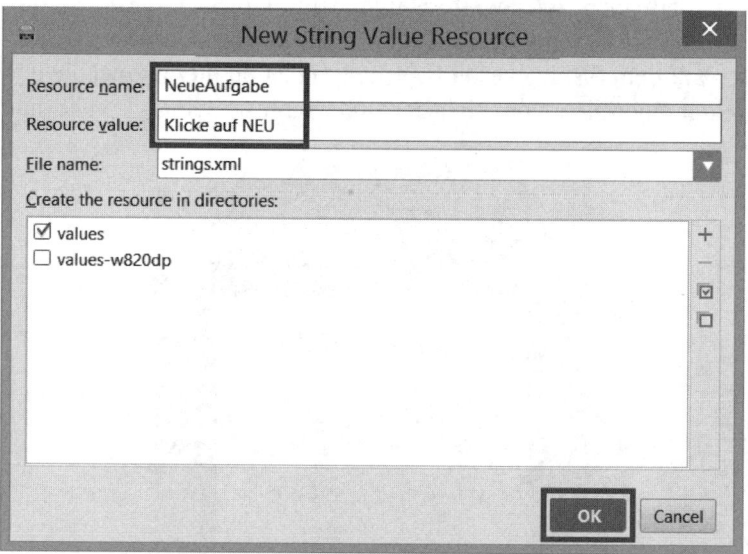

Du weißt nicht mehr genau, wie man einen Ressourcen-String erzeugt? Hier das Ganze in Kurzform:

≫ Klicke auf die Komponente, deren Text du ändern willst.

≫ Suche rechts unten unter PROPERTIES den Eintrag TEXT (rechts daneben steht der Name des aktuellen Strings).

Komponentenschwemme

> » Klicke ganz rechts auf den kleinen Button (mit den drei Pünktchen).
> » Klicke im Dialogfeld mit dem Titel RESOURCES auf NEW RESOURCE und darunter auf NEW STRING VALUE.
> » Tippe im Fenster mit dem Titel NEW STRING VALUE RESOURCE hinter RESOURCE NAME einen Namen ein.
> » Tippe hinter RESOURCE VALUE ein Wort oder einen Satz ein.
> » Klicke auf OK.

» Setze das Textfeld in die Mitte und mache die Schrift (TEXTSIZE) deutlich größer.

Anschließend sieht unser Projekt etwa so aus:

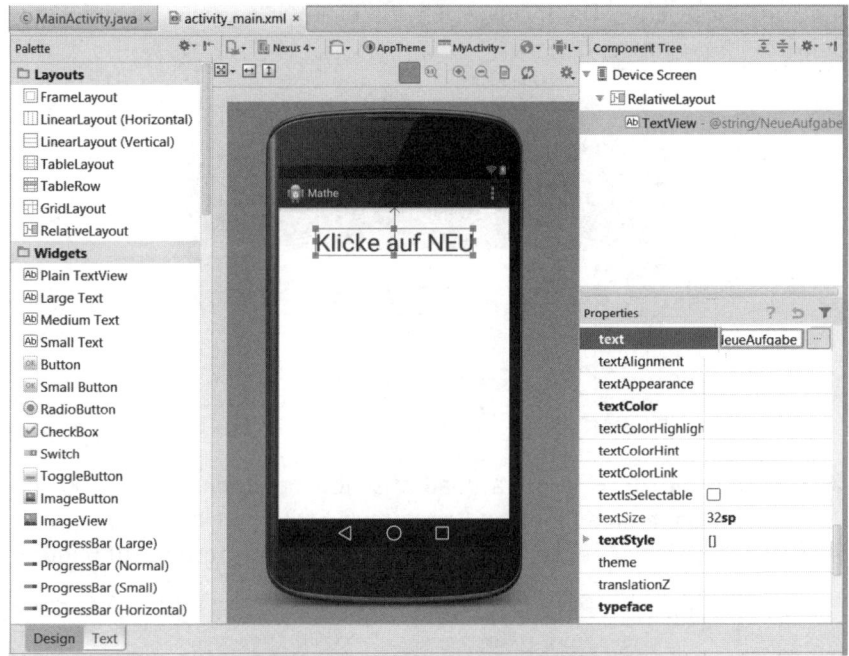

Komponentenschwemme

Machen wir uns jetzt auf den Weg und sammeln die Buttons ein, die wir brauchen. Wie das geht, weißt du noch?

» Klicke in der linken Liste unter WIDGETS auf den Eintrag BUTTON. Dann setze die Komponente links unter den Anzeigetext.

Kapitel 4 — Rechnen mit dem Zufall

Und schon hast du den ersten Button. Doch ehe du jetzt alle anderen Schaltflächen auf dieselbe Weise einsetzen willst, kümmere dich erst einmal um diese eine. Dann zeige ich dir einen Weg, wie die nächsten Schritte etwas flotter gehen.

≫ Gib dem Button eine etwa quadratische Form (mindestens 100 mal 100 dp). Dann erstelle einen Ressourcen-String mit dem Namen Plus und dem Zeichen »+« als Text. Dann setze die Schriftgröße auf mindestens 60 sp.

Nun sieht der Button ganz gut aus. Und davon brauchen wir jetzt ein paar mehr. Am besten wäre es, wenn wir diesen einen vervielfachen könnten. Und das geht tatsächlich.

≫ Klicke mit der rechten Maustaste auf den markierten Button.

≫ Im Kontextmenü klickst du nun auf COPY.

≫ Als Nächstes klickst du auf eine freie Stelle neben dem Button, wieder mit der rechten Maustaste.

Kapitel 4 — Rechnen mit dem Zufall

> Und im Kontextmenü klickst du diesmal auf PASTE.
> Den neuen Button positionierst du direkt neben den ersten.

> Wiederhole das so lange, bis du fünf Buttons zusammenhast (→ MATHE1).

Komponentenschwemme

Und nun geht es ans Tuning. Jeder Button braucht einen anderen String. Vorschläge findest du in dieser Tabelle:

Name	Wert
Plus	+
Minus	-
Mal	*
Durch	:
Neu	Neu

Dass die Ressourcen-Datei den Namen STRING.XML hat, weißt du ja schon. Bei mir sieht der Inhalt dieser Datei nach der Erzeugung aller Strings so aus:

```xml
<?xml version="1.0" encoding="utf-8"?>
<resources>

    <string name="app_name">Mathe</string>
    <string name="action_settings">Settings</string>
    <string name="NeueAufgabe">Klicke auf NEU</string>
    <string name="Plus">+</string>
    <string name="Minus">-</string>
    <string name="Mal">*</string>
    <string name="Durch">:</string>
    <string name="Neu">Neu</string>
    <string name="Zahl1"> </string>
    <string name="Zahl2"> </string>

</resources>
```

Ich habe mir erlaubt, direkt im Quelltext den Titel-String in Mathe zu ändern (also ohne die 1) und außerdem den String mit »Hello World!« zu entfernen, denn der ist ja auch hier überflüssig. (Es stört aber nicht, wenn du ihn drin lässt.)

> Grundsätzlich ist es möglich, alle Strings direkt im Quelltext der Ressourcen-Datei zu bearbeiten. Doch man muss genau wissen, was man tut. Vergisst du ein Zeichen oder löschst ein anderes, dann wirkt sich der Fehler auf das ganze Programm aus und deine App läuft nicht (mehr).

Der untere Button muss in der Höhe etwas flacher werden, damit die Textfelder darunter noch Platz haben. Dafür darf er über die ganze Breite gehen:

Kapitel 4

Rechnen mit dem Zufall

» Zuletzt fügst du jetzt über PLAIN TEXTVIEW ganz unten noch zwei weitere Textfelder ein. (Ist da zu wenig Platz, musst du die Buttons ein bisschen nach oben verschieben und gegebenenfalls etwas kleiner machen.)

» Als Text kannst du jeweils ein Leerzeichen einsetzen. Und stelle unter PROPERTIES und GRAVITY den Wert CENTER ein, damit der angezeigte Text später zentriert erscheint.

126

Komponentenschwemme

Auf jeden Fall sollten wir jetzt schauen, ob und wie die App in ihrem aktuellen Zustand auf dem Emulator läuft.

≫ Starte das Projekt (und natürlich auch den Emulator).

Und nach einiger Wartezeit zeigt sich das Symbol der neuen App. Es ist das gleiche, aber die App trägt einen neuen Namen.

Oder du landest gleich im erwarteten Layout deiner App. Alle Buttons lassen sich anklicken (oder antippen), aber sonst passiert nichts.

Kapitel 4

Rechnen mit dem Zufall

Zufallszahlen und Zeichenketten

Jetzt haben wir ein ganz passables Layout für unseren kleinen Rechner erstellt. Funktionieren tut das Ganze freilich nur, wenn wir dem Computer nun auch die Spielregeln beibringen.

> Wegen der vielen zu erwartenden Klammern und Semikola möchte ich an dieser Stelle noch mal einige Hinweise loswerden:
> ◊ Jede Vereinbarung und Anweisung muss mit einem Semikolon abgeschlossen werden.
> ◊ Zu jeder öffnenden Klammer muss es auch eine schließende geben.
> ◊ Auch am Ende einer Struktur muss ein Semikolon stehen.

Zuerst brauchen wir jede Menge Variablen. Die vereinbaren wir wieder im Quelltext von MAINACTIVITY.JAVA.

➤ Wechsle über den gleichnamigen Reiter zum Java-Quelltext unseres Projekts.

Und hier sind die Vereinbarungen aller Variablen, die wir für unsere Komponenten brauchen (→ MATHE2):

```
final TextView Anzeige1 =
  (TextView) findViewById(R.id.textView);
final TextView Anzeige2 =
  (TextView) findViewById(R.id.textView2);
final TextView Anzeige3 =
  (TextView) findViewById(R.id.textView2);
Button AddButton = (Button) findViewById(R.id.button);
Button SubButton = (Button) findViewById(R.id.button2);
Button MulButton = (Button) findViewById(R.id.button3);
Button DivButton = (Button) findViewById(R.id.button4);
Button NeuButton = (Button) findViewById(R.id.button5);
```

➤ Und nun hast du einiges einzutippen. Oder auch nicht: Einige Zeilen lassen sich kopieren. Dann musst du nur noch ein paar Zahlen und ein bisschen Text anpassen.

> Denke daran, dass wir auch hier einige Bibliotheken benötigen, in denen die Komponenten definiert sind:
>
> ```
> import android.widget.Button;
> import android.widget.TextView;
> ```

> Durch Markieren der Wörter TextView und Button und Drücken von Alt + ↵ bittest du Android Studio, die nötigen Bibliotheken zu importieren. (Klappt das nicht, musst du die beiden Zeilen von Hand einfügen.)

Kümmern wir uns nun zuerst um den Button mit der Aufschrift NEU. Wenn man den drückt, soll eine (neue) Mathe-Aufgabe gestellt werden.

» Tippe erst mal die komplette Methode für den Neu-Button ein (→ MATHE2):

```
NeuButton.setOnClickListener(new View.OnClickListener() {
  @Override
  public void onClick(View v) {
    Random Zufall = new Random();
    int Zahl1 = Zufall.nextInt(100)+1;
    int Zahl2 = Zufall.nextInt(100)+1;
    Anzeige1.setText(R.string.Rechenart);
    Anzeige2.setText(String.valueOf(Zahl1));
    Anzeige3.setText(String.valueOf(Zahl2));
  }
});
```

> **Hier wird für** View **und für** Random **jeweils eine weitere Bibliothek gebraucht:**
>
> import android.widget.View;
> import java.util.Random;

Klar, dass du jetzt auf einige Erläuterungen wartest. Also folgt nun Zeile für Zeile, was in der Methode passieren soll:

Mit Random haben wir eine Java-Klasse zum Erzeugen von Zufallszahlen. In der folgenden Zeile entsteht ein neues Objekt Zufall – wofür das Schlüsselwort new zuständig ist – und ein »Zufallsgenerator« wird gestartet:

```
Random Zufall = new Random();
```

Der Computer berechnet nach einer internen Formel zufällige Werte, von denen wir nur die zwei »nächsten« benötigen:

```
int Zahl1 = Zufall.nextInt(100)+1;
int Zahl2 = Zufall.nextInt(100)+1;
```

Kapitel 4

Rechnen mit dem Zufall

Dazu vereinbaren wir an Ort und Stelle zwei Variablen Zahl1 und Zahl2 als ganze Zahlen (int) und weisen ihnen jeweils eine ganze Zufallszahl zu, die zwischen 1 und 100 liegt.

Hier sind Vereinbarung und Zuweisung zusammengepackt. Getrennt sähe das so aus:

```
// Vereinbarung der Variablen
int Zahl1, Zahl2;
```

```
// Zuweisung von Werten oder Formeln
Zahl1 = Zufall.nextInt(100)+1;
Zahl2 = Zufall.nextInt(100)+1;
```

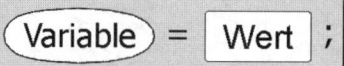 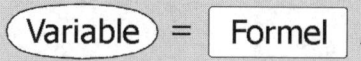

Bei einer Formel wird diese zuerst angewandt und dann wird der ermittelte Wert an die Variable weitergeleitet (= zugewiesen).

Wichtig ist: Eine Zuweisung ist keine Gleichsetzung, wie du sie aus der Mathematik kennst. Eine Zuweisung wie Zahl = Zahl + 1; ist also möglich; mathematisch aber wäre »Zahl gleich Zahl plus 1« unmöglich.

Den Rest der onClick-Methode bilden noch drei Anweisungen, die dafür sorgen, dass die einzelnen Anzeigeflächen auch was zum Zeigen haben:

```
Anzeige1.setText(R.string.Rechenart);
Anzeige2.setText(String.valueOf(Zahl1));
Anzeige3.setText(String.valueOf(Zahl2));
```

In der ersten Zeile wird ein String aus der Ressource gesetzt. Den musst du natürlich auch noch vereinbaren oder direkt in STRING.XML eintippen. (Der String enthält den Text »Rechenart?«)

Dann wird es etwas komplizierter: Die Methode setText() erwartet als Parameter eine Zeichenkette (also einen String), Zahl1 und Zahl2 aber sind wie vereinbart Zahlen. Wir brauchen also eine weitere Methode, um aus den Ziffern einer Zahl eine Zeichenkette zu machen:

Jetzt wird gerechnet

Das erledigt String.valueOf(): Diese Methode übernimmt eine Zahl als Parameter und gibt eine Zeichenkette zurück. Aus einer ganzen Zahl wie z.B. 34 wird der String "34" (mit dem man natürlich nicht mehr rechnen kann).

≫ Damit du zu sehen bekommst, was passiert, solltest du jetzt das Programm starten.

Sobald du auf den Button NEU klickst (oder tippst), werden zwei zufällig erzeugte Zahlen in den beiden unteren Textfeldern sichtbar.

Jetzt wird gerechnet

Das ist doch schon mal ein guter Anfang. Und jetzt geht es darum, dass das Smartphone mit den zwei Zahlen das macht, was du ihm per Knopfdruck sagst. Dazu brauchen wir insgesamt vier Methoden-Blöcke. Und die sehen im Einzelnen so aus (→ MATHE2):

```
AddButton.setOnClickListener(new View.OnClickListener() {
  @Override
  public void onClick(View v) {
    int Ergebnis = Zahl1 + Zahl2;
    Anzeige1.setText(String.valueOf(Ergebnis));
  }
});
```

Kapitel 4 — Rechnen mit dem Zufall

```java
SubButton.setOnClickListener(new View.OnClickListener() {
  @Override
  public void onClick(View v) {
    int Ergebnis = Zahl1 - Zahl2;
    Anzeige1.setText(String.valueOf(Ergebnis));
  }
});

MulButton.setOnClickListener(new View.OnClickListener() {
  @Override
  public void onClick(View v) {
    int Ergebnis = Zahl1 * Zahl2;
    Anzeige1.setText(String.valueOf(Ergebnis));
  }
});

DivButton.setOnClickListener(new View.OnClickListener() {
  @Override
  public void onClick(View v) {
    int Ergebnis = Zahl1 / Zahl2;
    Anzeige1.setText(String.valueOf(Ergebnis));
  }
});
```

≫ Tippe die erste der vier Methoden ein. Die anderen kopierst du und passt sie an.

Eigentlich sehen die doch alle gleich aus? Nicht ganz, es gibt einen (kleinen) Unterschied, denn es handelt sich ja jedes Mal um eine andere Rechenart. In der ersten Zeile der Methode wird die jeweilige Rechenoperation durchgeführt:

```java
int Ergebnis = Zahl1 + Zahl2;
int Ergebnis = Zahl1 - Zahl2;
int Ergebnis = Zahl1 * Zahl2;
int Ergebnis = Zahl1 / Zahl2;
```

Anschließend bekommt die obere Anzeigefläche mal wieder neues Futter. Diesmal muss sie für die Anzeige des Rechenergebnisses herhalten:

```java
Anzeige1.setText(String.valueOf(Ergebnis));
```

Man nennt diese »Dinger« mit den Symbolen »+«, »-«, »*« und »/« **Operatoren**. Hier sind sie alle und noch ein Paar mehr in einer Tabelle zusammengefasst: :

Operator	Funktion
+	Addition zweier Zahlen (plus)
-	Subtraktion zweier Zahlen (minus)
*	Multiplikation zweier Zahlen (mal)
/	Division zweier Zahlen (geteilt durch)
=	Zuweisung von Werten oder Formeln (keine Gleichsetzung!)
.	Verbindung von Objekt und Methode

Lokal-global, privat oder öffentlich?

Eigentlich wären wir mit dem Projekt fertig, oder? Du hast wahrscheinlich selbst schon bemerkt, welchen Haken es gibt.

≫ Wenn nicht, dann versuche mal, das Programm zu starten.

Und du erntest gleich ein ganzes Bündel von Fehlermeldungen:

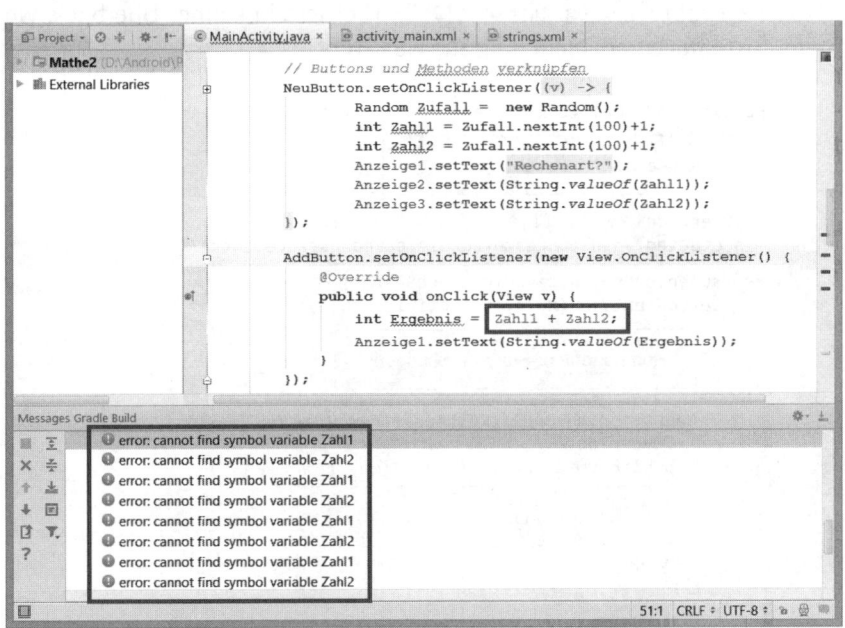

Die neuen Methoden wollen Zahl1 und Zahl2 nicht kennen? Dabei haben wir sie doch schön brav in der Methode für den NeuButton vereinbart. Das stimmt, und da funktionieren sie auch. Aber nur dort.

Kapitel 4 — Rechnen mit dem Zufall

Der Grund dafür ist einfach: Wird eine Variable irgendwo direkt vereinbart, dann gilt sie nur lokal, also an Ort und Stelle. Die Variablen `Zahl1` und `Zahl2` sind **lokale Variablen**. Ebenso wie übrigens die Variable `Ergebnis`, die gibt es sogar in vier verschiedenen Exemplaren.

Das Besondere an einer lokalen Variablen ist auch, dass sie mit dem Abschluss einer Methode wieder verschwindet. (Die Variable `Ergebnis` gibt es viermal, sie taucht aber nur einmal auf, weil nur eine Operation zur gleichen Zeit ausgeführt wird.)

Wir aber brauchen jetzt zwei Variablen, die in **allen** Methoden gültig sind, uns also über den ganzen Zeitraum zur Verfügung stehen, in dem die App läuft.

Wie lösen wir nun unser Problem? Gibt es so etwas wie **globale Variablen**. Natürlich, so etwas muss es geben:

```
private int Zahl1, Zahl2;
```

Wobei man – wie du siehst – Variablen auch direkt hintereinander vereinbaren kann, wenn sie vom gleichen Typ sind.

Doch wo werden diese Variablen vereinbart? Ganz oben, noch oberhalb der Methode `onCreate()`, direkt unter der Klassenvereinbarung `public class MainActivity extends Activity`. Hier ist ein kleiner Überblick, wo in der Struktur einer solchen Klasse was steht:

```
public class MainActivity extends Activity {

    [ Globale Vereinbarungen ]

    @Override
    protected void onCreate(Bundle savedInstanceState) {
        super.onCreate(savedInstanceState);
        setContentView(R.layout.activity_main);

        [ Komponenten; Startanweisungen ]

        NeuButton.setOnClickListener(new View.OnClickListener() {
            @Override
            public void onClick(View view) {

                [ Anweisungen ]

            }
        });
    }
}
```

Als Nächstes müssen in der `onClick`-Methode für den `NeuButton` die Typbezeichnung `int` vor `Zahl1` und `Zahl2` entfernt werden, sodass diese beiden Zeilen nur noch Zuweisungen sind:

Lokal-global, privat oder öffentlich?

```
Zahl1 = Zufall.nextInt(100)+1;
Zahl2 = Zufall.nextInt(100)+1;
```

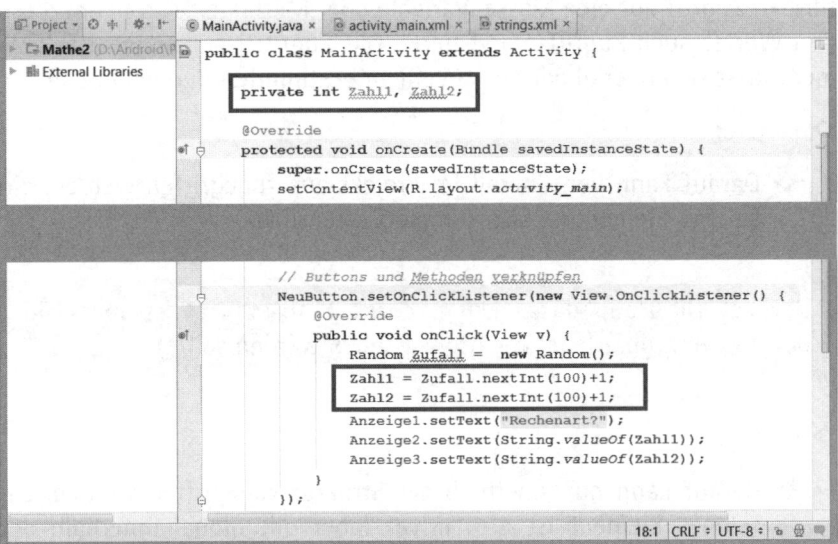

Solltest du das vergessen, dann läuft die App trotzdem, macht aber nicht das, was du willst:

Bei Klick oder Fingertipp auf NEU werden zwei zufällige Werte erzeugt und in den **lokalen** (!) Variablen Zahl1 und Zahl2 gespeichert. Die außerdem vereinbarten **globalen** Variablen mit den gleichen Namen aber bleiben leer.

Das siehst du, wenn du auf eine der vier anderen Schaltflächen klickst oder tippst: Dann ist und bleibt das oben angezeigte Ergebnis 0:

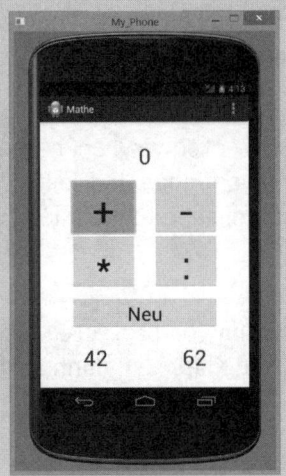

Rechnen mit dem Zufall

An dieser Stelle bietet es sich an, auch gleich die Bedeutung von public, protected und private zu klären. Die hast du nun ja jetzt schon öfter im Quelltext von MAINACTIVITY.JAVA gesehen. Alle drei sind Schlüsselwörter für den Zugriff auf eine Klasse, Variable oder Methode. Man nennt diese drei Wörter auch Zugriffsmodifizierer. Mit Zugriff ist gemeint: Das Element lässt sich überall oder nur in einem bestimmten Bereich nutzen:

- public:
  - Darauf kann von überall im Projekt aus zugegriffen werden, ein solches Element ist also komplett öffentlich.

> Beispiel: Die Hauptklasse public class MainActivity ist überall in der App verfügbar (egal wie groß sie noch werden sollte).

- private:
  - Darauf kann nur innerhalb der Struktur zugegriffen werden, ein solches Element ist also privat (aber gilt global innerhalb der gesamten Struktur).

> Beispiel: Die Variablen Zahl1 und Zahl2 sind überall innerhalb der Klasse MainActivity verfügbar (aber nur dort, also nicht in anderen Teilen der App).

- protected:
  - Darauf kann erst mal innerhalb der Struktur zugegriffen werden, ein solches Element ist also privat. Aber: Erzeugt man eine neue Klasse, die von der aktuellen Klasse abgeleitet ist, dann ist das Element auch dort verfügbar.

> Beispiel: Die Methode protected void onCreate() ist überall innerhalb der Klasse MainActivity verfügbar. Und solltest du eine weitere Klasse von MainActivity ableiten, dann funktioniert onCreate() auch dort.

Falls du bei der Erläuterung von protected nicht so ganz verstanden hast, was eine abgeleitete Klasse ist, dann schau mal auf die Vereinbarung von MainActivity:

public class MainActivity extends Activity

Lokal-global, privat oder öffentlich?

> Das Schlüsselwort extends besagt, dass MainActivity von der Klasse Activity abgeleitet (und erweitert) wurde. Übrigens ist ActionBarActivity auch eine von Activity abgeleitete Klasse.

Ich möchte noch einmal auf die Begriffe global und lokal zurückkommen. Man kann sagen, dass mit private vereinbarte Variablen global sind. Zahl1 und Zahl2 sind ja auch so vereinbart:

```
private int Zahl1, Zahl2;
```

Wenn man es noch eine Stufe »intimer« haben will, dann lassen sich Variablen so vereinbaren, dass sie innerhalb eines noch kleineren Bereiches gelten (also z.B. nur innerhalb einer einzigen Methode).

> Dass dort dann der Einsatz von private nicht erlaubt ist, dürfte klar sein. Du kannst diese Zeile ja mal in deinem Projekt testen:
>
> private int Ergebnis = Zahl1 + Zahl2;
>
> Android Studio meckert gleich: »private not allowed here« (nicht erlaubt).
>
> Andererseits könnte man auch die Variable Ergebnis ganz oben global vereinbaren:
>
> private int Zahl1, Zahl2, Ergebnis;
>
> Und dann den Zusatz int in den einzelnen Methoden weglassen (→ Mathe2a).

Wo wir schon mal dabei sind: Jetzt willst du auch wissen, was das Wörtchen final bedeutet. Denn das ziert von Anfang an die Vereinbarungen eines Textfeldes.

Zunächst das vorweg: Mit dem Typ TextView hat das nichts zu tun. Den Grund kann Android Studio dir selbst mitteilen.

≫ Entferne jeweils das Wort final in allen drei Vereinbarungen:

```
TextView Anzeige1 =
   (TextView) findViewById(R.id.textView);
TextView Anzeige2 =
   (TextView) findViewById(R.id.textView2);
TextView Anzeige3 =
   (TextView) findViewById(R.id.textView3);
```

Kapitel 4 — Rechnen mit dem Zufall

» Und nun versuche, dein Projekt zu starten.

Es dauert nicht allzu lange, bis dieser Versuch mit einer Unzahl von Fehlermeldungen abbricht:

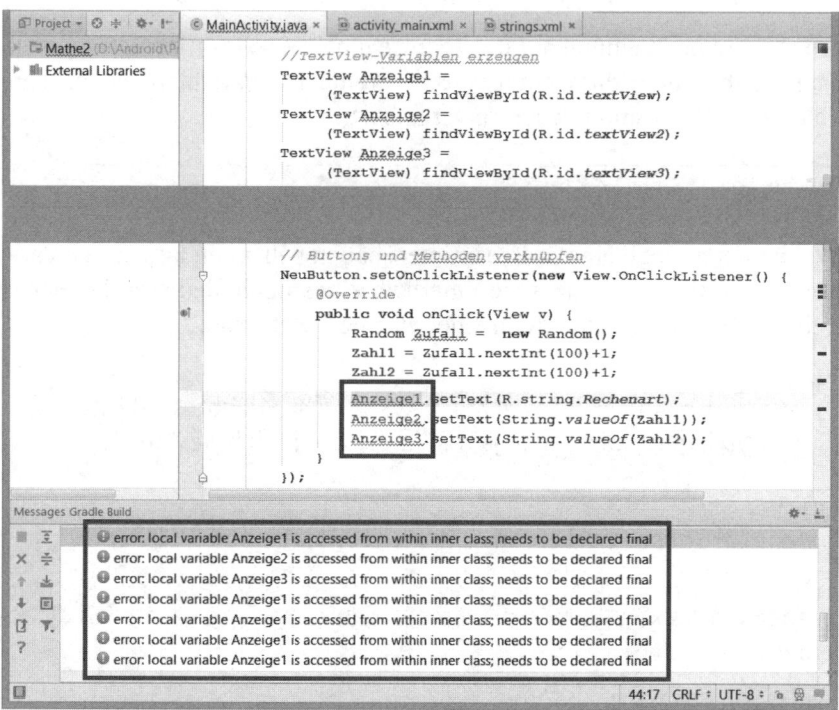

Anscheinend kann innerhalb der OnClickListener-Struktur nicht auf die betreffenden Variablen (bzw. Objekte) zugegriffen werden. Warum genau das so ist, lässt sich nicht einfach erklären. An dieser Stelle wichtig ist auch nur der Vorschlag von Android Studio, wie man das Problem lösen kann: »needs to be declared **final**«. Und das haben wir ja anfangs auch getan.

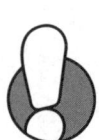

Womit immer noch nicht geklärt ist, was final bedeutet. Eigentlich wird damit eine Variable definiert, deren Wert nicht mehr verändert werden kann. In diesem Fall haben wir es aber nicht mit einfachen Variablen wie Zahl1 und Zahl2 zu tun, sondern mit Objekten. Da wird die Sache deutlich komplizierter.

Deshalb schlage ich vor, dass wir es hier bei dieser Aussage belassen: Für den Zugriff auf Komponenten, die außerhalb von onClickListener-Strukturen vereinbart wurden, ist der Zusatz final nötig.

Zusammenfassung

≫ Sorge nun dafür, dass alles wieder beim Alten ist: Die Variablen `Zahl1` und `Zahl2` sind ganz oben außerhalb aller Methoden vereinbart. Das `int` vor den Zuweisungen in der `onClick`-Methode für den `NeuButton` wurde entfernt, die drei `TextView`-Vereinbarungen haben ihr `final` (→ MATHE2).

≫ Und jetzt starte das Projekt, und wenn es läuft, dann klicke oder tippe zuerst auf NEU und anschließend hintereinander auf jede der vier Buttons für die Grundrechenarten.

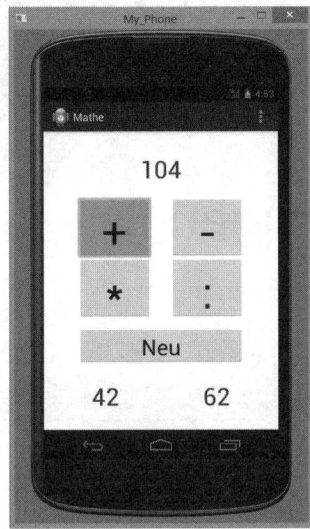

Wundere dich nicht über die Ergebnisse bei der Division: Weil alle Variablen als ganze Zahlen vereinbart wurden, ist das Ergebnis auch immer ganzzahlig (also wenn nötig gerundet).

Zusammenfassung

Nun hast du dein erstes Mathe-Projekt vollendet und dann hoffentlich auch mit den Zahlen ausgiebig herumgespielt. Dabei ist dein Java-Wortschatz schon wieder ein bisschen gewachsen:

`int`	Variable vom Datentyp »Ganze Zahl«
`Random`	Klasse für Zufallszahlengeneratoren
`nextInt()`	Methode von `Random`: eine ganze Zufallszahl erzeugen
`String.valueOf()`	Methode, um eine Zahl in eine Zeichenkette (String) umzuwandeln

Kapitel 4
Rechnen mit dem Zufall

+, -, *, /	Rechenoperatoren für Zahlen
=	Zuweisungsoperator
.	Verbindungsoperator für Objekte und Methoden
private	Zugriff nur innerhalb einer Klasse
protected	Zugriff innerhalb einer Klasse und deren Ableitung
public	Zugriff von überall im ganzen Projekt
final	hier: Objekt für Zugriff »festlegen«
new	Neues Objekt erzeugen
extends	Neue Klasse von vorhandener ableiten

Ein paar Fragen ...

1. Was bewirken diese Zuweisungen:

```
Zahl1 = Zufall.nextInt(6);
Zahl1 = Zufall.nextInt(6)+1;
```

2. Welche Operatoren kennst du?

... und eine Aufgabe

1. Erweitere das Mathe-Projekt um eine vierte Anzeigefläche, in der dann jeweils der Operator erscheinen soll.

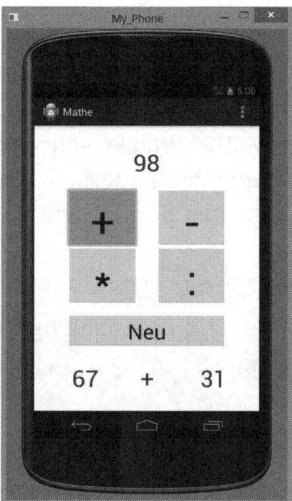

5
Bedingungen

Nicht für jeden sind Zeugnisse etwas Hässliches. Kommt einfach drauf an, was drinsteht. Wenn du zu viele Fünfen oder gar Sechsen hast, bist du wahrscheinlich recht unzufrieden. Besser wären Zweien und Dreien und vielleicht auch mal eine Eins. In diesem Kapitel bestimmst du mit einem Zensurenprogramm die Noten selbst.

In diesem Kapitel lernst du

◎ die Komponente EditText kennen

◎ was eine Kontrollstruktur ist

◎ die Verwendung von if und else kennen

◎ wie man Werte von Variablen vergleicht

◎ die Verwendung von switch und case kennen

◎ wozu break gut sein kann

◎ wie man Bedingungen verknüpft

Von 1 bis 6

Auf ein Neues! Dich erwartet nun schon dein drittes Projekt – nach dem Hallo- und dem Mathe-Programm.

Kapitel 5 — Bedingungen

Das Programm, das wir jetzt erstellen, soll dir eine Zensur ausgeben, wenn du die Punkte eingibst, die du z.B. in einem schriftlichen Test erreicht hast. Natürlich ist auch Mogeln erlaubt.

Damit es nicht sofort zu kompliziert wird, beginnen wir mit einer einfachen Version, die zu jeder Zahl von 1 bis 6 die entsprechende Zensur als Text anzeigt. Später erweitern wir unser Projekt dann entsprechend.

≫ Falls noch ein Projekt im Android Studio geöffnet ist, schließe es (FILE/ CLOSE PROJECT). Dann erzeugst du ein neues Projekt (NEW PROJECT).

Das Dialogfeld mit dem Titel CREATE NEW PROJECT dürftest du inzwischen gut kennen.

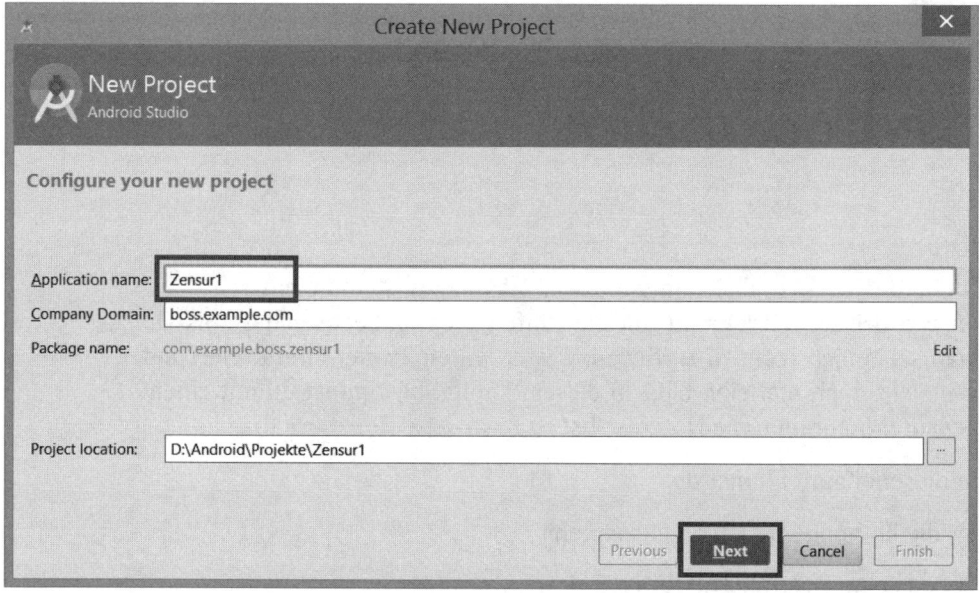

≫ Tippe hinter APPLICATION NAME als neuen Namen Zensur1 ein. Dann klicke auf NEXT.

≫ In den folgenden Fenstern musst du meistens auf NEXT klicken, zum Schluss auf FINISH.

Das Fenster wird geschlossen, einige Zeit später erscheint deine neue App. Nicht ganz: Nun haben wir wieder einiges an Arbeit vor uns, um aus einem »Hello World«-Projekt ein eigenes zu machen.

Zuerst muss dazu die Anzeigefläche umfunktioniert werden.

≫ Ändere den Text über PROPERTIES und TEXT. Als Namen käme Eingabe und als Inhalt des Strings Gib deine Zensur ein: infrage.

Von 1 bis 6

» Schiebe das Textfeld in die Mitte und mache die Schrift (TEXTSIZE) größer.

Anschließend sieht unser Projekt etwa so aus:

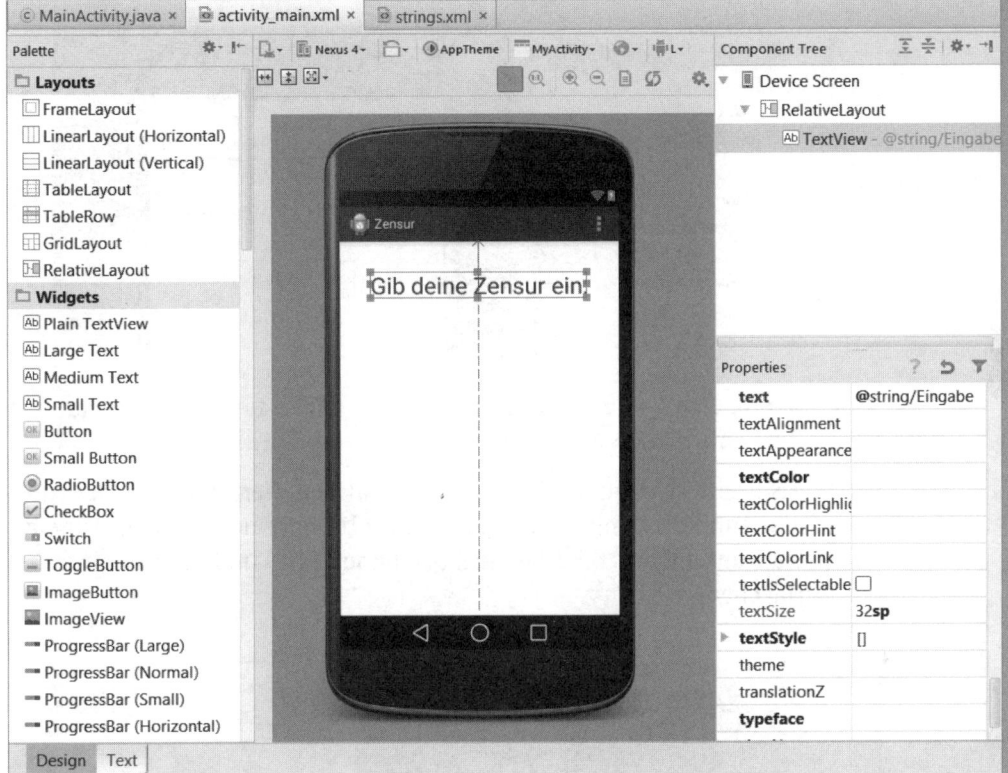

Um eine Zensur von 1 bis 6 einzutippen, könnten wir jetzt sechs Buttons einbauen. Und je nach Buttonklick erscheint dann der entsprechende Klartext. Beispiel: Ein Klick auf 1 erzeugt ein »sehr gut«.

Hier aber benötigen wir nur eine Schaltfläche. Denn du sollst in diesem Projekt eine neue Komponente kennenlernen, damit du auch mal etwas eintippen kannst.

> Ich weiß, dass Smartphones nicht vorrangig zum Eintippen von Text oder Zahlen geeignet sind. Dennoch kommst du bei vielen Apps nicht ohne eine Texteingabe aus. Beispiel: SMS oder Whatsapp. Oder beim Telefonieren: Willst du eine Nummer anrufen, die nicht in deiner Kontakteliste steht, musst du sie eintippen.

Kapitel 5 — Bedingungen

» Sorge dafür, dass du im DESIGN-Fenster von ACTIVITY_MAIN.XML bist (→ ZENSUR1).

» Diesmal musst du beim Suchen weiter nach unten wandern. Du findest dort unter TEXT FIELDS den Eintrag PLAIN TEXT. Klicke darauf.

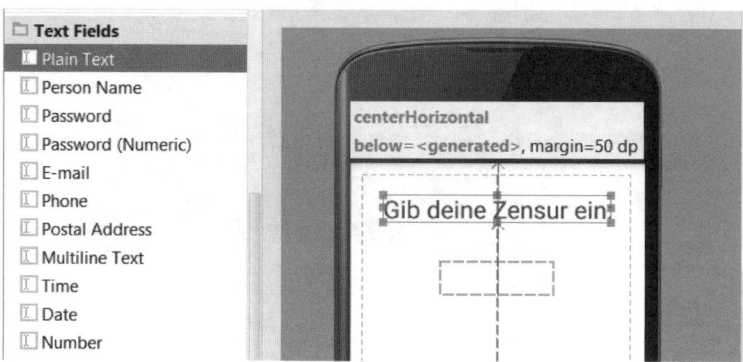

» Dann setze das Eingabefeld (EditText) mittig unter das Anzeigefeld. Die Schrift (TEXTSIZE) sollte diesmal sehr groß sein.

» Als Breite schlage ich 200 dp vor, gib diesen Wert hinter LAYOUT:WIDTH ein. Außerdem soll die Eingabe zentriert angezeigt werden. Öffne die Liste unter GRAVITY. Suche die Einstellung CENTER und setze dahinter ein Häkchen.

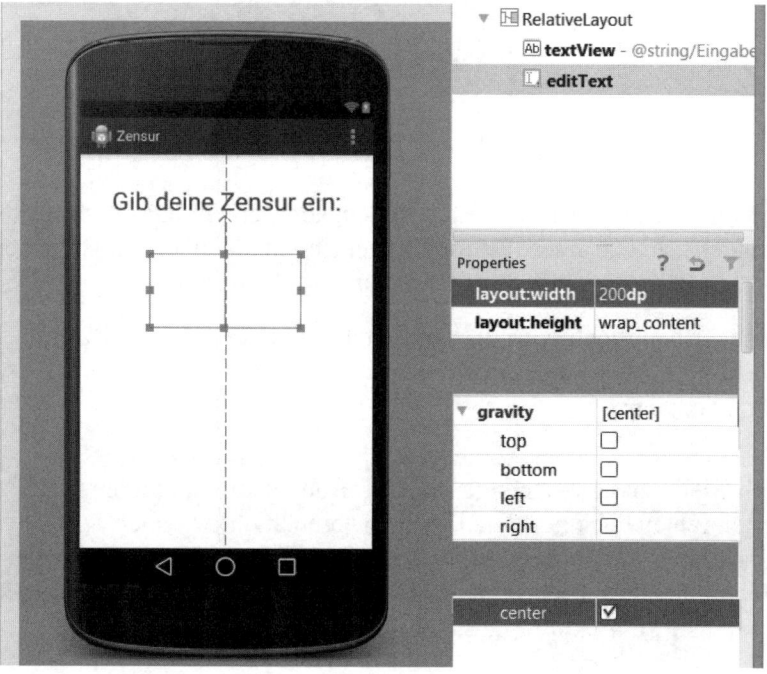

Zuletzt kommt noch etwas sehr Wichtiges. Im Prinzip könnte man bei einem Eingabefeld eintippen, was einem gerade so in den Sinn kommt. Wir aber brauchen nur eine Zahl. Also passen wir den Eingabetyp an:

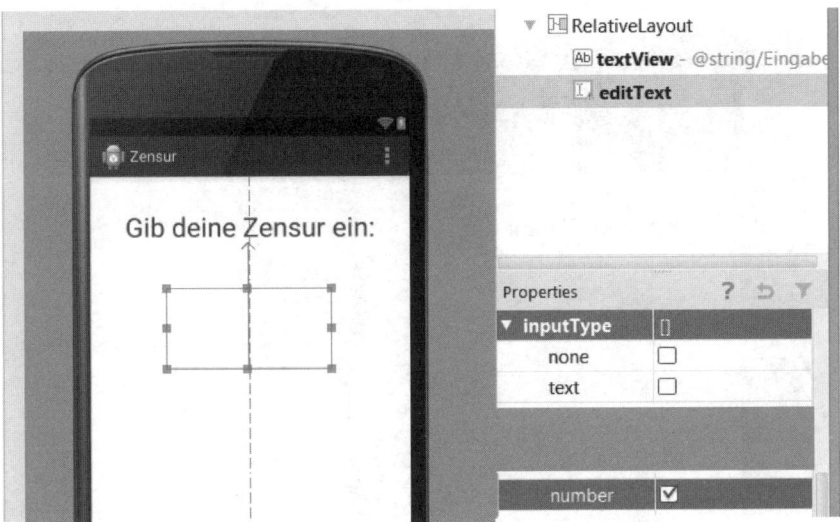

» Suche unter den PROPERTIES den Eintrag INPUTTYPE, öffne die Liste und suche den Eintrag NUMBER. Dann setze dahinter ein Häkchen.

Nun fehlt noch eine Schaltfläche, auf die du klickst, wenn du deine Zensur eingetippt hast.

» Klicke unter WIDGETS auf den Eintrag BUTTON und füge die Komponente ebenfalls mittig unter das (fast unsichtbare) Eingabefeld ein.

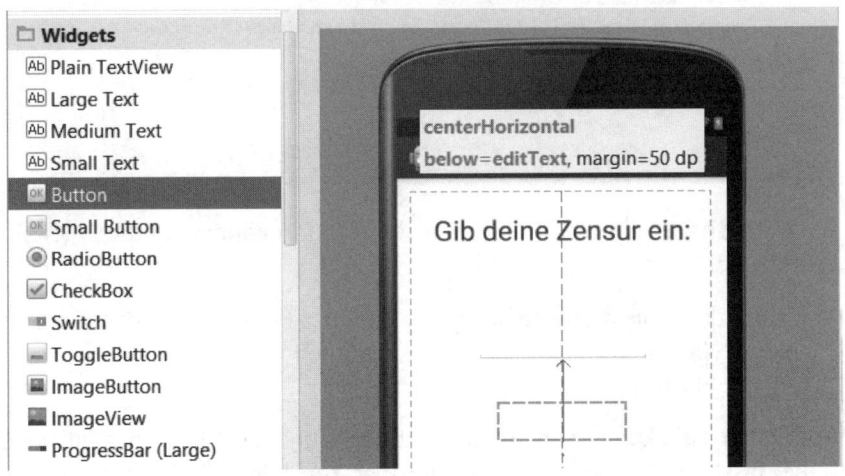

Kapitel 5 — Bedingungen

≫ Gib dem Button die Aufschrift OK und mache die Schrift deutlich größer. Dann lege auch die Breite und Höhe der Schaltfläche großzügig fest.

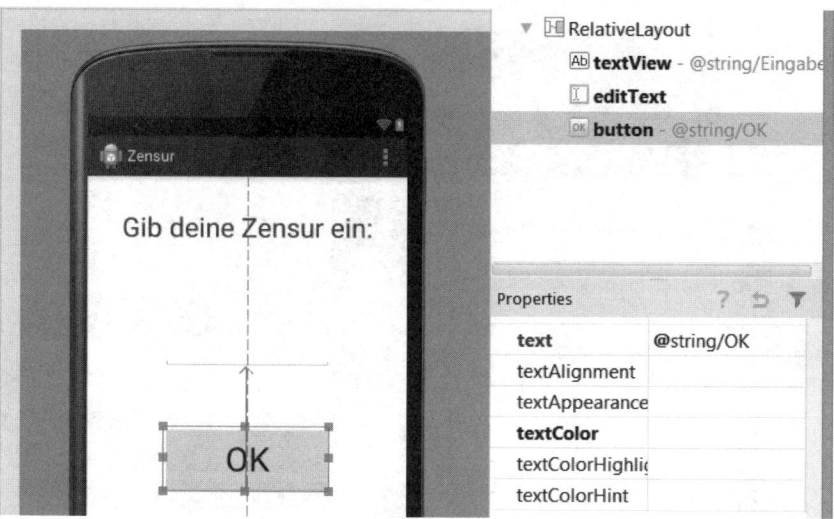

Und nun werfen wir einen kurzen Blick in die Ressourcen-Datei STRING.XML, die bei mir aktuell so aussieht:

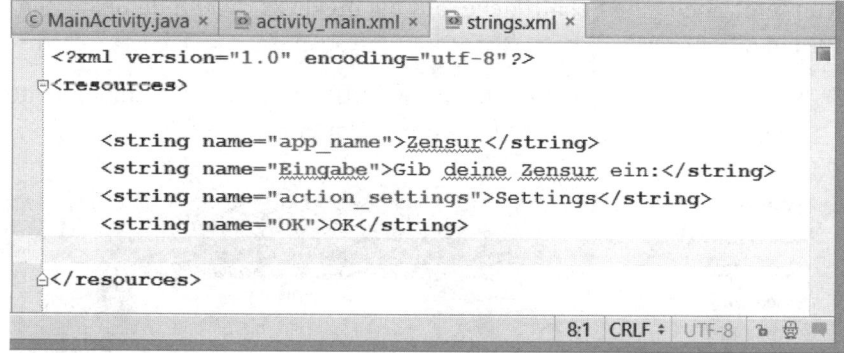

Auch hier habe ich den Titel-String in Zeugnis geändert und das »Hello World!« gelöscht.

≫ Starte das Projekt und denke daran, dass das Projekt-Symbol mit einem neuen Namen versehen ist. (Wahrscheinlich musst du im Hauptmenü wieder blättern, um das Symbol zu finden.)

Auf jeden Fall kann man etwas eintippen und den Button anklicken. Dabei lässt sich für den Emulator die Tastatur deines PCs benutzen, was hier auch bequemer ist.

Wenn ... dann ...

Wenn ... dann ...

Und nun wechseln wir zum Quelltext von MAINACTIVITY.JAVA. Dort vereinbaren wir wieder die benötigten Variablen.

≫ Füge der Methode onCreate() diese Vereinbarungen hinzu (→ ZENSUR2):

```
final TextView Anzeige1 =
   (TextView) findViewById(R.id.textView);
final EditText Eingabe1 =
   (EditText) findViewById(R.id.editText);
Button OkButton = (Button) findViewById(R.id.button);
```

≫ Und sorge gleich dafür, dass die nötigen Bibliotheken eingebunden werden. Diesmal kommt mit import android.widget.EditText; noch eine neue hinzu.

Kapitel 5 — Bedingungen

Jetzt müssen wir der App nur noch beibringen, wie sie die von uns eingegebenen Zahlen auswertet. Formulieren wir das erst einmal in unserer Umgangssprache:

```
WENN Zensur = 1, DANN zeige an "Sehr gut";
WENN Zensur = 2, DANN zeige an "Gut";
WENN Zensur = 3, DANN zeige an "Befriedigend";
WENN Zensur = 4, DANN zeige an "Ausreichend";
WENN Zensur = 5, DANN zeige an "Mangelhaft";
WENN Zensur = 6, DANN zeige an "Ungenügend";
```

Daraus müssen nun Java-Anweisungen werden. Eine Übertragung ins Englische beginnt mit einem `if`, das `then` kann man sich sparen:

```
if (Zensur == 1) Anzeige1.setText("Sehr gut");
if (Zensur == 2) Anzeige1.setText("Gut");
if (Zensur == 3) Anzeige1.setText("Befriedigend");
if (Zensur == 4) Anzeige1.setText("Ausreichend");
if (Zensur == 5) Anzeige1.setText("Mangelhaft");
if (Zensur == 6) Anzeige1.setText("Ungenügend");
```

Das sollten wir so aber nicht eingeben, sondern zuerst brauchen wir sechs Ressourcen-Strings.

≫ Erzeuge die passenden Strings, danach sollte der Inhalt von STRING.XML so aussehen:

```xml
<?xml version="1.0" encoding="utf-8"?>
<resources>
   <string name="app_name">Zensur</string>
   <string name="Eingabe">Gib deine Zensur ein:</string>
   <string name="action_settings">Settings</string>
   <string name="OK">OK</string>
   <string name="Sehr_gut">Sehr gut</string>
   <string name="Gut">Gut</string>
   <string name="Befriedigend">Befriedigend</string>
   <string name="Ausreichend">Ausreichend</string>
   <string name="Mangelhaft">Mangelhaft</string>
   <string name="Ungenuegend">Ungenügend</string>
   <string name="Unsinn">Unsinn</string>
</resources>
```

Wenn ... dann ...

Der letzte String ist für den Fall, dass jemand etwas anderes als eine der Zahlen von 1 bis 6 eingibt.

Was wir auch noch brauchen: eine Variable Zensur, die den Inhalt des Eingabefeldes als Zahl übernimmt. Die eigentliche Zuweisung allerdings ist ziemlich vertrackt, denn es gibt zwar mit getText() eine Methode, um den eingegebenen Inhalt auszulesen, der aber ist nicht vom Typ String. Wir brauchen also zwei Variablen. Zuerst erzeugen wir eine Zeichenkette, was die angehängte Methode toString() erledigt:

```
String Txt = Eingabe1.getText().toString();
```

Und nun machen wir aus dem String eine richtige (ganze) Zahl:

```
int Zensur = Integer.valueOf(Txt);
```

Und die schicken wir dann durch die ganze if-Kette.

Alles zusammen packen wir in eine neue Klick-Struktur für den OkButton (→ Zensur2):

```
OkButton.setOnClickListener(new View.OnClickListener() {
  @Override
  public void onClick(View v) {
    // Zahl übernehmen
    String Txt = Eingabe1.getText().toString();
    int Zensur = Integer.valueOf(Txt);
    // Zahl auswerten
    if (Zensur == 1)
      Anzeige1.setText(R.string.Sehr_gut);
    if (Zensur == 2) Anzeige1.setText(R.string.Gut);
    if (Zensur == 3)
      Anzeige1.setText(R.string.Befriedigend);
    if (Zensur == 4)
      Anzeige1.setText(R.string.Ausreichend);
    if (Zensur == 5)
      Anzeige1.setText(R.string.Mangelhaft);
    if (Zensur == 6)
      Anzeige1.setText(R.string.Ungenuegend);
  }
});
```

≫ Tippe den gesamten Text so ein (du kannst natürlich jede if-Anweisung komplett in eine Zeile packen).

Kapitel 5 — Bedingungen

≫ Und nun probiere das Projekt aus. Wenn du etwas anderes als eine Zahl eintippen willst, wirst du bemerken, dass das nicht möglich ist. Gib also nacheinander jede Zahl von 1 bis 6 ein (und versuch es auch mal mit einer »falschen« Zahl).

Dann müsste jeweils der passende Text ganz oben im Anzeigefeld erscheinen. (Und bei einer Zahl wie z.B. 7 passiert nichts, die vorige Anzeige bleibt einfach.)

Die if-Struktur

Nachdem du die Zensur-App ausgiebig ausprobiert hast, nehmen wir jetzt die ganze if-Struktur genauer unter die Lupe:

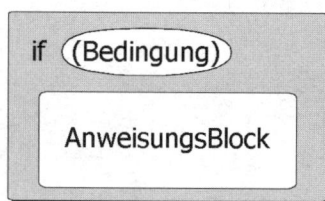
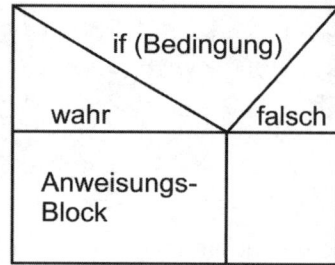

Die if-Struktur

Zu Deutsch heißt das:

> WENN eine bestimmte Bedingung erfüllt ist,
> DANN soll eine Anweisung oder ein Anweisungsblock ausgeführt werden.

Die **Bedingung**, das ist hier z.B.:

`(Zensur == 1)`

oder

`(Zensur == 6)`

Eine Bedingung hinter `if` muss grundsätzlich in runden Klammern stehen! Auffällig ist, dass Java hier für den **Vergleichsoperator** ein **doppeltes** Gleichheitszeichen (==) verwendet, um es vom Zuweisungsoperator zu unterscheiden.

Im **Anweisungsblock** stehen die Anweisungen, in diesem Fall nur eine, z.B.:

`Anzeige1.setText(R.string.Sehr_gut);`

oder

`Anzeige1.setText(R.string.Ungenuegend);`

> In einem Anweisungsblock darf natürlich auch **mehr als eine** Anweisung stehen. Immerhin könnte es ja sein, dass der Computer gleich eine ganze Kette von Aktionen durchführen soll. Dann genügen oft auch ein paar Anweisungen nicht. Vielleicht soll dein Smartphone ein Bild oder sogar einen kleinen Film anzeigen. Das kann die App nicht alles mit einer einzigen Anweisung lösen.
>
> Hier aber genügt für den Anweisungsblock erst mal nur eine Anweisung. Größere Blöcke mit mehreren Anweisungen lernst du später noch kennen. (Die müssen dann in geschweifte Klammern eingefasst werden.)

Das Ganze nennt man `if`-Struktur. Ein anderer Begriff ist **Kontrollstruktur**. Denn das Smartphone bekommt die Anweisung, etwas zu kontrollieren. Hier ist es das, was als `Zensur` eingegeben wird. Und davon abhängig reagiert es mit einer Anzeige im Formular.

Kapitel 5 — Bedingungen

Allerdings nur, wenn in unserem Beispiel eine ganze Zahl zwischen 1 und 6 eingegeben wurde. Vertippt man sich und gibt irgendeine Zahl ein, dann tut sich nichts: Der Anweisungsblock wird einfach übersprungen, weil die Bedingung **nicht** erfüllt wurde.

Doch was ist, wenn ich eine falsche Eingabe mit einer Bemerkung quittieren will? Denn ich habe ja in meiner Ressourcen-Datei noch einen String mit dem Text »Unsinn« liegen. Den möchte ich auch benutzen.

Und da kommt das Wörtchen else ins Spiel (auf Deutsch »sonst«). Nehmen wir zuerst ein einfaches Beispiel:

```
if (Zensur == 1)
   Anzeige1.setText(R.string.Sehr_gut);
else Anzeige1.setText(R.string.Schlecht);
```

In diesem Falle würde bei einer Eingabe von 1 der Text »Sehr gut« angezeigt, in allen (!) anderen Fällen käme die Meinung »Schlecht« (was sicher zu strenge Maßstäbe wären).

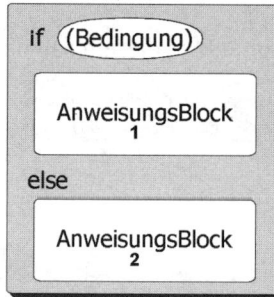
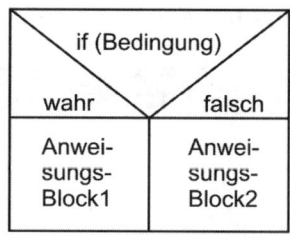

Und das bedeutet es:

> WENN eine bestimmte Bedingung erfüllt ist,
> dann soll ein Anweisungsblock ausgeführt werden.
> WENN sie **nicht** erfüllt ist (= SONST)
> dann soll ein **anderer** Anweisungsblock ausgeführt werden.

Die **Bedingung** ist hier:

```
(Zensur == 1)
```

Und im ersten **Anweisungsblock** steht:

```
Anzeige1.setText(R.string.Sehr_gut);
```

Die if-Struktur

Die führt dein Smartphone aus, wenn die Bedingung erfüllt ist. Wenn **nicht**, kommt der zweite **Anweisungsblock** dran. Dort steht:

```
Anzeige1.setText(R.string.Schlecht);
```

Ebenso wie beim einfachen if spricht man auch hier von **Verzweigung**.

Ohne else müsste es so heißen:

```
if (Zensur == 1)
   Anzeige1.setText(R.string.Sehr_gut);
if (Zensur != 1)
   Anzeige1.setText(R.string.Schlecht);
```

Und hier taucht noch ein **Vergleichsoperator** auf, diesmal ist es eine Kombination aus Ausrufezeichen und Gleichheitszeichen (!=). Das ist der Operator für »ungleich«.

Wie setzen wir unsere neuen Erkenntnisse nun im Zeugnis-Projekt um? Etwa so?

```
if (Zensur == 1)
   Anzeige1.setText(R.string.Sehr_gut);
if (Zensur == 2) Anzeige1.setText(R.string.Gut);
if (Zensur == 3)
   Anzeige1.setText(R.string.Befriedigend);
if (Zensur == 4)
   Anzeige1.setText(R.string.Ausreichend);
if (Zensur == 5)
   Anzeige1.setText(R.string.Mangelhaft);
if (Zensur == 6)
   Anzeige1.setText(R.string.Ungenuegend);
else Anzeige1.setText(R.string.Unsinn);
```

≫ Probiere es aus und untersuche, was genau passiert.

Ziemlicher Unsinn, denn nur wenn man eine 6 eingibt, kommt auch »Ungenügend« heraus, sonst aber immer nur »Unsinn«.

Wenn du genau hinschaust, dann siehst du, dass das daran liegt, dass der obige Quelltext Unsinn ist. Es ist nicht wirklich falsch, was da steht, denn die App läuft ja. Doch nicht so, wie sie soll.

Kapitel 5

Bedingungen

> Man sagt auch: Die **Syntax** stimmt, das Programm hat keine Syntaxfehler. Das ist so wie in einem Dokument, in dem es keine Rechtschreibfehler gibt. Womit es trotzdem einen blödsinnigen Inhalt haben kann.
>
> Ohne Syntaxfehler läuft ein Programm zwar, aber es kann **logische** Fehler haben: Dann ist irgendwas, das es tut, unsinnig. Logische Fehler sind oft schwer zu finden, vor allem, wenn ein Projekt sehr groß ist.

Das else gehört immer nur zu der if-Struktur, die direkt darüber steht. Sonst käme das Programm durcheinander. Wir müssen unseren Quelltext also schon mit ein paar mehr »elses« würzen (→ ZENSUR2A):

```
if (Zensur == 1)
  Anzeige1.setText(R.string.Sehr_gut);
else if (Zensur == 2) Anzeige1.setText(R.string.Gut);
else if (Zensur == 3)
  Anzeige1.setText(R.string.Befriedigend);
else if (Zensur == 4)
  Anzeige1.setText(R.string.Ausreichend);
else if (Zensur == 5)
  Anzeige1.setText(R.string.Mangelhaft);
else if (Zensur == 6)
  Anzeige1.setText(R.string.Ungenuegend);
else Anzeige1.setText(R.string.Unsinn);
```

≫ Passe den Quelltext entsprechend an und starte das Projekt erneut. Gib nacheinander jede Zahl von 1 bis 6 ein und dann auch mal z. B. 7.

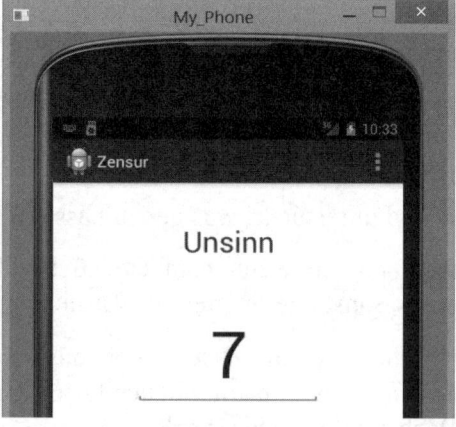

Diesmal wird nur für falsche Zensuren »Unsinn« angezeigt.

Von Fall zu Fall

So ein ständiges if (und dann vielleicht noch else) kann auch schon mal lästig werden. Aber es gibt in Java eine interessante Alternative, die du dir mal anschauen solltest (→ ZENSUR2B):

```
switch (Zensur) {
  case 1:
    Anzeige1.setText(R.string.Sehr_gut);
  case 2:
    Anzeige1.setText(R.string.Gut);
  case 3:
    Anzeige1.setText(R.string.Befriedigend);
  case 4:
    Anzeige1.setText(R.string.Ausreichend);
  case 5:
    Anzeige1.setText(R.string.Mangelhaft);
  case 6:
    Anzeige1.setText(R.string.Ungenuegend);
}
```

Das Ganze sieht aus wie eine Aufzählung. Eingeleitet wird sie durch das Wort switch, und jedem Anweisungsblock geht ein case voraus. Und wichtig ist, dass alles in geschweifte Klammern eingeschlossen wird.

Diese Struktur ist auch wieder eine **Kontrollstruktur**. Man spricht bei der switch-Struktur auch von **Fallunterscheidung** oder nennt sie ebenso wie die if-Struktur Verzweigung.

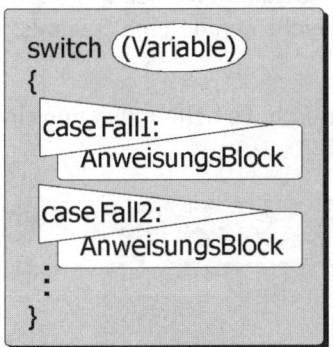
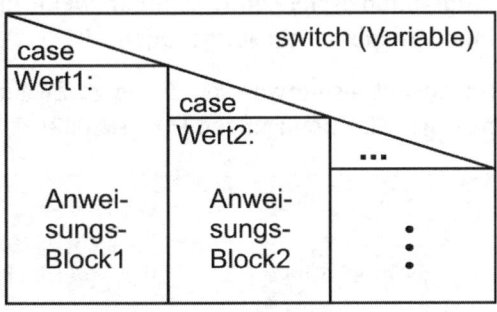

switch ist der Schalter, der eine Variable übernimmt. Und je nach Fall (case) wird zur entsprechenden Anweisung verzweigt.

Kapitel 5

Bedingungen

Das, was ausgewertet wird, heißt hier Zensur (könnte aber auch Wert oder Zahl heißen):

```
switch (Zensur)
```

Es folgt die Liste aller Werte, die ausgewertet werden sollen, jeweils eingeleitet mit case und vom zugehörigen **Anweisungsblock** durch einen Doppelpunkt (:) getrennt.

> Auch hier könnten mehrere Anweisungen stehen, die dann mit geschweiften Klammern eingefasst werden müssen.

≫ Ändere das Programm entsprechend, indem du die if-Struktur komplett durch die switch-Struktur ersetzt. Dann lasse das Ganze laufen.

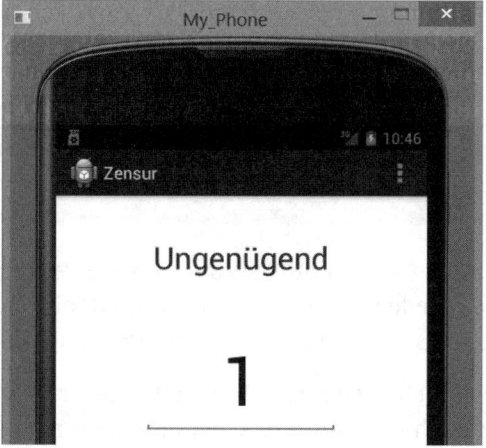

Offenbar gibt es Probleme. Die Tücken dieser Struktur werden in diesem Programmbeispiel sofort sichtbar, wenn du nicht gerade eine 6 wählst: Immerzu gibt es ein »Ungenügend«!

Da rutscht also etwas von Zweig zu Zweig durch. Es helfen also nur ein paar gezielte Bremsungen (→ ZENSUR3):

```
switch (Zensur) {
  case 1:
    Anzeige1.setText(R.string.Sehr_gut); break;
  case 2:
    Anzeige1.setText(R.string.Gut); break;
  case 3:
    Anzeige1.setText(R.string.Befriedigend); break;
```

```
    case 4:
      Anzeige1.setText(R.string.Ausreichend); break;
    case 5:
      Anzeige1.setText(R.string.Mangelhaft); break;
    case 6:
      Anzeige1.setText(R.string.Ungenuegend); break;
    default:
      Anzeige1.setText(R.string.Unsinn);
}
```

Mit einem break bleiben wir nun an der richtigen Abzweigung »hängen«. Und dann dürfte auch diese Programmvariante funktionieren.

Bei dieser Gelegenheit sollst du noch eine zusätzliche Möglichkeit kennenlernen, die dem else bei der if-Struktur entspricht: Mit default werden **alle** Werte bedient, die nicht in der case-Liste aufgeführt sind.

Punkt für Punkt

Die nächste Version unseres Zensur-Projekts soll dir nun endlich die Möglichkeit geben, für eine eingegebene Punktzahl deine Zensur zu ermitteln. Ich orientiere mich dabei an dieser Aufteilung (und gehe dabei von ganzen Punktwerten aus):

Punkte von	Punkte bis	Zensur (Text)	Zensur (Zahl)
0	24	ungenügend	6
25	44	mangelhaft	5
45	59	ausreichend	4
60	74	befriedigend	3
75	89	gut	2
90	100	sehr gut	1

Du kannst natürlich diese Unterteilung nach Belieben ändern, wenn du willst. Ein neues Projekt ist nicht zwingend nötig. Wir bauen einfach die erste Zensur-App ein wenig um. Die hauptsächlichen Änderungen finden ohnehin nur in der Methode onClick() statt.

Beginnen wir ganz oben. Zuallererst muss dort der Name der Variablen nun Punkte statt Zensur heißen:

```
int Punkte = Integer.valueOf(Txt);
```

Kapitel 5 — Bedingungen

Und nun wird es etwas komplizierter, denn es geht ja nicht um eine Zahl, die überprüft werden soll, sondern um einen Zahlbereich. Schauen wir uns das am Beispiel der miesesten Zensur an:

```
WENN die Punktzahl zwischen 0 und 24 liegt,
zeige eine Sechs bzw. "Ungenügend" an.
```

Bequem wäre eine solche Lösung:

```
if (Punkte between 0 and 24)
  Anzeige1.setText(R.string.Ungenuegend);
```

Leider gibt es in Java so etwas wie between direkt nicht. Hier ist also schon wieder mal die Mathematik gefragt. Versuchen wir's mal so: Auf jeden Fall muss der Punktwert größer oder gleich 0 sein: Als Bedingung formuliert sieht das dann so aus:

```
(Punkte >= 0)
```

Außerdem sind es bei einer Sechs unter 25 Punkte. Das ergibt diese Bedingung:

```
(Punkte < 25)
```

Nun müssen wir beide noch miteinander verknüpfen. Das erledigt der Operator, der dem Wort »and« entspricht:

```
(Punkte >= 0) && (Punkte < 20)
```

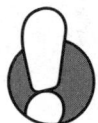

Die Klammern sind sinnvoll, damit genau zu erkennen ist, was zur ersten und was zur zweiten Bedingung gehört!

Und jetzt das Ganze noch mal – für alle Zensuren. Damit sieht die onClicklistener-Struktur für den OkButton bei mir jetzt so aus (→ ZENSUR4).

```
OkButton.setOnClickListener(new View.OnClickListener() {
  @Override
  public void onClick(View v) {
    // Zahl übernehmen
    String Txt = Eingabe1.getText().toString();
    int Punkte = Integer.valueOf(Txt);
```

Und und Oder – oder?

```
    // Zahl auswerten
    if ((Punkte >= 90) && (Punkte <= 100))
      Anzeige1.setText(R.string.Sehr_gut);
    if ((Punkte >= 75) && (Punkte < 90))
      Anzeige1.setText(R.string.Gut);
    if ((Punkte >= 60) && (Punkte < 75))
      Anzeige1.setText(R.string.Befriedigend);
    if ((Punkte >= 45) && (Punkte < 60))
      Anzeige1.setText(R.string.Ausreichend);
    if ((Punkte >= 25) && (Punkte < 45))
      Anzeige1.setText(R.string.Mangelhaft);
    if ((Punkte >= 0) && (Punkte < 25))
      Anzeige1.setText(R.string.Ungenuegend);
    if ((Punkte > 100) || (Punkte < 0))
      Anzeige1.setText(R.string.Unsinn);
  }
});
```

≫ Ändere den Text in deiner Datei MAINACTIVITY.JAVA entsprechend um.

Viel Tipparbeit kannst du sparen, wenn du das EDIT-Menü zur Hilfe nimmst: Mit CUT oder COPY und PASTE erzeugst du so viele neue if-Strukturen wie nötig. Dann musst du nur ein paar Werte ändern.

Und und Oder – oder?

Kriegst du alle Bedingungen zusammen? Schauen wir uns erst einmal die Zeichen an, die bei den verschiedenen Bedingungen neu aufgetaucht sind. Denn es geht ja jetzt nicht mehr um Gleichheit.

Am besten, ich fasse mal alles, was es an **Vergleichsoperatoren** gibt, in einer Tabelle zusammen:

Operator	Bedeutung	Operator	Bedeutung
==	gleich	!=	ungleich
<	kleiner	>=	größer oder gleich
>	größer	<=	kleiner oder gleich

Dabei stehen immer die Operatoren in einer Zeile, von denen der rechte jeweils das **Gegenteil** des linken ist.

Kapitel 5 — Bedingungen

Wenn du noch genauer hinsiehst, entdeckst du neben dem ständigen doppelten »&« (Tasten `Shift`+`6`) so ziemlich am Programmende noch ein doppeltes »|« (Tasten `AltGr`+`<`). Den Teil habe ich noch dazu gemogelt.

Diese beiden Symbole werden als **Verknüpfungsoperatoren** bezeichnet. Wie der Name schon sagt, sind sie sozusagen der Klebstoff, mit dem man mehrere Bedingungen zusammenfügen kann. Man sagt dazu auch UND-Operator bzw. ODER-Operator. Dabei haben sie diese Bedeutung:

Symbole	Name	Bedeutung
&&	UND (and)	Hier müssen **alle** Bedingungen erfüllt sein, damit der zugehörige Anweisungsblock ausgeführt wird.
||	ODER (or)	Hier muss **nur eine** Bedingung erfüllt sein, damit der zugehörige Anweisungsblock ausgeführt wird.

Klar ist, dass für alle Zensuren jeweils **beide** Bedingungen erfüllt sein müssen. Aber da ist ja noch eine weitere `if`-Anweisung:

```
if ((Punkte > 100) || (Punkte < 0))
  Anzeige1.setText(R.string.Unsinn);
```

Die ist für den Fall, dass du bei der Eingabe deiner Punkte mal schummelst: Mehr als 100 Punkte sind nämlich nicht erlaubt, daher die Bedingung

```
(Punkte > 100)
```

Negative Zahlen sind ebenfalls nicht zulässig, denn du sollst dich ja auch nicht schlechter als »Ungenügend« machen! Deshalb diese Bedingung:

```
(Punkte < 0)
```

Eine von beiden Bedingungen kann ja nur gelten. (Oder kennst du eine Zahl, die negativ **und** größer als 100 ist?) Also ist hier das »&&« fehl am Platz und muss dem »||« weichen.

Und jetzt ist es eigentlich an der Zeit, mal zu sehen, ob das Programm auch wirklich leistet, was es verspricht. Eine Kleinigkeit aber ist zuvor noch zu erledigen (oder ein paar, wenn du willst).

Und und Oder – oder?

≫ Ändere den String für das Textfeld in Gib deine Punkte ein:. Vielleicht willst du auch alles so wie in meiner Datei STRING.XML anpassen (ZENSUR4):

≫ Ja, und nun steht einem RUN nichts mehr im Wege. Teste das Programm mit verschiedenen Werten und gib auch mal ein paar Mogelzahlen ein.

Kapitel 5 — Bedingungen

Zusammenfassung

Das war's erst mal wieder. Doch ehe du dir eine wohlverdiente Ruhepause gönnst, wollen wir erst mal sehen, was von alledem noch hängen geblieben ist.

Zuerst ist da eine weitere Komponente (samt einer neuen Methode) aufgetaucht:

EditText	Eingabefeld, in dem man u.a. Text oder Zahlen eingeben kann
getText()	Methode, die den Inhalt einer Komponente zurückgibt (ist beim Eingabefeld kein String)

Zum Umwandeln von Strings in Zahlen und umgekehrt kennst du diese Methoden:

Integer.valueOf()	Methode, um eine Zeichenkette (String) in eine Ganzzahl umzuwandeln
toString()	Methode, um eine Zahl in eine Zeichenkette (String) umzuwandeln

Und dann ging es um Bedingungen. Du weißt, dass jede Bedingung ihre runden Klammern benötigt. Aber du kennst auch eine Menge neuer Schlüsselwörter und Operatoren von Java:

if	WENN eine Bedingung erfüllt ist
else	SONST (= wenn eine Bedingung nicht erfüllt ist)
switch	SCHALTE um auf einen Anweisungsblock
case	FALLS eine Variable einen bestimmten Wert hat
break	ABBRUCH, damit eine Variable nicht zu den anderen Zweigen »durchrutscht«
default	ANDERNFALLS (= wenn keine andere Bedingung erfüllt ist)
==	Testen, ob gleich
!=	Testen, ob ungleich
<	Testen, ob kleiner
<=	Testen, ob kleiner oder gleich

>	Testen, ob größer
>=	Testen, ob größer oder gleich
=	Einer Variablen etwas zuweisen (nur zur Erinnerung)
&&	Bedingungen verknüpfen (UND): Alle müssen erfüllt sein.
||	Bedingungen verknüpfen (ODER): Eine muss erfüllt sein.

Zwei Fragen ...

1. Was ist der Unterschied zwischen Vergleichs- und Verknüpfungsoperatoren?

2. Lässt sich die `if`-Struktur im Projekt ZENSUR4 auch durch eine `switch`-Struktur ersetzen?

... und eine Aufgabe

1. Ersetze in einem der Mathe-Projekte die unteren Textfelder durch Eingabefelder (`EditText`). Beim Programmlauf sollen zwei Zahlen eingetippt werden. Klickt man dann auf einen der Buttons für die Rechenarten, wird die Aufgabe berechnet.

6
Geld und Spiele

Wir beginnen hier mit dem Thema Geld. Dabei geht es natürlich auch wieder mal um Mathe. Reich werden kann man mit ein wenig Programmierung nicht, aber man kann ja mal so tun, als ob. Und dann sollten wir endlich auch mal spielen. Zwar nichts mit 3D-Grafik und Stereosound, nur ganz einfach. Aber Spaß machen kann es trotzdem.

In diesem Kapitel lernst du

◎ etwas über die Verwendung von do und while

◎ die Komponente SeekBar kennen

◎ etwas über OnSeekBarChangeListener

◎ die Methode onProgressChanged() kennen

◎ wie man setProgress() und getProgress() einsetzt

Auf dem Weg zum Millionär

Wenn man sein Geld irgendwo anlegt und viele Jahre warten kann, dann kann sich ein ganz schönes Sümmchen ansammeln, vielleicht sogar eine ganze Million. Dein Smartphone kann dir dabei helfen, herauszufinden, wann es so weit ist. Im nächsten Projekt geht es darum, dass du eine

Kapitel 6 — Geld und Spiele

bestimmte Menge Geld anlegst und erfährst, wie lange es dauern kann, bis du mit dieser Investition zum Millionär wirst.

➢ Wie man ein frisches Projekt bekommt, weißt du ja inzwischen. Deshalb die Anleitung in aller Kürze:

➢ Klicke auf NEW PROJECT, wähle einen Namen wie z.B. `Million1`. Dann klicke mehrmals auf NEXT und schließlich auf FINISH.

Bleiben wir bei der Kombination aus dem letzten Projekt mit Textfeld (`TextView`), Eingabefeld (`EditText`) und Schaltfläche (`Button`). Die folgende Anordnung dürfte dir nicht neu sein:

Im Grunde genommen sieht es aus wie das Zensur-Projekt, nur dass der Titel ein anderer ist und im Anzeigefeld ein anderer Text steht.

➢ Sorge dafür, dass das Textfeld möglichst breit und hoch wird, denn der angezeigte Text darin wird zweizeilig sein müssen. (Es sei denn, du begnügst dich mit einer kleinen Schrift.)

➢ Als Nächstes erstellst du das Eingabefeld (`EditText`) und setzt es mittig unter das Textfeld. Breite und Schrift sollten großzügig bemessen sein.

➢ Für das Eingabefeld wähle diesmal für INPUTTYPE den Eintrag NUMBERDECIMAL aus und setze dahinter ein Häkchen.

Auf dem Weg zum Millionär

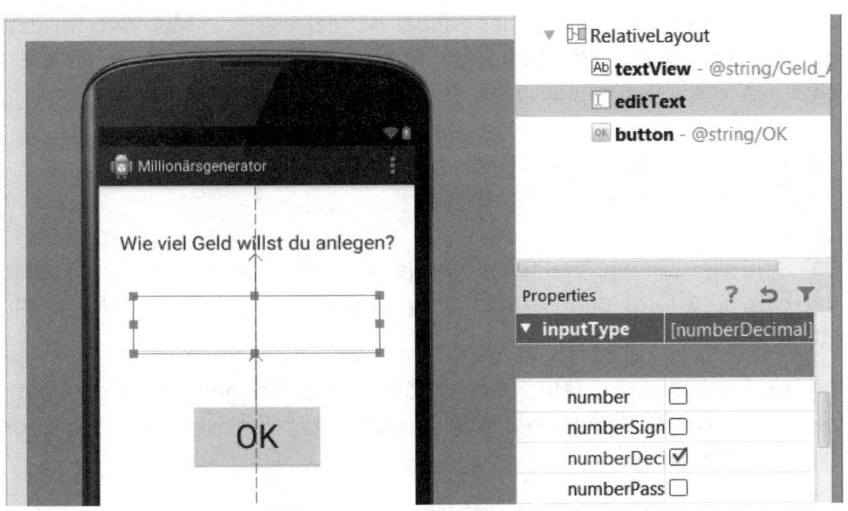

In diesem Projekt begnügen wir uns nicht mit ganzen Zahlen: NUMBERDECIMAL erlaubt die zusätzliche Eingabe eines Dezimalpunktes (aber nicht eines Kommas!). Womit wir es mit Dezimalzahlen zu tun haben.

≫ Sowohl Textfeld als auch Eingabefeld sollten bei GRAVITY die Einstellung CENTER haben.

≫ Zuletzt setzt du noch den Button fürs OK ein.

Nun kümmern wir uns noch um den Textanteil in der Datei STRINGS.XML. Da müssen wir einiges an Text unterbringen, den wir zum Teil erst später brauchen.

≫ Den Quelltext solltest du dort so anpassen (→ MILLION1):

```xml
<?xml version="1.0" encoding="utf-8"?>
<resources>
  <string name="app_name">Millionärsgenerator</string>
  <string name="action_settings">Settings</string>
  <string name="Geldanlage">Wie viel Geld willst du anlegen?
    </string>
  <string name="Laufzeit">So viele Jahre muss dein Geld auf der
    Bank braten:</string>
  <string name="OK">OK</string>
</resources>
```

(Alle string-Vereinbarungen müssen in einer Zeile stehen!)

Kapitel 6

Geld und Spiele

Dass die Hauptarbeit auch hier wieder bei der onClick-Methode für den Button liegt, dürfte klar sein. Den Anfang machen wir aber mit diesen globalen Vereinbarungen:

```
private float Kapital, Zinsen, Prozent;
private int Laufzeit;
```

Das sind eine Menge Variablen, die da auf dich zukommen. Weil es hier um Euro und Cent geht, brauchen wir für Kapital, Zinsen und Prozent einen neuen Datentyp.

int als Typ für ganze Zahlen kennst du bereits. Der genügt für die Laufzeit, weil wir nur in ganzen Jahren rechnen. float ist nun der Typ für Dezimalzahlen.

Zuerst wird eingegeben, wie viel Geld du anlegen willst (Kapital). Dann muss der Computer auch noch wissen, wie hoch der Zinssatz ist (Prozent). Den geben wir mal großzügig mit 5% vor.

Erst jetzt können die Zinsen berechnet werden. Dazu ist jetzt ein bisschen Zinsrechnung nötig. Falls du das noch nicht im Matheunterricht gehabt (oder wieder vergessen) hast, ist das nicht weiter schlimm. Glaub mir einfach, dass meine Formel stimmt. Was passiert nun im Einzelnen?

Zunächst mal werden die Zinsen berechnet, die in einem Jahr anfallen:

```
Zinsen = Kapital * Prozent / 100;
```

Dann werden sie zum Kapital dazugezählt:

```
Kapital = Kapital + Zinsen;
```

> Hier siehst du, dass Zuweisung (=) und Gleichheit (==) nichts miteinander zu tun haben müssen: Hier wird nämlich auf der rechten Seite der aktuelle Wert einer Variablen geändert und dann an die Variable neu zugewiesen.
>
> Als Gleichung könnte man Kapital = Kapital + Zinsen; nur bezeichnen, wenn Zinsen == 0 wäre.

Diese Anweisungen soll der Computer nun so lange wiederholen, bis er die Million erreicht hat. Und weil es bei jeder Wiederholung ein Jahr mehr wird, muss die Laufzeit dabei um 1 erhöht werden:

```
Laufzeit++;
```

while oder do-while?

Das ist die Kurzform von

```
Laufzeit = Laufzeit + 1;
```

while oder do-while?

Wiederholen? Brauchen wir dazu nicht eine ganz neue Struktur? Mit den bisherigen Mitteln kriegen wir das nicht hin. Eine Wiederholung in Java sieht so aus:

```
while (Kapital < 1000000) {
   Zinsen = Kapital * Prozent / 100;
   Kapital = Kapital + Zinsen;
   Laufzeit++;
}
```

Nehmen wir das gleich mal unter die Lupe:

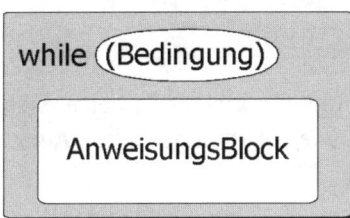
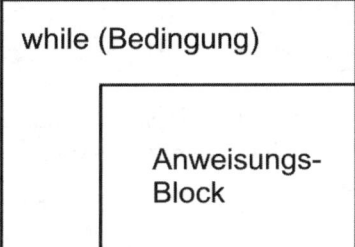

Zu Deutsch heißt das:

> SOLANGE eine bestimmte Bedingung erfüllt ist,
> soll der Computer einen Anweisungsblock WIEDERHOLEN.

Hier heißt die **Bedingung**:

```
(Kapital < 1000000)
```

Im **Anweisungsblock** stehen die Anweisungen zur Zins- und Kapitalberechnung. Und weil das hier gleich mehrere sind, müssen wir dem Computer klarmachen, wo genau der Anweisungsblock aufhört, indem wir den Anweisungsblock in geschweifte Klammern setzen:

Kapitel 6 — Geld und Spiele

```
{
    Zinsen = Kapital * Prozent / 100;
    Kapital = Kapital + Zinsen;
    Laufzeit++;
}
```

Diese Klammerung ist vergleichbar mit der mehrzeiligen if-Struktur. So wird eindeutig markiert, wo ein Anweisungsblock beginnt und wo er endet.

Das Ganze nennt man while-Struktur. Eine weitere **Kontrollstruktur** – ebenso wie die folgende. Womit wir das Thema gleich in einem Abwasch erledigen:

```
do {
    Zinsen = Kapital * Prozent / 100;
    Kapital = Kapital + Zinsen;
    Laufzeit++;
}
while (Kapital < 1000000);
```

Ebenso wie bei while spricht man auch hier von einer **Schleife**. Sieht im ersten Moment doch fast genau so aus wie die while-Struktur. Aber eben nur fast.

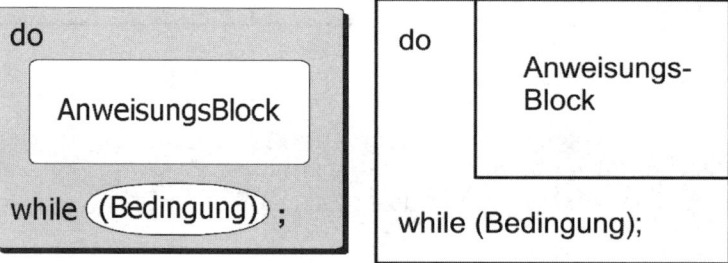

Zu Deutsch heißt das:

Der Computer soll einen Anweisungsblock WIEDERHOLEN, SOLANGE eine bestimmte Bedingung erfüllt ist.

Der einzige Unterschied besteht darin, dass im einen Fall (while) die Bedingung am **Anfang** der Schleife steht, im anderen Fall (do-while) am **Ende**.

while oder do-while?

Und hier ist der komplette Quelltext für die Button-Struktur (→ MILLION1):

```
OkButton.setOnClickListener(new View.OnClickListener() {
  @Override
  public void onClick(View v) {
    // Startwerte setzen
    String Txt = Eingabe1.getText().toString();
    Kapital = Float.valueOf(Txt);
    Prozent = 5;
    Laufzeit = 0;
    // Jahr für Jahr berechnen
    while (Kapital < 1000000) {
      Zinsen = Kapital * Prozent / 100;
      Kapital = Kapital + Zinsen;
      Laufzeit++;
    }
    Anzeige1.setText(R.string.Laufzeit);
    Eingabe1.setText(Integer.toString(Laufzeit));
  }
});
```

Wie du siehst, haben wir hier für die Umwandlung eines Strings in Dezimalzahl mit `Float.valueOf()` eine neue Methode verwendet.

≫ Tippe die Definition der Klick-Struktur für den OK-Button im Quelltext von MAINACTIVITY.JAVA ein.

≫ Vergiss nicht die Vereinbarung der Variablen Kapital, Prozent, Zinsen und Laufzeit!

≫ Und weil wir es ja hier wieder mit von uns neu hinzugefügten Komponenten zu tun haben, müssen auch deren Vereinbarungen mit ins Boot (→ MILLION1):

```
final TextView Anzeige1 =
  (TextView) findViewById(R.id.textView);
final EditText Eingabe1 =
  (EditText) findViewById(R.id.editText);
Button OkButton = (Button) findViewById(R.id.button);
```

≫ Starte das Programm und teste es mit beliebig vielen Werten für Kapital (natürlich kannst du auch den Zinssatz nach Belieben ändern, aber nur direkt im Quelltext).

Kapitel 6 — Geld und Spiele

Ich denke mir eine Zahl

Und nun nach der Arbeit mit dem Geld endlich ein Spiel: Das Smartphone denkt sich eine Zahl aus – sagen wir, zwischen 1 und 1000. Und du hast die Aufgabe, diese Zufallszahl mit möglichst wenigen Versuchen zu erraten. Dabei muss dein Smartphone eigene Entscheidungen treffen, natürlich unter deiner Kontrolle.

≫ Schließe das alte Projekt und erzeuge ein neues, dem du einen Namen wie z. B. Raten1 gibst.

Was brauchen wir jetzt? Ein Textfeld für Informationen, einen Button für das OK, wenn wir unsere Zahl eingegeben haben. Und ein Eingabefeld?

Damit hätte das Ganze eine gewisse Ähnlichkeit mit den beiden letzten Projekten. Aber warum probieren wir nicht mal eine neue Komponente aus? Welche, das wirst du bald sehen.

≫ Sorge dafür, dass das Textfeld auch hier möglichst breit und hoch wird, denn wir brauchen von Anfang an zwei Zeilen.

Ich denke mir eine Zahl

≫ Erzeuge einen neuen Ressourcen-String mit dem Namen Spielstart und dem Inhalt »Ich denke mir eine Zahl zwischen 1 und 1000.«

Ja und nun zu unserer neuen Komponente. Ich habe mir etwas ausgewählt, womit man eine Zahl durch Schieben einstellen kann. Das Element heißt SeekBar und ist unter den WIDGETS zu finden.

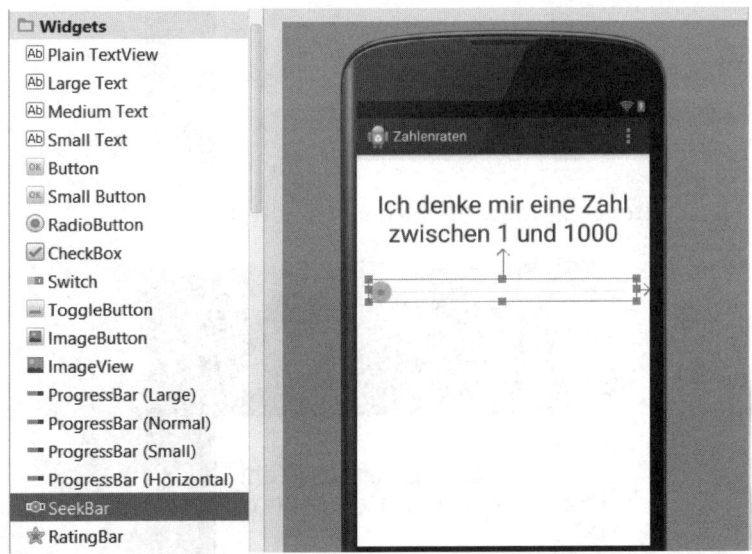

≫ Klicke also auf den Eintrag SEEKBAR und setze im Display die Komponente (mittig) ein. Lege für LAYOUT.WIDTH den Wert MATCH_PARENT fest, damit die Komponente die ganze Breite ausfüllt.

> Für LAYOUT.WIDTH und LAYOUT.HEIGHT legst du mit MATCH_PARENT fest, dass die Größe einer Komponente sich nach der Größe des jeweiligen Displays richtet und sie in Breite oder Höhe weitgehend ausfüllt (abhängig davon, ob du zusätzlich über LAYOUT.MARGIN Ränder definierst).

Kapitel 6 — Geld und Spiele

Man kann also auch sagen: MATCH_PARENT bedeutet maximal Größe. Das Gegenteil ist WRAP_CONTENT, damit bekommt eine Komponente die minimal mögliche Breite oder Höhe.

Damit man weiß, was man mit diesem Schieberegler anfangen kann, sollte darunter ein weiteres Textfeld stehen.

≫ Erzeuge eine Anzeigefläche (TextView) und dazu einen Ressourcen-String mit dem Namen Rate_Mal und dem Inhalt »Rate mal!«

≫ Und zu guter Letzt fügst du noch einen Button hinzu.

≫ Sorge dafür, dass für die beiden Textfelder GRAVITY auf CENTER eingestellt ist.

Ich denke mir eine Zahl

Damit hätten wir eigentlich alles zusammen. Fast. Es fehlen noch ein paar Strings. So sollte die Datei STRING.XML aussehen (→ RATEN1):

```xml
<?xml version="1.0" encoding="utf-8"?>
<resources>
    <string name="app_name">Zahlenraten</string>
    <string name="Spielstart">Ich denke mir eine Zahl zwischen 1 und 1000</string>
    <string name="action_settings">Settings</string>
    <string name="Rate_Mal">Rate Mal!</string>
    <string name="Zu_gross">Zu groß!</string>
    <string name="Zu_klein">Zu klein!</string>
    <string name="Richtig">Richtig!</string>
    <string name="OK">OK</string>
</resources>
```

(Der Text zu Spielstart **muss** in einer Zeile stehen!)

≫ Und nun erzeuge die passenden Strings.

≫ Wenn du mit dem Design fertig bist, solltest du das Projekt schon einmal starten, auch um dich mit der Bedienung des Schiebereglers vertraut zu machen.

Kapitel 6 — Geld und Spiele

Zu groß, zu klein

Jetzt geht es weiter im Quelltext von MAINACTIVITY.JAVA. Dort gibt es zuerst einige Variablen zu vereinbaren.

≫ Ergänze die Methode onCreate() um diese Vereinbarungen (→ RATEN2):

```
final TextView Anzeige1 =
   (TextView) findViewById(R.id.textView);
final TextView Anzeige2 =
   (TextView) findViewById(R.id.textView2);
final SeekBar Schieber =
   (SeekBar) findViewById(R.id.seekBar);
Button OkButton = (Button) findViewById(R.id.button);
```

≫ Und auch hier musst du dafür sorgen, dass alle benötigten Bibliotheken eingebunden sind. Neu ist android.widget.SeekBar.

Als Nächstes binden wir wieder die uns schon vertraute OnClickListener-Struktur für den Button ein:

```
OkButton.setOnClickListener(new View.OnClickListener() {
  @Override
  public void onClick(View v) {
    // Wert übernehmen
    int Wert = Schieber.getProgress();
    // Wert anzeigen
    Anzeige2.setText(String.valueOf(Wert));
  }
});
```

Mehr nicht? Nein, fürs Erste reicht das.

≫ Tippe das Ganze ein und lasse dann das Programm laufen. Und bewege den Schieberegler, dann klicke auf OK.

Zu groß, zu klein

Wie du siehst, wird eine Zahl angezeigt, die von der Position des Schiebers abhängt. Das Maximum ist derzeit 100, doch das wollen wir gleich ändern:

≫ Ergänze direkt unter den Variablenvereinbarungen:

```
Schieber.setMax(1000);
```

Mit setMax() setzt du den Maximalwert, den der Schieberegler erzeugen kann.

Schauen wir uns jetzt mal an, was die onClick-Methode zu bieten hat. Es sind ja nur diese zwei Zeilen:

```
int Wert = Schieber.getProgress();
Anzeige2.setText(String.valueOf(Wert));
```

Zuerst wird über getProgress() der Wert zurückgegeben, den der Regler aktuell hat. Da das eine Zahl ist, brauchen wir in der ersten Zeile noch keine Umwandlungsfunktionen zu bemühen. Doch für die Anzeige brauchen wir wieder einen String (das erledigt die zweite Zeile).

Kapitel 6 — Geld und Spiele

Wir wollen natürlich schon noch ein bisschen mehr. Die App soll uns sagen, ob wir mit unserer Zahl richtig liegen. Und falls nicht, dann brauchen wir eine Zusatzinformation. Die könnten diese drei Zeilen liefern:

```
if (Wert < Zahl)  Anzeige1.setText(R.string.Zu_klein);
if (Wert > Zahl)  Anzeige1.setText(R.string.Zu_gross);
if (Wert == Zahl) Anzeige1.setText(R.string.Richtig);
```

Dazu brauchen wir eine weitere variable Zahl, die global vereinbart werden muss:

```
private int Zahl;
```

» Erweitere die onClick-Methode entsprechend und füge ganz oben die Vereinbarung von Zahl ein.

Doch das ist noch nicht alles, zusätzlich muss das Smartphone sich ja noch eine Zahl ausdenken, bevor das Spiel losgehen kann:

```
Random Zufall = new Random();
Zahl = Zufall.nextInt(1000)+1;
Schieber.setMax(1000);
```

Während Zahl weiter oben außerhalb vereinbart werden muss, gehören diese drei Zeilen in die Methode onCreate() – aber nicht in onClick()!

```
public class MainActivity extends Activity {

    private int Zahl;

    @Override
    protected void onCreate(Bundle savedInstanceState) {
        super.onCreate(savedInstanceState);
        setContentView(R.layout.activity_main);

        // Komponenten vereinbaren
        final TextView Anzeige1 =
                (TextView) findViewById(R.id.textView);
        final TextView Anzeige2 =
                (TextView) findViewById(R.id.textView2);
        final SeekBar Schieber = (SeekBar) findViewById(R.id.seekBar);
        Button OkButton = (Button) findViewById(R.id.button);

        // Zufällige Zahl "ausdenken"
        Random Zufall = new Random();
        Zahl = Zufall.nextInt(1000)+1;
        Schieber.setMax(1000);
```

» Lasse Spiel jetzt mal so laufen und probiere aus, ob du die richtige Zahl herauskriegst.

Feintuning

Feintuning

Also, mir ist es erst gar nicht und dann wohl eher mit viel Glück gelungen, eine Zahl zu erraten. Die Einstellung ist für mich einfach zu grob. Man müsste zusätzlich noch eine Feinjustierung an der Zahl vornehmen können, also sozusagen in Einzelschritten rauf- oder runterzählen können.

Wie wäre es mit zwei zusätzlichen Schaltflächen? Womit das Layout so aussehen könnte (→ RATEN3):

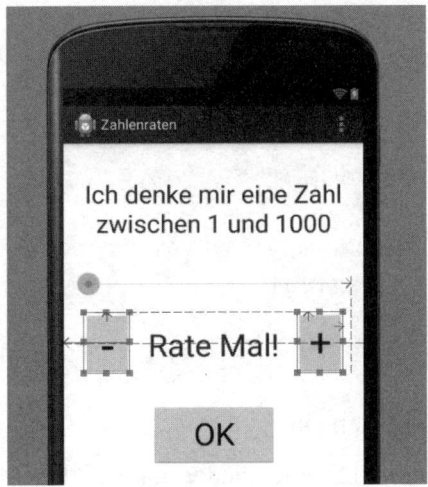

≫ Ergänze im Design das Projekt um zwei Buttons mit diesen Strings (STRINGS.XML):

```
<string name="Plus">+</string>
<string name="Minus">-</string>
```

≫ Erweitere in MAINACTIVITY.JAVA die Vereinbarungen um die zwei neuen Elemente:

```
Button MinusButton =
   (Button) findViewById(R.id.button2);
Button PlusButton =
   (Button) findViewById(R.id.button3);
```

Und nun kommen die `OnClickListener`-Strukturen, für jeden neuen Button eine (→ RATEN3):

```
MinusButton.setOnClickListener
   (new View.OnClickListener() {
```

Geld und Spiele

```
    @Override
    public void onClick(View v) {
        // Wert runterzählen und setzen
        Wert--;
        Anzeige2.setText(String.valueOf(Wert));
        Schieber.setProgress(Wert);
    }
});

PlusButton.setOnClickListener
    (new View.OnClickListener() {
    @Override
    public void onClick(View v) {
        // Wert raufzählen und setzen
        Wert++;
        Anzeige2.setText(String.valueOf(Wert));
        Schieber.setProgress(Wert);
    }
});
```

≫ Tippe auch diese Zeilen ein.

Und schon sieht Android Studio wieder mal rot? Eigentlich klar, dass die Variable Wert unbekannt ist, oder? Sie wurde ja nur lokal in der onClick-Methode von OKButton vereinbart. Das Problem aber lässt sich leicht und schnell lösen.

≫ Vereinbare auch Wert ganz oben, dort, wo du schon Zahl vereinbart hast:

```
private int Wert, Zahl;
```

≫ Dann lösche das int vor dieser Zuweisung:

```
Wert = Schieber.getProgress();
```

Was bewirkt jetzt ein Klick auf die beiden neuen Komponenten? Beim PLUSBUTTON passiert das:

```
Wert++;
```

Der Wert der Variablen wird um eins erhöht, also z.B. wird aus 368 die Zahl 369 usw. Das Umgekehrte passiert beim MINUSBUTTON:

Schiebungen

```
Wert--;
```

Natürlich muss der neue Wert in den `onClick`-Methoden nicht nur angezeigt, sondern auch der Schieberegler angepasst werden. Das geschieht mit der Methode `setProgress()`:

```
Schieber.setProgress(Wert);
```

» Wenn du das jetzt alles zusammenbekommen hast, dann musst du das Programm nur noch starten. Und natürlich spielen. Erst mit dem Schieberegler, um die Gegend zu finden, in der die gesuchte Zahl liegt. Dann kannst du sie mit den Schaltflächen für Plus und Minus »einkreisen«.

Schiebungen

Wo wir schon beim Tunen sind: Warum muss man eigentlich erst auf den OK-Button klicken, ehe man zu sehen bekommt, was man mit dem Schieberegler eingestellt hat? Ist es nicht möglich, den betreffenden Wert direkt beim Schieben anzuzeigen?

So etwas wie `onClick()` wäre hier nicht angebracht. Während diese Methode auf das Anklicken bzw. Antippen einer Komponente reagiert, brauchen wir eine Methode, die Veränderungen aufnimmt und auswertet. Zum Beispiel beim Schieben eines Schiebereglers.

Kapitel 6

Geld und Spiele

Beim Stöbern nach geeigneten Methoden stößt man auf ein passendes Exemplar namens onProgressChanged(). Auch hier gibt es ein Listener-Interface, das den langen Namen OnSeekBarChangeListener trägt.

Eine Struktur für unser Schieber-Objekt könnte dann eigentlich so aussehen wie bei den Buttons. Schauen wir uns deren Form ohne Inhalt noch einmal an:

```
Button.setOnClickListener(new View.OnClickListener() {
  @Override
  public void onClick(View v) {
  }
});
```

Und das wäre dann die Entsprechung für die SeekBar:

```
Schieber.setOnSeekBarChangeListener
(new OnSeekBarChangeListener() {
  @Override
  public void onProgressChanged
    (SeekBar s, int progress, boolean b) {
  }
});
```

Sieht doch ziemlich ähnlich aus, oder? Die Methode übernimmt gleich einige Parameter, von denen für uns der mittlere wichtig ist: progress ist der Wert, den der Schieber aktuell hat.

Wenn wir nun die Methode füllen und damit vervollständigen wollen, müssen wir uns nur bei der onClick-Methode von OkButton bedienen. Dort können die beiden Zeilen mit der Wert-Zuweisung völlig entfernt werden (→ RATEN4):

```
public void onClick(View v) {
  // Zahl auswerten
  if (Wert < Zahl) Anzeige1.setText(R.string.Zu_klein);
  if (Wert > Zahl) Anzeige1.setText(R.string.Zu_gross);
  if (Wert == Zahl) Anzeige1.setText(R.string.Richtig);
}
```

Damit hat diese Methode nur noch die Aufgabe, den vom Spieler eingestellten Wert mit der Zufallszahl des Smartphones zu vergleichen. Und die neue Methode sieht dann so aus:

Schiebungen

```
public void onProgressChanged
  (SeekBar s, int progress, boolean b) {
  Wert = progress;
  Anzeige2.setText(String.valueOf(progress));
}
```

Weil wir den Schieberwert direkt abgreifen können, ist diese Zuweisung **nicht** mehr nötig:

```
Wert = Schieber.getProgress();
```

» Ergänze den Quelltext um die `OnSeekBarChangeListener`-Struktur und kürze die `onClick`-Methode entsprechend.

Das neue Interface benötigt eine Extra-Import-Zeile (obwohl die Seek-Bar-Bibliothek schon importiert wurde):

```
import android.widget.SeekBar.OnSeekBarChangeListener;
```

» Ergänze die `import`-Anweisungen entsprechend!
» Und nun solltest du versuchen, das Programm zu starten.

Stimmt irgendetwas nicht? Haben wir etwas falsch gemacht?

```
// Schieberegler mit Änderungs-Methode verbinden
Schieber.setOnSeekBarChangeListener(new OnSeekBarChangeListener() {
    @Override
    public void onProgressChanged(SeekBar s, int progress, boolean b) {
        // Zahl übernehmen und anzeigen
        Wert = progress;
        Anzeige2.setText(String.valueOf(progress));
    }
});

// Buttons mit Klick-Methoden verbinden
OkButton.setOnClickListener(new View.OnClickListener() {
    @Override
    public void onClick(View v) {
        // Zahl auswerten
        if (Wert < Zahl) Anzeige1.setText("Zu klein!");
        if (Wert > Zahl) Anzeige1.setText("Zu groß!");
        if (Wert == Zahl) Anzeige1.setText("Richtig!");
    }
});
```

error: <anonymous raten4.MainActivity$1> is not abstract and does not override abstract method onStopTrackingTouch(SeekBar) in OnSeekBarChangeListener

Kapitel 6 — Geld und Spiele

Dass sich die seltsame Fehlermeldung auf unsere neue Struktur bezieht, ist wohl offensichtlich. Aber was genau ist da gemeint?

Wenn du das Wort OnSeekBarChangeListener markierst und mit der Maus darauf zeigst, dann bekommst du ein paar genauere Informationen, die ich mal völlig frei übersetzen will: Die Klasse, die wir benutzen wollen, muss von uns vollständig definiert sein, darf also nicht nur die Methode onProgressChanged() enthalten, sondern alle Methoden von OnSeekBar-ChangeListener. Das sind glücklicherweise nur drei und die beiden anderen sind auch schon aufgeführt.

```
Schieber.setOnSeekBarChangeListener(new OnSeekBarChangeListener() {
```
Class 'Anonymous class derived from OnSeekBarChangeListener' must either be declared abstract or implement abstract method 'onStartTrackingTouch(SeekBar)' in 'OnSeekBarChangeListener'
```
        Wert = progress;
        Anzeige2.setText(String.valueOf(progress));
    }
```

```
Schieber.setOnSeekBarChangeListener(new OnSeekBarChangeListener() {
    @Override
    public void onProgressChanged(SeekBar s, int progress, boolean b) {
        // Zahl übernehmen und anzeigen
        Wert = progress;
        Anzeige2.setText(String.valueOf(progress));
    }
```
(Implement Methods)

≫ Wenn es dir gelingt, klicke auf das kleine Lampen-Symbol links und dann auf IMPLEMENT METHODS. Wenn nicht, musst du diese Vereinbarungen selber eintippen.

Und hier ist die komplette Schieber-Struktur (→ RATEN4):

```
Schieber.setOnSeekBarChangeListener
  (new OnSeekBarChangeListener() {
  @Override
  public void onProgressChanged
    (SeekBar s, int progress, boolean b) {
    // Zahl übernehmen und anzeigen
    Wert = progress;
    Anzeige2.setText(String.valueOf(progress));
  }
```

Neues Spiel?

```
    @Override
    public void onStartTrackingTouch(SeekBar seekBar) {

    }

    @Override
    public void onStopTrackingTouch(SeekBar seekBar) {

    }
});
```

Grundsätzlich muss ein Listener-Interface, wie wir es bis jetzt verwendet haben, als komplette Einheit implementiert werden. Das heißt mit allen Methoden, auch wenn man nur eine einzige braucht. Bei OnClickListener gibt es nur eine Methode namens onClick(), deshalb klappte das in den bisherigen Projekten so gut.

Bei OnSeekBarChangeListener haben wir schon drei Methoden. Und wenn ein solches Interface oder eine solche Klasse zwölf Methoden hätte, dann müssten wir sie alle mit vereinbaren. Schwacher Trost: Es wird jeweils nur die »Hülle« der nicht benötigten Methoden definiert.

≫ Und nun ist es an der Zeit, das Spiel erneut zu spielen. Starte das Projekt. Wenn du den Schieber verschiebst, siehst du den eingestellten Wert sofort.

Und erst nachdem du die Zahl (zusätzlich mithilfe der Zusatz-Buttons für Plus und Minus) gewählt hast, die du für die richtige hältst, klickst du auf OK.

Neues Spiel?

Dass diese App jedes Mal neu gestartet werden muss, wenn eine Zahl geraten wurde, das möchte ich so nicht hinnehmen. Deshalb setzen wir auch gleich ein Zeichen, indem wir den OK-Button etwas verkleinern und nach rechts setzen und das Ganze durch einen weiteren Button ergänzen.

Kapitel 6 — Geld und Spiele

> Füge den NEU-Button ein (ACTIVITY_MAIN.XML) und ergänze die String-Ressourcen um einen Neu-String (STRING.XML).

Weiter geht es in der Datei MAINACTIVITY.JAVA: Dort muss der neue Button vereinbart werden und zusätzlich seine Klick-Struktur erhalten (→ RATEN5):

```
Button NeuButton = (Button) findViewById(R.id.button4);

NeuButton.setOnClickListener(new View.OnClickListener() {
  @Override
  public void onClick(View v) {
    // Neue Zufallszahl erzeugen
    Zahl = Zufall.nextInt(1000)+1;
    Anzeige2.setText(R.string.Rate_Mal);
  }
});
```

Mehr nicht? Nein, denn es geht ja nur um eine neue Zufallszahl, die geraten werden muss. Allerdings bringt die neue Zuweisung wieder eine Veränderung bei der Vereinbarung von Zufall mit sich. Ganz oben bei den globalen Variablen steht nun zusätzlich diese Zeile:

```
private Random Zufall =  new Random();
```

Und die Anweisungsfolge für die Startzahl kann so gekürzt werden:

Zusammenfassung

```
// Zufällige Zahl "ausdenken"
Zahl = Zufall.nextInt(1000)+1;
Schieber.setMax(1000);
```

≫ Passe den Quelltext von MAINACTIVITY.JAVA entsprechend an (→ RATEN5).

≫ Dann probiere das Spiel erneut aus. Diesmal darfst du so oft raten, wie du willst.

Wenn du deine erste Spiele-App auf dem Smartphone ausprobieren willst, dann schau mal in **Anhang C**. Dort wird erklärt, wie man seine Apps von Android Studio aufs Smartphone bekommt.

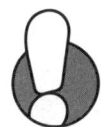

Zusammenfassung

Nun hast du endlich dein erstes Spiel programmiert. An professionelle Produkte reicht es zwar nicht heran, doch es ist selbst gemacht – und das ist doch schon was! Und dabei gibt es einiges an Neuigkeiten.

Da wäre zuerst ein weiteres Interface, das gleich drei Methoden hat, von denen wir aber nur eine brauchen:

OnSeekBarChangeListener	Interface für das Verändern von Schieberwerten
setOnSeekBarChangeListener()	ein OnSeekBarChangeListener-Interface installieren
onProgressChanged()	Methode, die bei Veränderung einer Schiebeposition ausgeführt wird

Und eine neue Komponente ist dir über den Weg gelaufen (ebenfalls mit ein paar Methoden):

SeekBar	Schieberegler, mit dem man Zahlwerte einstellen kann
setMax()	Methode, um den Maximalwert eines Schiebereglers festzulegen
setProgress()	Methode, um den eingestellten Schieberwert zu setzen
getProgress()	Methode, um den eingestellten Schieberwert zu ermitteln

Kapitel 6 — Geld und Spiele

Du kennst jetzt schon drei Datentypen:

int	Ganze Zahl
float	Dezimalzahl
string	Zeichenkette

Zum Umwandeln von Strings in Zahlen kennst du eine Methode mehr:

Float.valueOf()	Methode, um eine Zeichenkette (String) in eine Dezimalzahl umzuwandeln

Auch in diesem Kapitel ging es um Bedingungen. Und dabei hast du noch mehr Java-Kontrollstrukturen kennengelernt:

while	SOLANGE eine Bedingung erfüllt ist, WIEDERHOLE etwas (Anweisungsblock).
do-while	WIEDERHOLE etwas (Anweisungsblock), SOLANGE eine Bedingung erfüllt ist.

Ein paar Fragen ...

1. Was ist der Unterschied zwischen while und do-while?
2. Wird der Anweisungsblock in einer while-Schleife immer ausgeführt?
3. Was passiert im Million-Projekt bei einer Eingabe von null als Startkapital?
4. Was geschieht beim Raten-Projekt, wenn wir die Zufallszahl direkt in onClick() erzeugen lassen?

... und ein paar Aufgaben

1. Ersetze im Million-Projekt die while-Schleife durch eine do-while-Schleife.
2. Erweitere das Million-Projekt um ein zweites Eingabefeld für den Zinssatz. (Sinnvoll wäre auch eine zusätzliche Anzeige, die nach dem Zinssatz fragt.)

... und ein paar Aufgaben

3. Programmiere das Raten-Projekt so um, dass man auf den OK-Button verzichten kann.

4. Programmiere ein Raten-Projekt mit einem **Eingabefeld**, womit der Schieberegler und die zwei Zusatzbuttons (+/-) wegfallen.

7
Es bewegt sich was

Bis jetzt kennst du von den vielen Komponenten nur wenige, aber die wichtigsten. Oder? Was ist mit Bildern? Damit haben wir uns bis jetzt noch nicht beschäftigt, also wird es höchste Zeit. Deshalb erstellen wir hier ein Projekt, das Bilder nicht nur anzeigen, sondern auch mit bewegten Bildern umgehen kann.

In diesem Kapitel lernst du

◎ die Komponente ImageView kennen

◎ die Komponente ToggleButton kennen

◎ wie man Bilddateien in den Projekt-Ressourcen unterbringt

◎ wie man eine Figur auftauchen und verschwinden lässt

◎ die Klasse AnimationDrawable kennen

◎ etwas über das Bewegen einer Figur

◎ wie man ein Animations-»Drehbuch« schreibt

Neue Komponenten

Bevor es ein Bild anzuzeigen gibt, muss es erst mal vorhanden sein. Möglichkeiten, an irgendein Bild zu kommen (und hier ist es zuerst egal, was

Kapitel 7 — Es bewegt sich was

für ein Bild du einsetzt), gibt es viele. Dabei sollte man allerdings auf das **Bildformat** achten.

Grundsätzlich akzeptiert Android mehrere Dateiformate. Du erkennst den Typ an der Kennung hinter dem Dateinamen:

BMP	Abkürzung von »Bitmap«
	inzwischen nur noch wenig verbreitetes Dateiformat, kann viele Millionen verschiedene Farben haben, lässt sich verlustfrei komprimieren, benötigt aber (sehr) viel Speicherplatz.
GIF	Abkürzung von »Graphics Interchange Format«
	im Internet verbreitet, kann nur 256 Farben haben, aber die Dateigröße ist (sehr) klein.
JPG	eigentlich JPEG, Abkürzung von »Joint Photographic Experts Group«
	sehr vielseitig einsetzbar, kann viele Millionen verschiedene Farben haben, fast beliebig komprimierbar (auch verlustfrei).
PNG	Abkürzung von »Portable Network Graphics«
	im Internet verbreitet, kann viele Millionen verschiedene Farben haben, verlustfrei komprimierbar, unterstützt auch Transparenz.

Ich empfehle das PNG-Format, denn da lässt sich eine sogenannte transparente Farbe festlegen, sodass Teile des Bildes dann durchsichtig sind. Das ist besonders nützlich, wenn z.B. eine Figur über einen Hintergrund wandern soll.

Für unser erstes Projekt auf diesem Gebiet ist es aber nicht wichtig, dass du ein Bild im PNG-Format verwendest. Genauso gut ist JPG. Auf andere Formate würde ich verzichten.

Ganz so eilig ist es ohnehin nicht, denn erst brauchen wir ein Android-Projekt mit den entsprechenden Zutaten, um das Bild aufnehmen zu können.

≫ Erzeuge ein neues Projekt, gib ihm den Namen Movie1.

Die Komponente, die wir hier brauchen, nennt sich ImageView und ist ein (zunächst noch völlig leeres) **Bildfeld**.

≫ Suche unter WIDGETS den Eintrag IMAGEVIEW und klicke darauf. Dann setze die Komponente (mittig) im Display ein.

Neue Komponenten

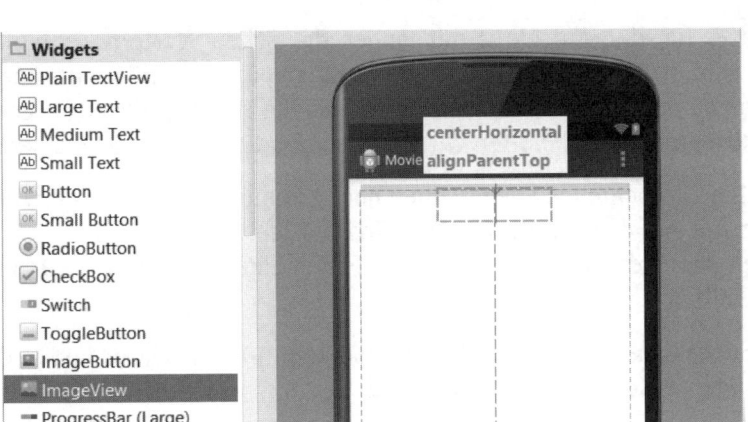

» Lege für LAYOUT.WIDTH und für LAYOUT.HEIGHT jeweils den Wert MATCH_PARENT fest, damit die Komponente die ganze Höhe und Breite ausfüllen kann.

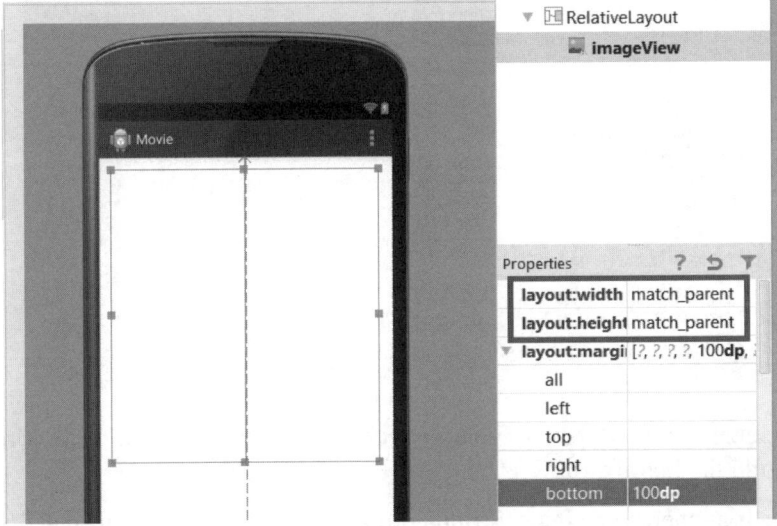

» Weil wir ganz unten noch Platz für ein paar Buttons brauchen, stellst du unter MATCH_PARENT noch einen unteren Rand von 100 dp ein. Damit wird das Bildfeld wieder ein bisschen nach oben geschrumpft.

Rein äußerlich ist ein solches Bildfeld kaum von einem Anzeigefeld für Text zu unterscheiden. Aber zu den inneren Werten dieser Komponente kommen wir noch.

Nun fehlen uns noch zwei Schaltflächen, die sich den Platz in der unteren Reihe teilen müssen. Der eine Button soll das Bild quasi an- und ausschalten, also dafür sorgen, dass ein Bild erscheint oder verschwindet, der andere soll eine Animation starten oder stoppen.

Kapitel 7 — Es bewegt sich was

Weil es für eine Aufschrift mit langen deutschen Wörtern ein bisschen eng wird, habe ich mich in diesem Fall für englische Begriffe entschieden. Wenn du deutsche Wörter willst, musst du die Schriftgröße entsprechend verkleinern. Später könnten wir aber auch Text durch Symbole ersetzen.

Auch hier möchte ich wieder einen neuen Komponententyp einsetzen: Es geht mit normalen Buttons, aber Android bietet mit dem ToggleButton einen passenden **Ein-Aus-Schalter**, dessen Eigenschaften wir auch nutzen sollten.

≫ Suche unter WIDGETS den Eintrag TOGGLEBUTTON und klicke darauf. Dann füge die Komponente unten links ein.

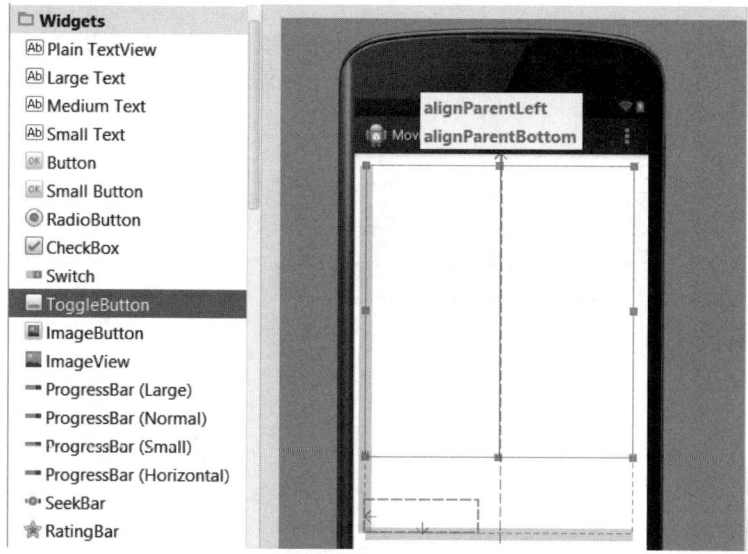

≫ Setze einen weiteren Schalter rechts daneben. Lege dann die Maße und die Schriftgröße fest.

Nun brauchen wir einige Strings. Kümmern wir uns also um die Datei STRINGS.XML, die so aussehen sollte (→ MOVIE1):

```xml
<?xml version="1.0" encoding="utf-8"?>
<resources>
    <string name="app_name">Movie</string>
    <string name="action_settings">Settings</string>
    <string name="Show_it">Show</string>
    <string name="Hide_it">Hide</string>
    <string name="Move_it">Move</string>
    <string name="Stop_it">Stop</string>
</resources>
```

Neue Komponenten

Wie erwähnt: Du kannst auch Wörter wie »Erscheinen«, »Verschwinden«, »Bewegen«, »Anhalten« benutzen.

≫ Passe den Quelltext in STRINGS.XML entsprechend an.

Und nun kümmern wir uns wieder um unsere beiden neuen Komponenten.

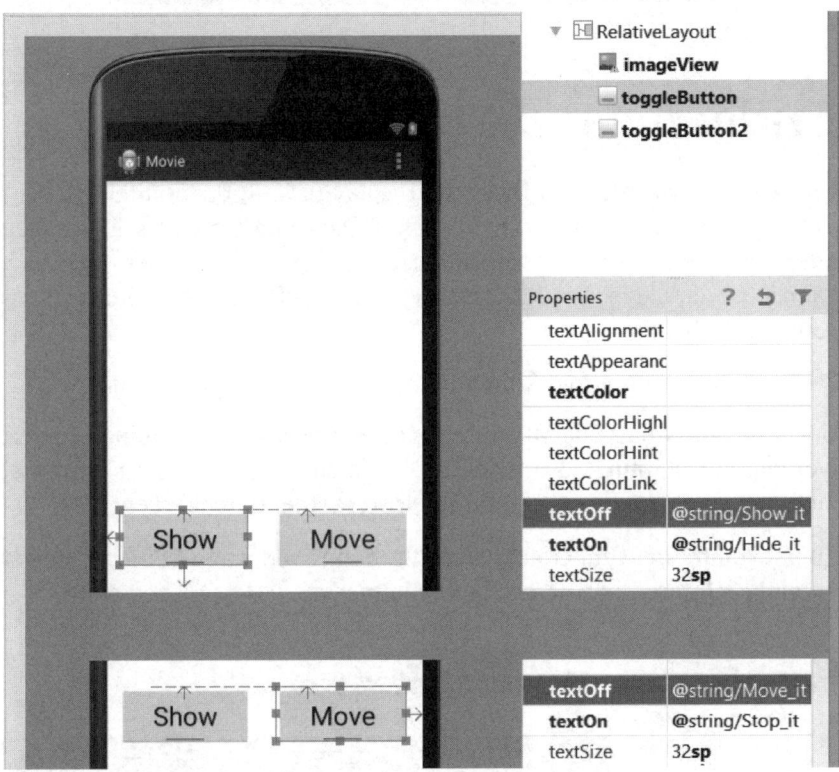

≫ Dort suchst du nun unter PROPERTIES die Einträge TEXTOFF und TEXTON und verknüpfst sie mit diesen Strings:

ToggleButton	Zustand	String-Name	Anzeigetext
SCHALTER1	textOff	Show_it	Show
	textOn	Hide_it	Hide
SCHALTER2	textOff	Move_it	Move
	textOn	Stop_it	Stop

≫ Wenn du willst, kannst du dein Projekt schon mal starten und auf die beiden Schalter klicken (oder tippen).

Bei jedem Klick ändern die beiden Komponenten ihre Aufschrift, darum müssen wir uns also nicht mehr kümmern.

Kapitel 7

Es bewegt sich was

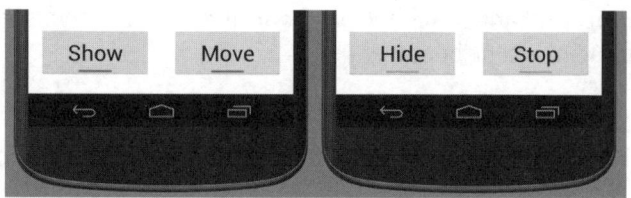

Endlich ein Bild?

Wie kriegen wir jetzt das Bild aufs Display bzw. in das Bildfeld (Image-View)? Zuerst mal brauchen wir ein Bild. Das kannst du dir selber malen oder zeichnen. Oder du besorgst dir eines aus dem Internet. Natürlich kannst du dir auch wie ich eines von der DVD aus dem Ordner PROJEKTE\BILDER holen.

≫ Verlasse dazu Android Studio (ohne es zu schließen).

Und nun muss das Bild für unser Movie-Projekt in den Ordner kopiert werden, der bei mir MOVIE1 heißt. Aber nicht direkt, sondern du musst dich erst zu einem ganz bestimmten Unterordner durchklicken:

Zuerst kommt der Ordner APP, dann SRC, dann MAIN, dann RES. Dort findest du einige Unterordner, deren Namen immer mit DRAWABLE beginnen.

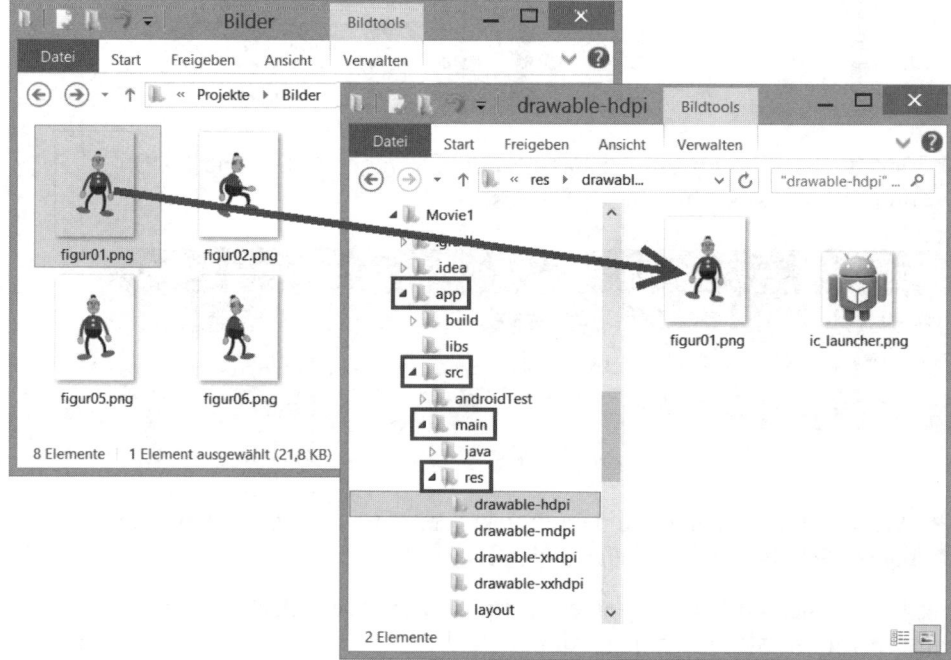

Endlich ein Bild?

≫ Suche dir einen davon aus und kopiere dein Bild (oder deine Bilder) dort hinein. Du kannst dein Bild auch in alle DRAWABLE-Ordner kopieren.

Und nun, da das Bild an Ort und Stelle ist und damit als Ressource verfügbar, können wir weiter am Projekt arbeiten, und zwar im Quelltext von MAINACTIVITY.JAVA.

≫ Dort angekommen, tippst du zuerst die Vereinbarungen für die Komponenten ein (→ MOVIE 1):

```
final ImageView Bild1 =
   (ImageView) findViewById(R.id.imageView);
ToggleButton Schalter1 =
   (ToggleButton) findViewById(R.id.toggleButton);
ToggleButton Schalter2 =
   (ToggleButton) findViewById(R.id.toggleButton2);
```

Beachte, dass wir hier zwei neue Bibliotheken benötigen:

```
import android.widget.ImageView;
import android.widget.ToggleButton;
```

Und jetzt könnten wir doch eigentlich gleich mit der Definition der Struktur für Schalter1 loslegen. Da geht es ja darum, dass ein Bild gezeigt wird und wieder verschwindet (→ MOVIE 1):

```
Schalter1.setOnClickListener(new View.OnClickListener() {
  @Override
  public void onClick(View view) {
    boolean An = ((ToggleButton) view).isChecked();
    if (An)
      Bild1.setVisibility(View.VISIBLE);
    else
      Bild1.setVisibility(View.INVISIBLE);
  }
});
```

≫ Tippe auch diesen Text komplett ein.

Es sind ja nicht viele Zeilen in der onClick-Methode, aber die muss man erst mal verstehen. Als Erstes lernst du hier gerade einen neuen Datentyp kennen:

```
boolean An = ((ToggleButton) view).isChecked();
```

Kapitel 7 — Es bewegt sich was

Weil wir nur zwei Schaltzustände haben, ist boolean gerade richtig: Eine Variable dieses Typs kann nur die beiden Werte true oder false annehmen. Mehr brauchen wir hier auch nicht:

Wert	(auf Deutsch)	Bedeutung
true	wahr	eingeschaltet
false	falsch	ausgeschaltet

Den Schaltzustand unserer ToggleButtons übermittelt uns die Methode isChecked(). Dazu wird der Parameter ausgewertet, den onClick() übernimmt. Der hat den Namen view, ist vom allgemeinen Typ View und wird durch (ToggleButton) view als Schalter erkennbar gemacht. (Ein bloßes An = view.isChecked() würde also nicht reichen.)

> Du erinnerst dich daran, dass zwischen Groß- und Kleinschreibung unterschieden wird? Deshalb sind view und View zwei verschiedene Wörter bzw. Namen. Ein View ist eine Basis-Komponente, TextView, Button und auch ToggleButton sind Verwandte, die nicht nur alles von View geerbt haben, sondern darüber hinaus noch weitere eigene Fähigkeiten besitzen. Deshalb muss klargestellt werden, um welchen View es sich jeweils handelt. Das geschieht mit der in Klammern davor gesetzten Typangabe.

Nachdem wir den Schalt-Wert der Variablen An zugewiesen haben, setzen wir das Bild auf sichtbar oder unsichtbar:

```
if (An)
   Bild1.setVisibility(View.VISIBLE);
else
   Bild1.setVisibility(View.INVISIBLE);
```

Das erledigt die Methode setVisibility(). Die beiden Wörter in Großbuchstaben sind die vordefinierten **Konstanten**: VISIBLE und INVISIBLE. (Zwei andere Konstanten kennst du schon: true und false.)

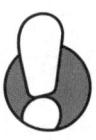

> Es gibt auch noch einen Zustand GONE. Dadurch verschwindet die Figur ebenfalls, doch im Unterschied zu INVISIBLE wird damit auch der Speicherplatz für ein Bild wieder freigegeben.

Endlich ein Bild?

Ein sichtbares Bild bekommen wir aber noch immer nicht – wie du leicht feststellen kannst, wenn du die App erneut startest. Es gibt nämlich noch gar kein Bild, das muss die App sich erst mal holen.

Abhilfe schafft eine Anweisung, die direkt unter die Vereinbarungen der Komponenten gehört, also außerhalb der OnClickListener-Struktur steht (→ MOVIE1):

```
Bild1.setImageResource(R.drawable.figur01);
Bild1.setVisibility(View.INVISIBLE);
```

setImageResource() sorgt dafür, dass aus der Ressource, in der du dein Bild abgelegt hast, geschöpft wird. Dabei durchsucht die Methode alle DRAWABLE-Ordner und pickt sich dann das passende Bild heraus. Und damit man es nicht sofort sehen kann, wird es in der zweiten Zeile dann erst mal unsichtbar gemacht.

≫ Bringe den Quelltext von MAINACTIVITY.JAVA auf den neuesten Stand und starte dann dein Projekt.

Und endlich gibt es tatsächlich ein Bild – vorausgesetzt, du hast einmal auf SHOW geklickt. Und bei einem erneuten Klick (auf HIDE) verschwindet es wieder.

Kapitel 7 — Es bewegt sich was

Animation-XML

Kommen wir nun zum zweiten Button bzw. Schalter. Hier brauchen wir zwei Bilder, die abwechselnd gezeigt werden sollen, damit der Eindruck einer Bewegung entsteht.

> Kopiere also zuerst ein passendes Bild in dieselben DRAWABLE-Ordner, in denen das andere liegt (über den Pfad APP\SRC\MAIN\RES\).

Ich gehe mal davon aus, dass du meine Figur benutzt hast. Die erste Bilddatei hat den Namen FIGUR01.PNG. Dazu passt die Datei FIGUR05.PNG. Die Figur dort hat eine etwas andere Beinstellung. Wenn man beide Figuren mehrmals hintereinander anzeigt, dann sieht das nach einer Laufbewegung aus.

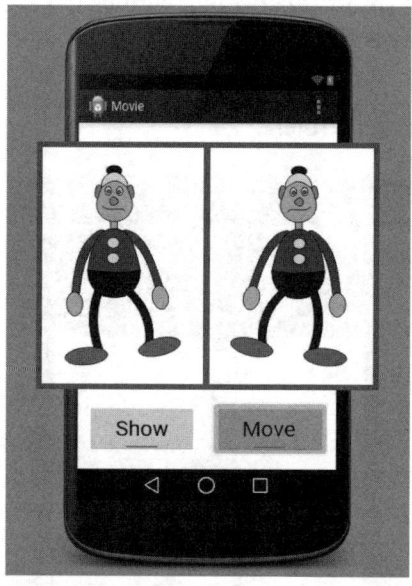

Möglich, doch umständlich wäre es, die beiden benötigten Bilddateien ständig hintereinander zu laden und anzuzeigen. Das müsste dann eine Schleife erledigen, die z. B. so aussehen könnte:

```
while (Moving) {
   Bild1.setImageResource(R.drawable.figur01);
   Bild1.setImageResource(R.drawable.figur05);
}
```

Moving wäre dann eine boolean-Variable, die den Wert true haben muss, damit die Schleife durchlaufen werden kann.

Animation-XML

Ein Nachteil wäre, dass die Bilder zu schnell hintereinander angezeigt würden. Dazwischen muss also jeweils eine kleine Pause liegen, ehe das nächste Bild erscheint. Das Hauptproblem aber ist: Wie bringt man das Ganze wieder zum Stehen?

Der Startversuch eines solchen Projekts kann zu einem Abbruch mit dieser Meldung führen:

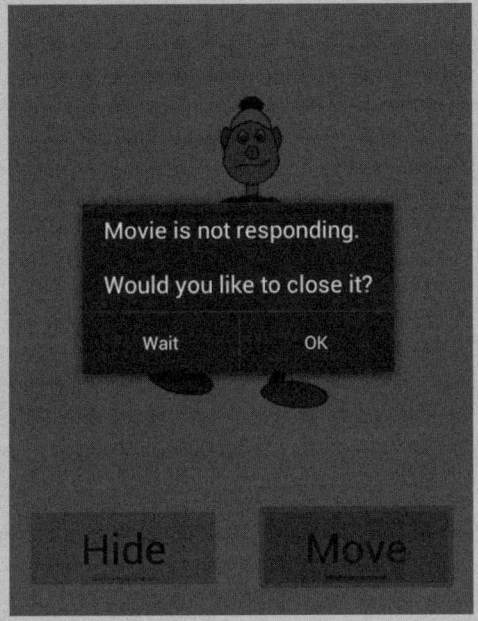

Dann solltest du auf OK klicken, denn die App ist in einer Endlos-Schleife gefangen, weil die Bedingung für die Wiederholung immer erfüllt bleibt.

Wir müssen eine andere Möglichkeit suchen. Und finden sie in einer Klasse namens AnimationDrawable. Ein Objekt dieses Typs braucht eine Art Drehbuch (wie bei Film oder Fernsehen) und natürlich ein paar Bilder (mindestens zwei).

Die Bilder haben wir schon, das Drehbuch müssen wir noch schreiben. Der Text kommt in einer XML-Datei und die wird als Ressource in einem Ordner (z. B. DRAWABLE) abgelegt.

Bei der Erzeugung dieser Datei können wir so vorgehen:

» Klicke im DESIGN-Modus auf das Bildfeld (ImageView) und suche unter PROPERTIES den Eintrag SRC. Klicke dahinter auf den Button mit den drei Pünktchen.

Kapitel 7

Es bewegt sich was

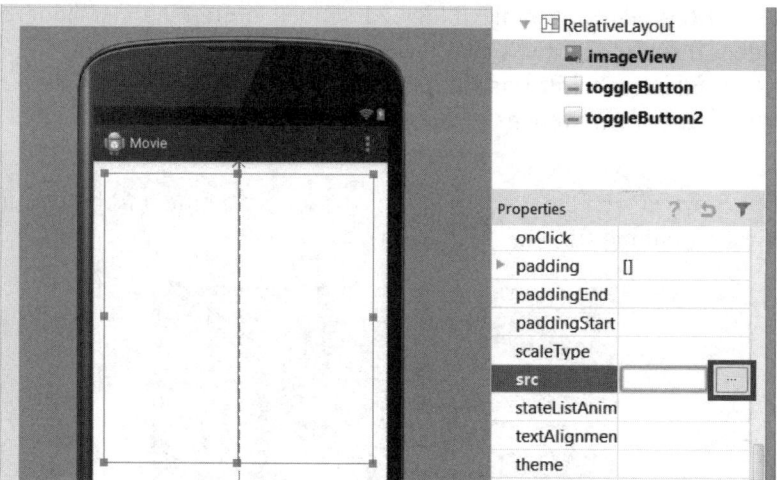

> Willst du wissen, was das Kürzel **src** bedeutet? Das ist eine Abkürzung für **Source**. Das ist der englische Begriff für den Quelltext. Das ist aber nicht alles, was du in diesem Ordner findest.
>
> Man könnte auch sagen: Im Ordner SRC sind u.a. die Dateien mit unseren Programmtexten zu finden, z.B. MAINACTIVITY.JAVA oder ACTIVITY_MAIN.XML. Aber eben auch andere Ressourcen. (Wie zum Beispiel Bilder.)

Es öffnet sich ein Fenster mit dem Titel RESOURCES, das du schon kennst, denn du hast ja bereits zahlreiche Strings für STRINGS.XML erzeugt. Diesmal aber geht es um Bilder bzw. Animationen.

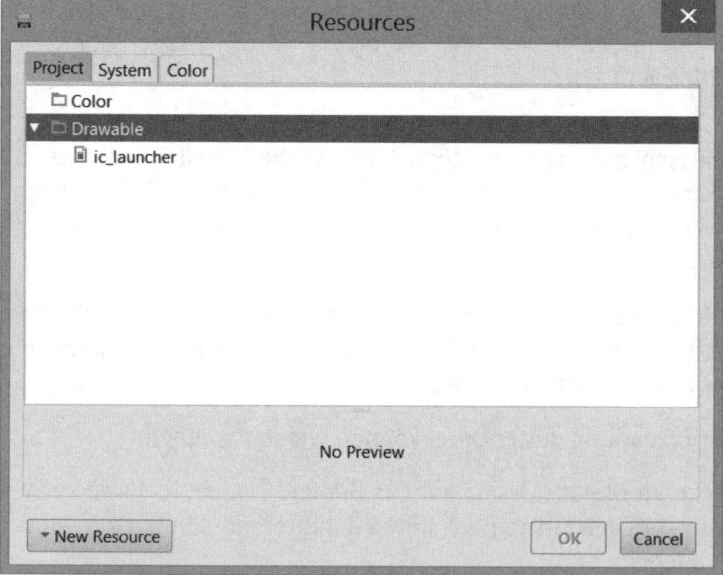

Animation-XML

≫ Sorge dafür, dass DRAWABLE markiert ist. Dann klicke auf NEW RESOURCE und NEW DRAWABLE FILE.

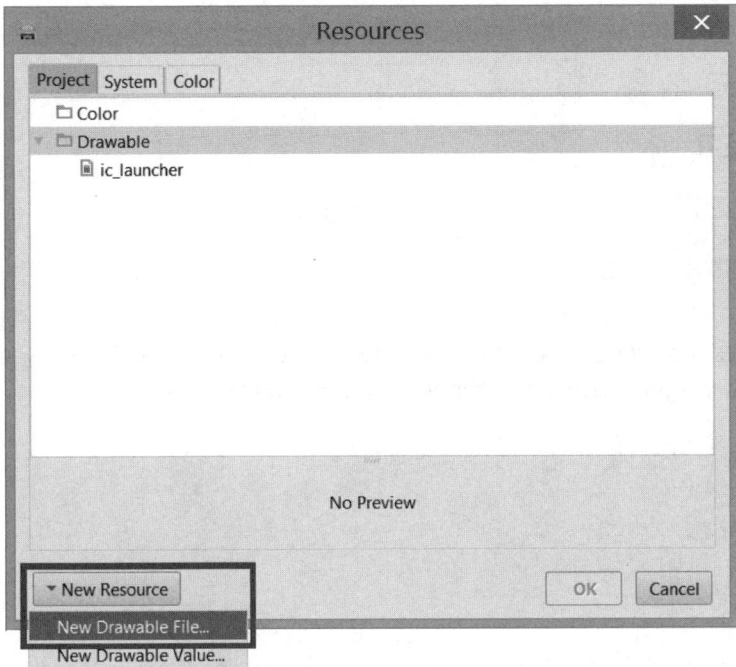

≫ Im nächsten Dialogfeld trägst du ganz oben den Namen animation ein. Alles andere beachtest du nicht, sondern klickst auf OK.

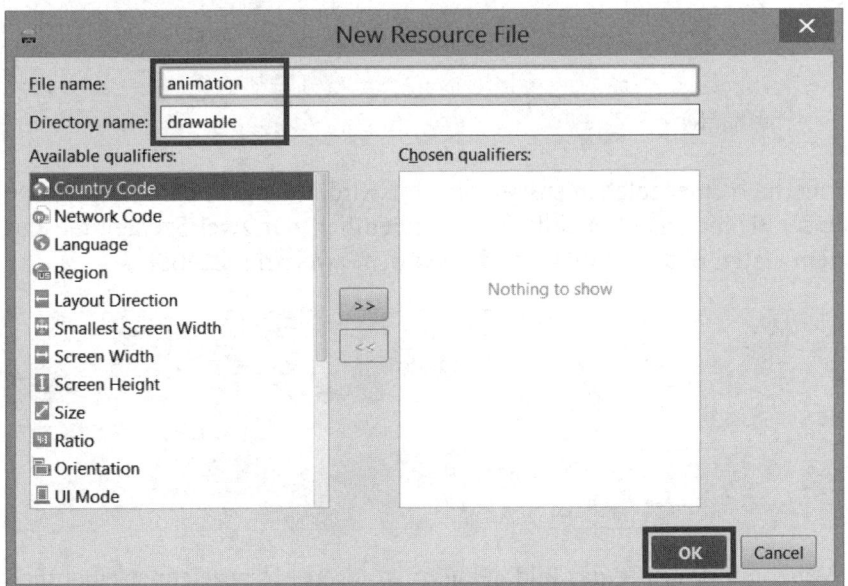

Kapitel 7 — Es bewegt sich was

Und schon gibt es im Projekt mit ANIMATION.XML eine Datei mehr. Und die liegt im (neuen) Ordner DRAWABLE.

Aus dem folgenden Text (aus dem du wahrscheinlich nicht schlau wirst) sollen wir jetzt also ein Drehbuch für eine Animation machen:

```xml
<?xml version="1.0" encoding="utf-8"?>
<selector
  xmlns:android=
    "http://schemas.android.com/apk/res/android">
</selector>
```

≫ Fange mit etwas Einfachem an und ersetze das Wort `selector` durch `animation-list`:

```xml
<?xml version="1.0" encoding="utf-8"?>
< animation-list
  xmlns:android=
    "http://schemas.android.com/apk/res/android">
</ animation-list>
```

Innerhalb einer solchen `animation-list` wird nun näher beschrieben, wie unser »Film« ablaufen soll. Es gibt eigentlich nur zwei Szenen, die mit dem ersten Bild (FIGUR01) und die mit dem zweiten (FIGUR05):

```xml
<item
  android:drawable="@drawable/figur01"
  android:duration="50" />
<item
  android:drawable="@drawable/figur05"
  android:duration="50" />
```

Wobei mit `drawable` das Bild gemeint ist (drawable bezeichnet eigentlich alles, was grafisch darstellbar ist). Und `duration` gibt die Dauer der

Animation-XML

Anzeige in Millisekunden an. Jedes der beiden Bilder wird also hintereinander für den Bruchteil einer Sekunde angezeigt. (Du kannst das später ändern, wenn dir die Animation zu schnell oder zu langsam erscheint.)

Womit der gesamte Quelltext dann so aussieht (→ MOVIE2):

```xml
<?xml version="1.0" encoding="utf-8"?>
<animation-list
  xmlns:android=
    "http://schemas.android.com/apk/res/android"
  android:oneshot="false">
  <item
    android:drawable="@drawable/figur01"
    android:duration="50" />
  <item
    android:drawable="@drawable/figur05"
    android:duration="50" />
</animation-list>
```

Da ist noch etwas sehr Wichtiges dazugekommen:

```
android:oneshot="false"
```

oneshot bestimmt, ob eine Szenenfolge nur einmal gezeigt oder immerzu wiederholt werden soll:

| oneshot="true" | Bildfolge läuft einmal ab. |
| oneshot="false" | Bildfolge wiederholt sich. |

≫ Nun kannst du diesen Text eintippen.

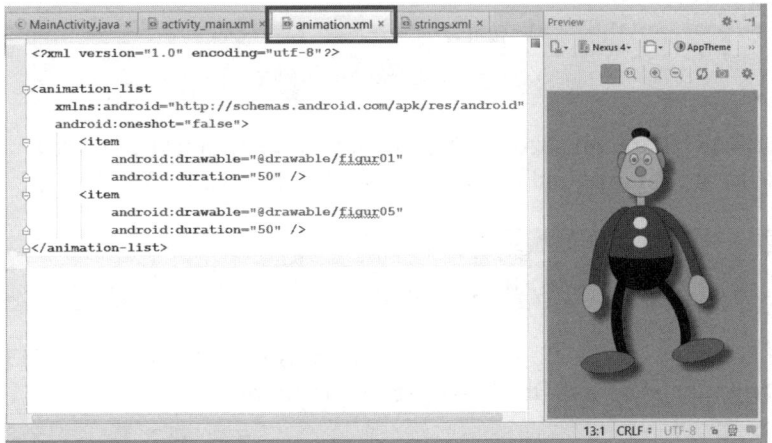

Kapitel 7 — Es bewegt sich was

» Dann wechsle zur Datei ACTIVITY_MAIN.XML und dort in den DESIGN-Modus. Sorge dafür, dass für imageView hinter SCR nichts steht! (Sonst wäre das Bild von Anfang an da.)

Film ab!

Und nun geht es im Quelltext von MAINACTIVITY.JAVA weiter. Dort wartet ja die onClick-Methode des zweiten Schalters auf ihren Einsatz. Hier kommt die komplette Struktur in einem Rutsch (→ MOVIE2):

```
Schalter2.setOnClickListener(new View.OnClickListener() {
  @Override
  public void onClick(View view) {
    // Animations-Ressource holen
    Bild1.setImageResource(R.drawable.animation);
    // Bilder zuordnen
    AnimationDrawable Animation1 =
      (AnimationDrawable) Bild1.getDrawable();
    // Animation starten oder stoppen
    if (Animation1.isRunning())
      Animation1.stop();
    else
      Animation1.start();
  }
});
```

Schauen wir uns das Ganze genauer an. Zuerst holt sich das Bildfeld etwas aus der Ressource, diesmal kein Bild, sondern den Inhalt eines »Drehbuchs«:

```
Bild1.setImageResource(R.drawable.animation);
```

Als Nächstes kommt sozusagen als »Regisseur« ein Objekt vom Typ AnimationDrawable hinzu und übernimmt das »Drehbuch«:

```
AnimationDrawable Animation1 =
  (AnimationDrawable) Bild1.getDrawable();
```

Die Methode getDrawable() sorgt dafür, dass die Bildfläche (Bild1) ihre Informationen an das Objekt Animation1 weiterreicht.

Gehen oder Drehen?

Auch die Animations-Klasse ist in einer Bibliothek definiert, die noch eingebunden werden muss:

import android.graphics.drawable.AnimationDrawable;

Ja, und dann heißt es je nach Lage »Film ab« oder »Film stopp«:

Schalter2	isRunning()	Aktion
MOVE	false	Animation1.start();
STOP	true	Animation1.stop();

Die Funktion isRunning() gibt den Wert true zurück, wenn die Animation am Laufen ist, ansonsten den Wert false. Die if-Struktur regelt, dass die Animation bei jedem Knopfdruck abwechselnd startet und stoppt:

```
if (Animation1.isRunning())
   Animation1.stop();
else
   Animation1.start();
```

Du hast recht, wenn du jetzt sagst, dafür hätte auch ein normaler Button gereicht. Aber da hättest du selbst dafür sorgen müssen, dass die Aufschrift ständig wechselt. Diesen Aufwand nimmt dir der ToggleButton ab.

≫ Erweitere jetzt die Struktur von Schalter2 entsprechend.

≫ Und jetzt endlich solltest du das Ganze starten. Klicke erst auf SHOW, damit die Figur erscheint (= sichtbar wird), dann auf MOVE. Läuft es (oder er)?

Gehen oder Drehen?

Wie wäre es, wenn wir jetzt die Animationsmöglichkeiten für unsere Figur etwas erweitern? Voraussetzung ist natürlich, dass du als Bildmaterial eine Figur benutzt und nicht z.B. einen Sonnenuntergang. (Obwohl auch da natürlich eine Animation möglich ist: wenn du bei einem Abendspaziergang eine Bildserie mit deinem Smartphone gemacht hast und die hier einsetzen willst.)

Kapitel 7 — Es bewegt sich was

Ich möchte jetzt die Figur nicht nur gehen lassen (WALK), sondern sie soll sich auch mal im Kreis drehen können (TURN). Beides sind gleichzeitig Übungen für die Gesundheit.

≫ Mache die beiden Schalter etwas schmaler und spendiere der App einen dritten ToggleButton.

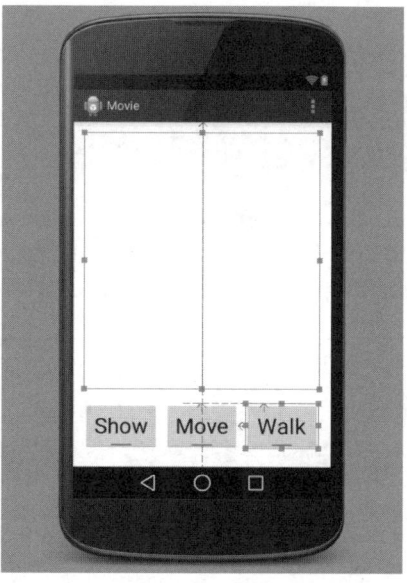

≫ Den verknüpfst du mit diesen Strings, die du natürlich auch als Ressource anlegen musst:

ToggleButton	Zustand	String-Name	Anzeigetext
Schalter3	textOff	Walking	WALK
	textOn	Turning	TURN

Ich habe mich hier mit der Anordnung von WALK und TURN etwas schwergetan. Bei den anderen Buttons wird immer das angezeigt, was kommt, wenn man darauf klickt. Der letzte ToggleButton zeigt nun den aktuellen Bewegungsmodus an:

SHOW	Figur ist unsichtbar	HIDE	Figur ist sichtbar
MOVE	Figur steht	STOP	Figur bewegt sich
WALK	Gehen-Modus	TURN	Drehen-Modus

Wenn dir das nicht passt, dann kannst du diese Einstellungen beliebig vertauschen, damit sie dir logisch erscheinen.

Gehen oder Drehen?

Bei mir sieht die Datei in STRINGS.XML inzwischen so aus:

```xml
<?xml version="1.0" encoding="utf-8"?>
<resources>

    <string name="app_name">Movie</string>
    <string name="action_settings">Settings</string>
    <string name="Show_it">Show</string>
    <string name="Hide_it">Hide</string>
    <string name="Move_it">Move</string>
    <string name="Stop_it">Stop</string>
    <string name="Walking">Walk</string>
    <string name="Turning">Turn</string>

</resources>
```

Als Nächstes brauchen wir mehr Bilder. Und zwar je eines für jede Richtung. Dazu stehen auf der DVD im Ordner PROJEKTE\BILDER diese Dateien zur Verfügung:

FIGUR01.PNG	FIGUR02.PNG	FIGUR03.PNG	FIGUR04.PNG
vorn	rechts	hinten	links

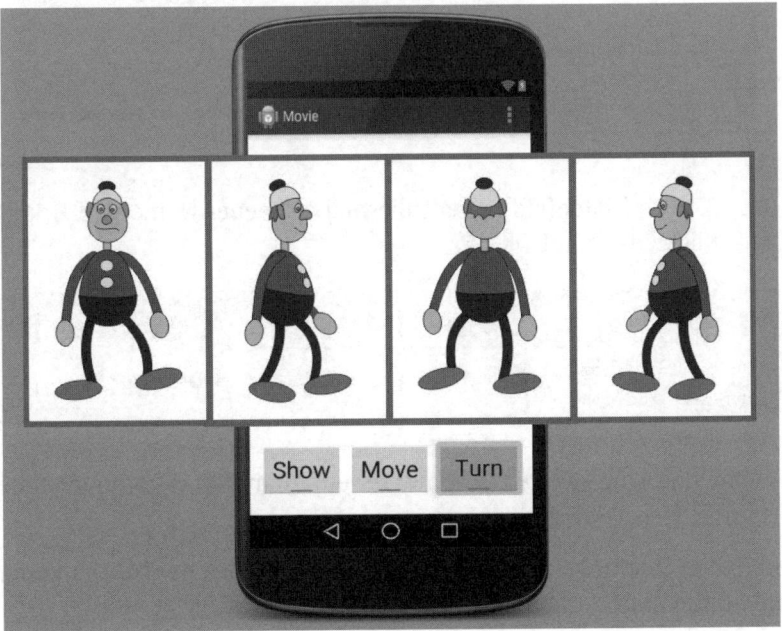

Kapitel 7 — Es bewegt sich was

> Kopiere die passenden Bilder in die DRAWABLE-Ordner (APP\SRC\MAIN\RES\).

Und nun machen wir uns an unsere zweite Animations-Ressource.

> Klicke im DESIGN-Modus wieder auf die ImageView-Komponente. Unter PROPERTIES klickst du hinter dem Eintrag SRC auf den Button mit den drei Pünktchen.

> Im RESOURCES-Fenster sorgst du dafür, dass DRAWABLE markiert ist, und klickst auf NEW RESOURCE und NEW DRAWABLE FILE.

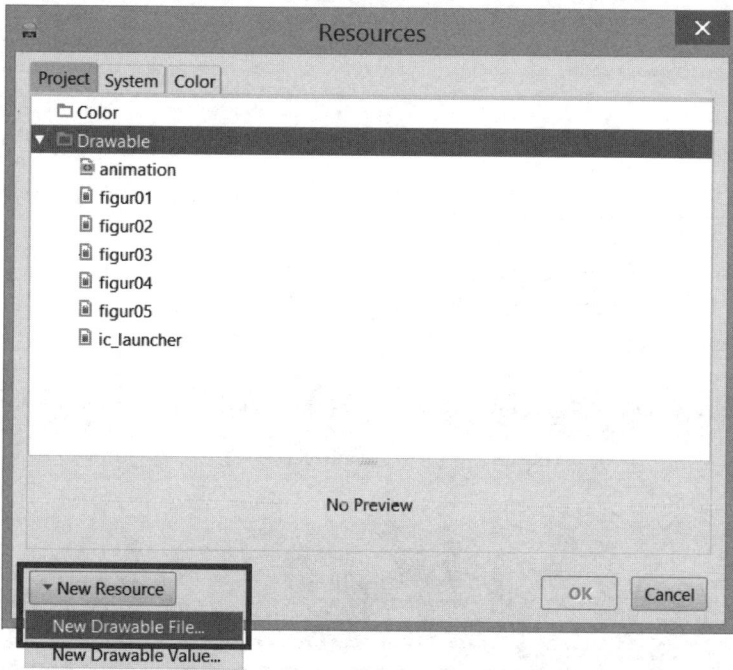

> Ins nächste Dialogfeld kommt diesmal ein neuer Name wie animation2. Klicke dann auf OK.

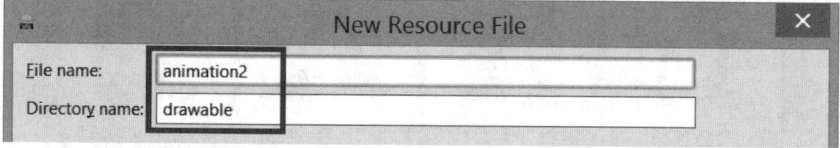

Das wäre dann die zweite XML-Datei für ein Animations-Drehbuch (ebenfalls im Ordner DRAWABLE).

Ändere den Quelltext so um, wobei du dich ruhig bei der bereits vorhandenen Datei ANIMATION.XML bedienen solltest (→ MOVIE3):

Gehen oder Drehen?

```xml
<?xml version="1.0" encoding="utf-8"?>
<animation-list
  xmlns:android=
    "http://schemas.android.com/apk/res/android"
    android:oneshot="false">
  <item
    android:drawable="@drawable/figur01"
    android:duration="50" />
  <item
    android:drawable="@drawable/figur02"
    android:duration="50" />
  <item
    android:drawable="@drawable/figur03"
    android:duration="50" />
  <item
    android:drawable="@drawable/figur04"
    android:duration="50" />
</animation-list>
```

Dazu gibt es nicht viel zu sagen. Diesmal sind es vier statt zwei Bilder, die hintereinander angezeigt werden.

Doch welcher Schalter ist nun wofür verantwortlich? Ich schlage vor, dem mittleren ToggleButton (MOVE-STOP) seine Steuerfunktion zu lassen. Er sorgt also dafür, dass die Figur sich bewegt oder dass sie stillsteht.

Und der neue Schalter ist dann dafür zuständig, welche gymnastische Übung gerade dran ist: Gehen oder Drehen. Zuerst aber muss auch diese Komponente vereinbart werden:

```
ToggleButton Schalter3 =
  (ToggleButton) findViewById(R.id.toggleButton3);
```

Darüber hinaus brauchen wir eine globale Variable für den aktuellen Schaltzustand:

```
private boolean Gehen = true;
```

(Die gehört ganz oben hin, noch über die onCreate-Vereinbarung.)

≫ Ergänze die neuen Vereinbarungen im Quelltext von MAINACTIVITY.JAVA.

Kommen wir nun zur Klick-Struktur für Schalter3 (→ MOVIE3):

Kapitel 7 — Es bewegt sich was

```
Schalter3.setOnClickListener(new View.OnClickListener() {
  @Override
  public void onClick(View view) {
    Gehen = !Gehen;
  }
});
```

Mehr nicht? Nein, denn dieser Schalter soll nur von Gehen zu Nicht-Gehen umschalten (was hier dem Drehen entspricht):

```
Gehen = !Gehen;
```

Das Ausrufezeichen (!) direkt vor Gehen auf der rechten Seite ist ein **Operator**, der den Wert umkehrt. Man kann dazu auch Verneinung sagen und das Zeichen »!« auch als »nicht« übersetzen. So wird aus true false und umgekehrt.

Hier könntest du ebenfalls mit einem einfachen Button auskommen. Aber auch hier gilt: Das Wechseln der Aufschrift nimmt dir der ToggleButton ab.

≫ Tippe die neue Struktur ab.

Damit der Schalter fürs Bewegen nun weiß, was für eine Geh-Dreh-Übung gerade dran ist, muss er den Wert der Variablen Gehen kennen. Das bauen wir jetzt in die onClick-Methode ein (→ MOVIE3):

```
Schalter2.setOnClickListener(new View.OnClickListener() {
  @Override
  public void onClick(View view) {
    // passende Animations-Ressource holen
    if (Gehen)
      Bild1.setImageResource(R.drawable.animation);
    else
      Bild1.setImageResource(R.drawable.animation2);
    // Bilder holen
    AnimationDrawable Animation1 =
      (AnimationDrawable) Bild1.getDrawable();
    // Animation starten oder stoppen
    if (Animation1.isRunning())
      Animation1.stop();
    else
```

```
        Animation1.start();
    }
});
```

Schauen wir uns nun die entscheidende if-Struktur mal an:

```
if (Gehen)
   Bild1.setImageResource(R.drawable.animation);
else
   Bild1.setImageResource(R.drawable.animation2);
```

Je nachdem, ob die Schaltvariable auf Gehen oder Drehen steht, wird die passende Ressource geladen (und später abgearbeitet).

> Passe den Quelltext von MAINACTIVITY.JAVA entsprechend an.

> Ja, und dann starte das »Ding« und probiere es aus.

Im Prinzip kannst du alle Buttons beliebig anklicken. Doch eine gewisse Schalt-Disziplin wäre schon sinnvoll: Klicke zuerst auf SHOW, damit die Figur erscheint, wähle dann die Bewegungsart, und erst zum Schluss klickst du auf MOVE. Und wenn du von Gehen auf Drehen oder zurück wechseln willst, bringe die Figur erst mal wieder mit STOP zum Stehen (und lasse sie ganz kurz verschnaufen). Ansonsten kann auch was durcheinandergeraten.

Zusammenfassung

Ist nicht mal wieder eine dieser Pausen fällig, in denen man Getränke und geschmierte Brote zu sich nimmt? Damit kannst du dich für die nächste Schaffensphase stärken. In diesem Kapitel hast du einen Weg kennengelernt, wie man Bilder und Animation in seine App einbaut.

Dabei sind dir auch wieder ein paar neue Komponenten begegnet, eben so wie eine Klasse, die Bilder in Bewegung bringen kann:

ImageView	Anzeigefläche für Bilder
setImageResource()	Methode, die ein Bild oder eine Beschreibungs-Datei (Ressource) holt
setVisibility()	Methode, um ein Bild sichtbar oder unsichtbar zu machen

Kapitel 7 — Es bewegt sich was

getDrawable()	Methode, um das aktuelle Bild oder die aktuelle Beschreibungsdatei zu ermitteln
ToggleButton	Button zum Ein- und Ausschalten
isChecked()	Methode, die den aktuellen Schaltzustand ermittelt
AnimationDrawable	Klasse für das Verwalten und Ausführen von Animationen
start()	Methode, um die Animation zu starten
stop()	Methode, um die Animation zu stoppen
isRunning()	Methode, die ermittelt, ob die Animation läuft

Du weißt, dass für die Animation eine XML-Datei benötigt wird, in der der »Film« beschrieben wird, und kennst dazu auch einige Hilfswörter:

animation-list	Erstes Element, sozusagen die »Überschrift«
item	Element Einzelbildfolge
drawable	anzuzeigendes Bild
duration	Anzeigedauer (ms)
oneshot	true = einmalige Bildfolge; false = Wiederholung der Bildfolge

Und zu guter Letzt sind noch je ein Datentyp und ein Operator neu aufgetaucht:

boolean	Wahrheitswert (kann nur zwei Werte annehmen)
true	Wert oder Bedingung ist wahr (erfüllt).
false	Wert oder Bedingung ist falsch (nicht erfüllt).
!	Verneinungs- oder Umkehroperator (= nicht)

Ein paar Fragen ...

1. Was ist der Unterschied zwischen Button und ToggleButton?
2. Wie wird ein Bild sichtbar und wie unsichtbar?
3. Was passiert, wenn man in der Animations-Datei oneshot auf "true" setzt?

4. Lässt sich der Umkehroperator auch auf Bedingungen anwenden? Zum Beispiel:

```
if (!Gehen)   //oder
if (!(Zahl == 0))
```

... jedoch nur eine Aufgabe

1. Erweitere das Movie-Projekt um eine Tanz-Animation. Bilder findest du im Ordner PROJEKT\BILDER auf der DVD. Oder du erstellst eigene.

8

Animationen

Nun weißt du, wie man Bilder zum Laufen bringt. Aber es gibt da noch einiges mehr, was sich animieren lässt. Sogar mit nur einem einzigen Bild. Hier lassen wir eine Figur langsam auftauchen und verschwinden, bringen eine Kugel in Bewegung und steuern sie per Mausklick bzw. Fingertipp.

In diesem Kapitel lernst du

- etwas übers Einblenden und Ausblenden
- die Komponente ImageButton kennen
- wie man ein Objekt verschiebt
- wie man die Displaymaße ermittelt
- etwas über OnTouchListener
- die Methode OnTouch() kennen
- wie man eigene Methoden vereinbart

Buttons mit Bild

Kehren wir zurück zur ersten Fassung unseres Movie-Projekts, in der sich eigentlich noch gar nichts bewegt hat. Eine Figur konnte erscheinen und

Kapitel 8 — Animationen

verschwinden, das war alles. Daraus möchte ich jetzt eine Animation machen.

Wie das? Nun, zuerst lassen wir die Figur sanft aus dem Nichts auftauchen und ebenso sanft wieder verschwinden. Man nennt das **Fading**. Dazu brauchen wir nur eine Figur und nicht mal eine Animations-Ressourcendatei (XML).

Die ToggleButtons lassen sich zwar weiterbenutzen, aber warum sollten wir uns nicht wieder etwas Neues gönnen?

≫ Entferne also alle ToggleButtons. Oder du erstellst ein komplett neues Projekt und verpasst ihm ein Bildfeld (ImageView).

≫ Dann fügst du zwei neue Button-Komponenten hinzu. Ich schlage vor, du bedienst dich diesmal unter WIDGETS beim Typ IMAGEBUTTON.

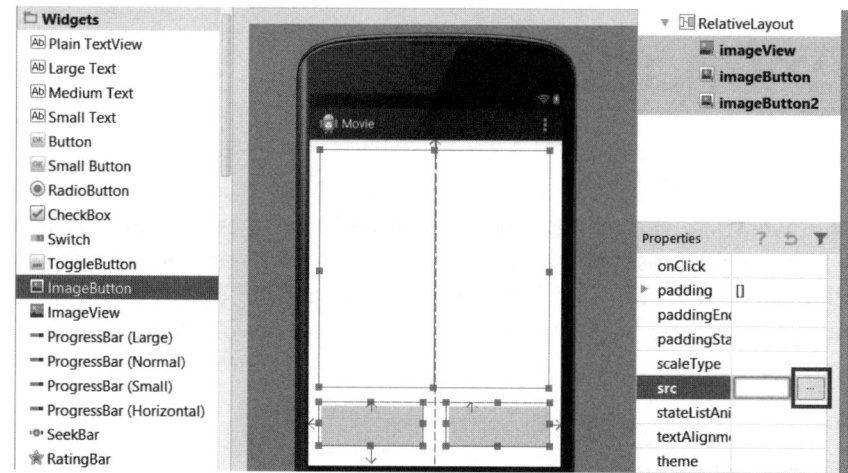

Eine solche Bildschaltfläche oder Bild-Button darf anstelle einer Aufschrift ein kleines Bild oder Symbol haben. Das muss natürlich als Ressource vorliegen.

Du kannst die beiden Buttons erst mal noch nackt lassen, oder du bedienst dich gleich von der DVD. Im Ordner PROJEKT\BILDER liegen zwei (kleine) Bilddateien namens FADING.PNG und GROWING.PNG.

≫ Kopiere diese beiden Dateien (oder später andere) in die DRAWABLE-Ordner (APP\SRC\MAIN\RES\).

≫ Als Nächstes verknüpfst du die Bilder mit den beiden Schaltflächen, indem du unter PROPERTIES hinter dem Eintrag SRC auf den Button mit den drei Pünktchen klickst.

≫ Im RESOURCES-Fenster suchst du zuerst nach dem Eintrag FADING, markierst ihn und klickst dann auf OK.

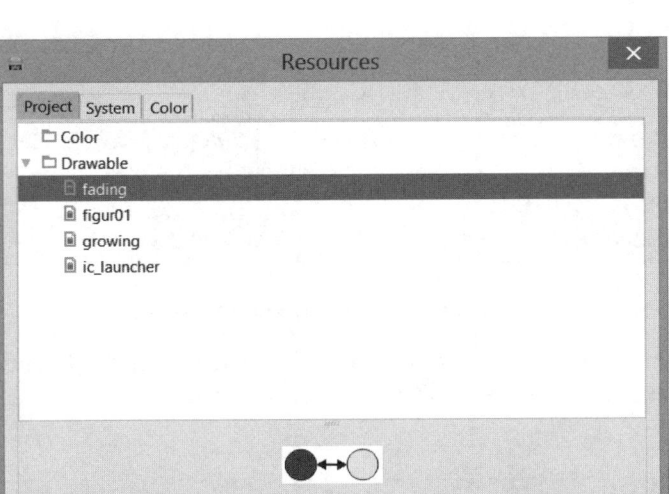

» Das Gleiche wiederholst du nun für den anderen Bild-Button und mit dem Eintrag GROWING.

Schließlich könnte das Layout so aussehen:

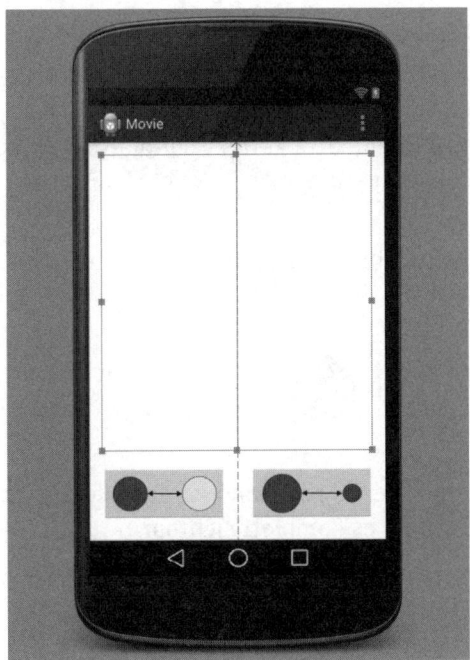

Widmen wir uns jetzt dem Quelltext in MAINACTIVITY.JAVA. Je nachdem, ob du dein Projekt neu erstellt oder ein altes übernommen hast, müssen die Komponenten dort jetzt so vereinbart sein (→ MOVIE5):

Kapitel 8 — Animationen

```
final ImageView Bild1 =
   (ImageView) findViewById(R.id.imageView);
ImageButton Schalter1 =
   (ImageButton) findViewById(R.id.imageButton);
ImageButton Schalter2
   = (ImageButton) findViewById(R.id.imageButton2);
```

≫ Sorge dafür, dass alles entsprechend angepasst ist.

Für unsere Animationen vereinbaren wir zusätzlich zwei globale Variablen (direkt unter der Zeile mit public class MainActivity extends Activity {}):

```
private float Fading = 0f;
private float Growing = 0f;
```

Beide Variablen sind als Dezimalzahlen vereinbart und ihnen wurde auch gleich ein Startwert zugewiesen. Das kleine »f« direkt hinter der Zahl ist eine Abkürzung für »float« und besagt, dass die beiden Nullen als »Kommazahlen« zu gelten haben.

> Wenn du meinst, man hätte doch auch 0.0 schreiben können, dann hast du nur teilweise recht. Was Android Studio hier durchgehen lässt, tut es nicht mehr, wenn man an bestimmte Methoden eine Null ohne »f« übergibt. Man hätte korrekt dann also 0.0f schreiben müssen. (Eigentlich könnte man auch hier von Typisierung sprechen.)

Wozu brauchen wir die beiden Variablen? Sie geben den Zustand des Bildes an:

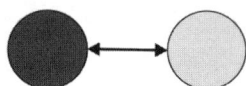

◆ Wenn Fading den Wert 0 hat, dann ist das Bild unsichtbar, hat Fading den Wert 1, dann ist es komplett sichtbar.

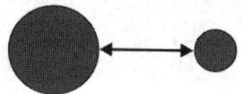

◆ Wenn Growing den Wert 0 hat, dann ist das Bild 0 Pixel hoch und 0 Pixel breit, bei einem Wert von 1 für Growing hat das Bild seine volle Größe (0 bedeutet also auch 0%, und 1 entspricht 100%).

Kommen und Gehen

Die beiden Variablen benutzen wir als Schaltvariablen, sie nehmen nur einen der beiden Werte 0f und 1f an. Für das Ein- und Ausblenden bzw. das Vergrößern und Verkleinern der Figur greifen wir auf passende Methoden zurück. Die arbeiten natürlich mit Zwischenwerten.

)Für das Fading wird der sogenannte Alpha-Wert eines Bildes verändert: Das erledigt die Methode setAlpha().Bei einem Wert wie z.B. 0.5 wäre das Bild »halb sichtbar«, also noch oder schon ziemlich blass.

Für das Wachsen und Schrumpfen werden zwei Methoden benötigt: setScaleX() ist für die Breite und setScaleY() für die Höhe zuständig. Bei einem Wert wie z.B. 0.5 wäre das Bild jeweils halb so hoch und breit wie normal.

> Ich komme noch mal auf das kleine »f« zurück: Wenn man diesen Methoden eine Zahl wie z.B. 0.5 als Parameter übergeben möchte, produziert das eine Fehlermeldung, die Methoden verlangen ihr »f«, also wären sie dann z.B. mit 0.5f zufrieden.

Kommen und Gehen

Und jetzt folgen in einem Rutsch die beiden Klick-Strukturen, die für das Erscheinen und Verschwinden der Figur sorgen sollen.

≫ Tippe das alles komplett in den Quelltext von MAINACTIVITY.JAVA ein (→ MOVIE5):

```
Schalter1.setOnClickListener(new View.OnClickListener() {
  @Override
  public void onClick(View view) {
    // Bild holen
    Bild1.setImageResource(R.drawable.figur01);
    // Bild unsichtbar oder sichtbar machen
    Bild1.setAlpha(Fading);
    // Fading umschalten
    if (Fading == 0f) Fading = 1f; else Fading = 0f;
    // Bild animieren
    Bild1.animate().alpha(Fading).setDuration(2000);
  }
});

Schalter2.setOnClickListener(new View.OnClickListener() {
  @Override
  public void onClick(View view) {
```

Kapitel 8 — Animationen

```
    // Bild holen
    Bild1.setImageResource(R.drawable.figur01);
    // Bild winzig oder groß machen
    Bild1.setScaleX(Growing);
    Bild1.setScaleY(Growing);
    // Growing umschalten
    if (Growing == 0f) Growing = 1f; else Growing = 0f;
    // Bild animieren
    Bild1.animate().scaleX(Growing).scaleY(Growing)
    .setDuration(1000);
  }
});
```

Und prompt folgen die Erläuterungen. Zuerst für das Fading. Nachdem das Bildfeld sich sein Bild geholt hat, setzt es den Alphawert:

```
Bild1.setImageResource(R.drawable.figur01);
Bild1.setAlpha(Fading);
```

Da `Fading` am Anfang den Wert 0 hat, wird das Bild dadurch unsichtbar.

Als Nächstes wird der Wert für diese Schaltvariable gewechselt, was wir mit einer `if-else`-Kombination erledigen:

```
if (Fading == 0f) Fading = 1f; else Fading = 0f;
```

Und nun startet das Bildfeld seine eigene Animationsmethode. Allerdings hängt da noch einiges dran. Würde man `animate` allein starten, so bekäme man abwechselnd die Figur oder nichts zu sehen – je nach dem Wert von `Fading`.

Die beiden Zusätze bestimmen, was während der Animation noch passieren soll:

```
Bild1.animate().alpha(Fading).setDuration(2000);
```

Mit `alpha()` wird der Fading-Wert übernommen und verändert und mit `setDuration()` wird die Dauer (hier 2 Sekunden) festgelegt, die die ganze Animation braucht.

Und nun taucht die Figur beim ersten Klick oder Tipp auf den linken Button aus dem Nichts auf. Die Methode `animation()` sorgt dafür, dass sich der Alphawert des Bildes langsam von 0 bis 1 ändert.

Und wenn man erneut auf den Button klickt (oder tippt), dann löst die Figur sich langsam wieder auf. Denn diesmal beginnt ja die Animation bei 1 und fährt zurück auf 0.

Im zweiten Fall, für den die Variable Growing mitverantwortlich ist, wird auch erst einmal das Bild geholt:

```
Bild1.setImageResource(R.drawable.figur01);
```

Weil der Wert von Growing anfangs 0 ist, wird das Bild praktisch zu einem Nichts geschrumpft, Breite und Höhe werden auf 0 gesetzt:

```
Bild1.setScaleX(Growing).setScaleY(Growing);
```

Womit es ebenfalls zunächst unsichtbar ist. Dann kommt die gleiche Umschaltung wie beim Fading:

```
if (Growing == 0f) Growing = 1f; else Growing = 0f;
```

Und schließlich folgt die Animation, sowohl für die Breite als auch für die Höhe:

```
Bild1.animate().scaleX(Growing).scaleY(Growing)
.setDuration(1000);
```

≫ Was hindert dich jetzt noch daran, das Projekt zu starten – falls du das nicht längst getan hast? Beachte beim Ausprobieren, dass auch eine unsichtbare Figur sich vergrößern kann, und auch eine winzige Figur ihren Alphawert verändert, nur sieht man es eben nicht. Benutze deshalb die Buttons weise.

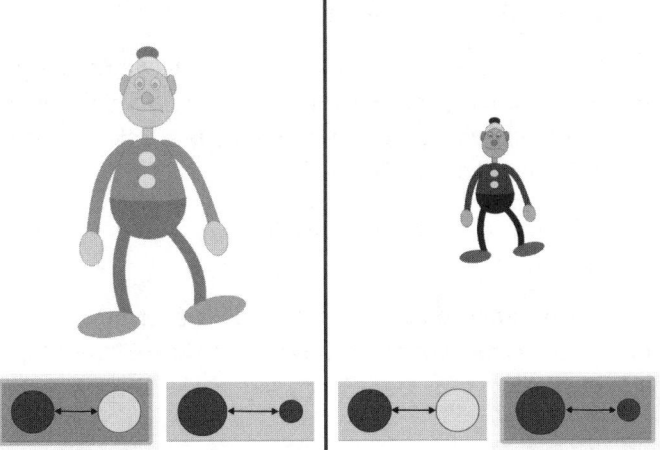

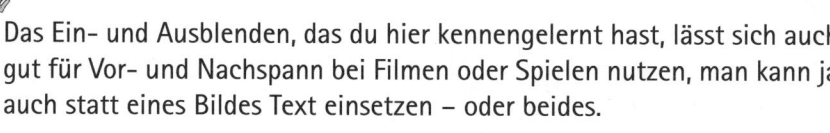

Kapitel 8 — Animationen

Das Ein- und Ausblenden, das du hier kennengelernt hast, lässt sich auch gut für Vor- und Nachspann bei Filmen oder Spielen nutzen, man kann ja auch statt eines Bildes Text einsetzen – oder beides.

> animate() scheint so etwas wie eine Alleskönner-Methode zu sein. Das verdankt sie einem Objekt vom Typ ViewPropertyAnimatorObjekt, das bei ihrem Aufruf erzeugt wird. Dieses Objekt liefert die ganzen Zusatzmethoden wie alpha(), scaleX(), scaleY() und eine ganze Reihe mehr, die einfach hintereinander eingehängt werden dürfen.
>
> Leider lassen sich mit der Methode animate() keine Figurenfolgen darstellen. Dafür ist AnimationDrawable zuständig.

Die Kugel rollt

Bis jetzt hat sich eine Figur in einem Bildfeld – also einem Anzeigefeld für Bilder – bewegt. Oder sie ist aufgetaucht und verschwunden, wurde größer oder kleiner. In vielen Spielen jedoch geht es auch darum, dass eine Figur oder ein Objekt sich über die gesamte Displayfläche bewegen kann.

Probieren wir das erst einmal mit einer Kugel oder einem Ball. Dazu brauchen wir ein Bildfeld. Diesmal verzichten wir (zum ersten Mal) auf einen Button. Denn klicken oder tippen kann man auch auf das Bildfeld – wie auf jede Komponente der View-Familie.

≫ Erzeuge ein neues Projekt und verpasse ihm ein Bildfeld (ImageView), das du diesmal ziemlich klein machst (Vorschlag z.B. 60x60 dp) und es in die Mitte des Displays verlegst.

Als Nächstes brauchen wir eine Kugel, ein einfacher Kreis tut es auch. Den könnte man auch mit Hausmitteln von Android Studio zeichnen lassen. Besser ist es, du besorgst dir eine Datei wie z.B. Kugel1.png von der DVD aus dem Ordner Projekte\Bilder.

≫ Kopiere ein eigenes Bild oder Kugel1.png in die drawable-Ordner (app\src\main\res\).

≫ Wenn du willst, kannst du das kleinere Bildfeld auch gleich mit der Kugel bzw. dem Ball aus der Ressource verknüpfen (über Properties/src).

Die Kugel rollt

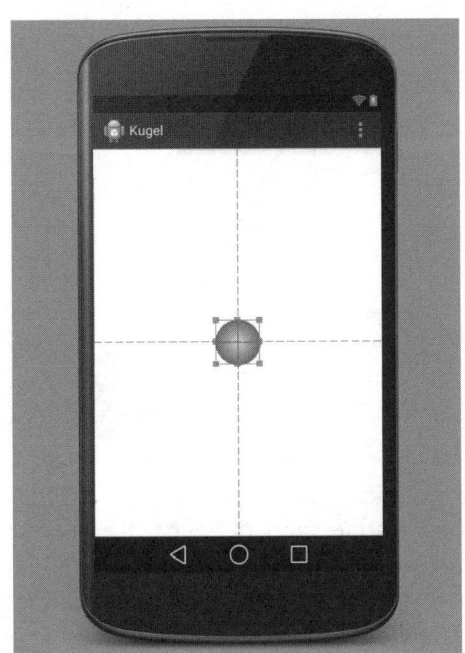

Wenden wir uns jetzt wieder der Java-Datei MAINACTIVITY zu. Und dort beginnen wir mit der Vereinbarung der Komponenten (→ KUGEL1):

```
ImageView Kugel =
  (ImageView) findViewById(R.id.imageView);
```

≫ Ergänze schon mal die onCreate-Methode um diese Vereinbarung.

Was soll als Nächstes passieren? Lassen wir die Kugel oder den Ball einfach mal über das Display rollen. Wohin? Irgendwohin. Die Zielposition könnten wir per Zufall bestimmen.

Die Bewegung lässt sich auch mit der uns schon bekannten animate-Methode des Bildfelds erledigen:

```
Kugel.animate().x(xZiel).y(yZiel).setDuration(300);
```

Weil sich ja die Position des Bildfelds sowohl in die x-Richtung als auch die y-Richtung ändert, braucht die animate-Anweisung die beiden »Anhängsel« x() und y(). Sie beziehen sich auf die linke obere Ecke des Bildfelds. Die Position dieses Rechtecks am Anfang der Bewegung könnte man auch als xStart und yStart bezeichnen. Das wären die gerade aktuellen Koordinaten in der Displaymitte. Und da, wo die Kugel dann hinsoll, das legen die Werte von xZiel und yZiel fest.

Kapitel 8 — Animationen

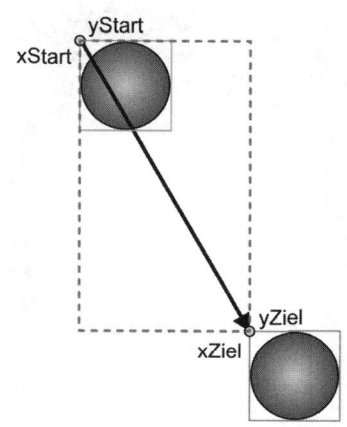

Die Position unserer Kugel wird stets über die linke obere Ecke (also nur einen einzigen Punkt des gesamten Bildfelds) kontrolliert. Und dieser Punkt ist hier nicht einmal Bestandteil der Kugel, sondern nur des umgebenden Bildfelds.

Nun brauchen wir Variablen. Weil die Start-Koordinaten bereits durch die aktuelle Position der Kugel gegeben sind, müssen wir nur xZiel und yZiel definieren. Vereinbart werden beide global (also ganz oben in der MainActivity-Klasse):

```
private int xZiel, yZiel;
```

≫ Tippe auch diese Vereinbarungen gleich ein.

Zufallsziele

Was jetzt noch fehlt, ist die Klick-Struktur. Die gehört diesmal nicht zu einem Button, wie wir es bisher gewohnt waren, sondern wir wollen ja auf die Kugel klicken. Hier ist ein erster Versuch:

```
Kugel.setOnClickListener(new View.OnClickListener() {
  @Override
  public void onClick(View view) {
    Kugel.setImageResource(R.drawable.kugel1);
    Kugel.animate().x(xZiel).y(yZiel).setDuration(300);
  }
});
```

Zufallsziele

Hier haben wir zunächst mal ein Problem: Das Objekt, in das die Klick-Struktur »eingehängt« wird, ist dasselbe, das auch mittendrin vorkommt. Und das gleich dreimal. Deshalb bekommen wir so auch eine Fehlermeldung wie diese:

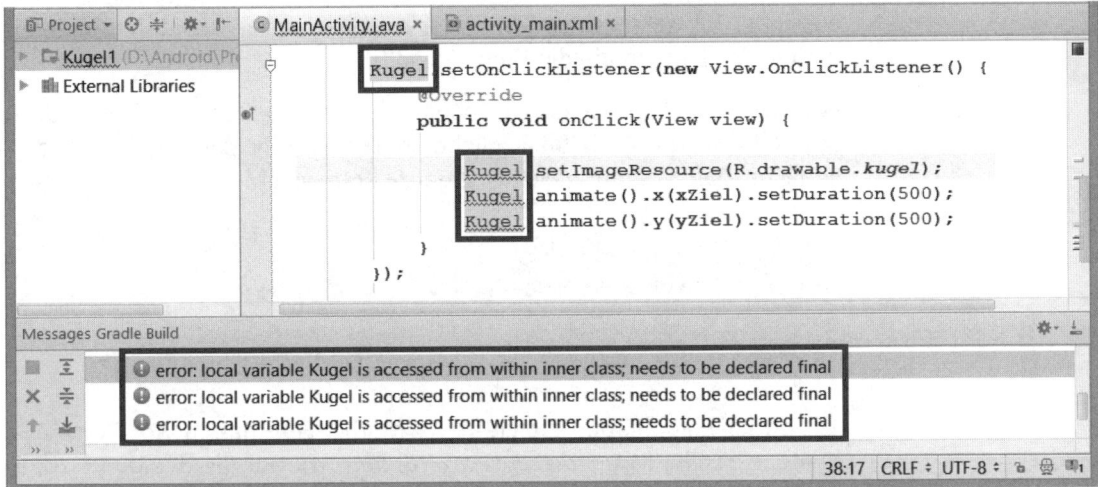

Übernehmen wir den Vorschlag von Android Studio, Kugel gleich als final zu definieren:

```
final ImageView Kugel =
   (ImageView) findViewById(R.id.imageView);
```

Und jetzt funktioniert es.

> Stimmt, man hätte das bei den Schaltern im Movie-Projekt auch so machen können, z.B.:
>
> final ToggleButton Schalter1 =
>   (ToggleButton) findViewById(R.id.toggleButton);
>
> Womit dann die Zuweisung mit der Variablen An auch so hätte aussehen können:
>
> boolean An = Schalter1.isChecked();

Für alle Fälle ist in der onClick-Methode auch die Anweisung mit drin, die dafür sorgt, dass auch wirklich eine Kugel im Bildfeld ist.

Wie aber bekommen wir die Werte von xZiel und yZiel? Ja, da wird es jetzt ein bisschen kompliziert. Denn nicht auf jedem Smartphone ist das

Kapitel 8 — Animationen

Display gleich groß, außerdem haben sogar gleichgroße Displayflächen verschiedene Auflösungen.

Eigentlich müssten wir schon die Größe der Kugel von den jeweiligen Display-Eigenschaften abhängig machen, denn auf einem kleinen Handy wird die Kugel ziemlich riesig, während sie auf einem Tablet eher mickrig aussieht. Das nehmen wir jetzt (erst mal) in Kauf und kümmern uns nur um die Position, an die die Kugel hinsoll.

Was wir brauchen, ist die verfügbare Breite und Höhe in Pixeln. Dazu ermitteln wir zuerst die tatsächliche Breite und Höhe der gesamten Anzeigefläche. Dafür kommt gleich eine ganze Kette von Methoden zum Einsatz:

```
// für die Breite (width)
getResources().getDisplayMetrics().widthPixels;
// für die Höhe (height)
getResources().getDisplayMetrics().heightPixels;
```

Mit dieser Kombination gleich dreier Methoden erhalten wir die echten Maße in Pixeln. Mit getResources() greifen wir auf die Ressource zu, in der die Informationen abgelegt sind, getDisplayMetrics() liefert eine Struktur, die zahlreiche Informationen über das Display enthält, unter anderem eben die Maße in Pixeln, die man mit den beiden Methoden widthPixels() und heightPixels() dann direkt ermitteln kann.

Womit wir dann eigentlich hätten, was wir bräuchten. Aber noch nicht wirklich haben. Denn der Bereich, in dem sich die Kugel wirklich sichtbar bewegen kann, ist deutlich kleiner. Das Display hat Ränder, oben und unten sind Bereiche für Anzeigen und Android-Steuerbuttons. Außerdem muss der Durchmesser der Kugel berücksichtigt werden, denn verschoben wird ja die obere linke Ecke.

Man könnte das mit einer aufwendigen Formel genau berechnen, ansonsten hilft erst mal nur Ausprobieren. Bei mir hat es mit dieser Anpassung geklappt (→ KUGEL1):

```
xDisplay = (int)
  (getResources().getDisplayMetrics().widthPixels
  * 0.75f);
yDisplay = (int)
  (getResources().getDisplayMetrics().heightPixels
  * 0.71f);
```

Der jeweilige Wert für die Breite und die Höhe wird mit einem Dezimalfaktor multipliziert, anschließend muss das Ganze (in Klammern gesetzt) über den Vorsatz int zu einer ganzen Zahl gemacht werden.

Zufallsziele

> Ebenso wie schon die ganze Zeit bei der Vereinbarung der Komponenten handelt es sich auch hier um einen Fall von Typisierung oder Typumwandlung.

Ich habe zwei verschiedene Faktoren benutzt, du kannst ja selber mal testen, was passiert, wenn du die Werte änderst oder ganz weglässt. Möglicherweise passen dann deine Werte besser.

Mit der Vereinbarung beider Variablen als `final` stellen wir sicher, dass sie auch in der Klick-Struktur benutzbar sind. (Sonst kriegst du eine Fehlermeldung wie die oben schon gezeigte.)

» Vereinbare zwei neue globale Variablen (direkt unter der von `xZiel` und `yZiel`):

```
private int xDisplay, yDisplay;
```

» Setze die beiden Zuweisungen direkt unter die `ImageView`-Vereinbarung.

Und nun zu unserem nächsten Versuch, der Komponente `Kugel` eine Klick-Struktur zu verpassen, die das möglich macht, was wir wollen (→ KUGEL1):

```
Kugel.setOnClickListener(new View.OnClickListener() {
  @Override
  public void onClick(View view) {
    // Zufallsposition ermitteln
    Random Zufall = new Random();
    xZiel = Zufall.nextInt(xDisplay)+35;
    yZiel = Zufall.nextInt(yDisplay)+35;
    // Kugel holen und verschieben
    Kugel.setImageResource(R.drawable.kugel1);
    Kugel.animate().x(xZiel).y(yZiel).setDuration(300);
  }
});
```

Es ist schon eine (kleine) Weile her, seit wir zum letzten Mal mit dem Zufall zu tun hatten. Deshalb werfen wir noch mal einen Blick auf die folgenden Zeilen:

```
Random Zufall =  new Random();
xZiel = Zufall.nextInt(xDisplay)+35;
yZiel = Zufall.nextInt(yDisplay)+35;
```

Kapitel 8 — Animationen

Mit Random erstellen wir ein Objekt Zufall, ein Zufallsgenerator sorgt dafür, dass wir mit der Methode nextInt() zwei zufällige ganze Zahlen erhalten. Mit xDisplay und yDisplay wird jeweils die obere Grenze gesetzt. Die zusätzlichen 35 sind bei mir nötig, damit die Kugel nicht zu weit nach links und nach oben gerät (und damit dann nicht mehr ganz zu sehen ist).

≫ Und nun tippe auch diesen Text ein, dann lasse das Programm laufen.

Bei einem Klick oder Fingertipp auf die Kugel bewegt sich diese irgendwohin.

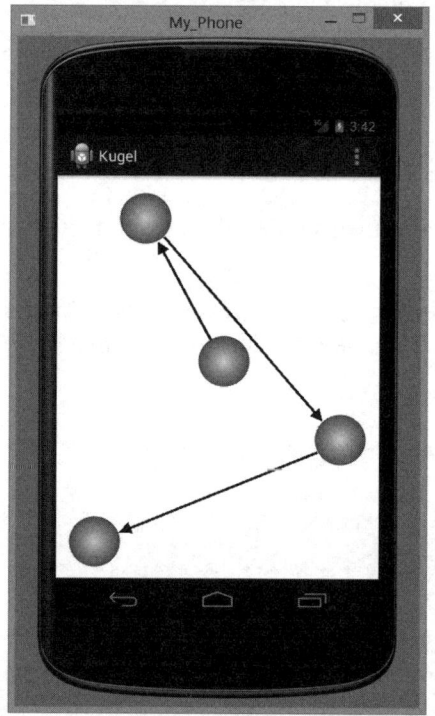

Das Ziel selbst bestimmen

So richtig zufrieden bist du nicht? Denn nach einigen Klicks (oder Tipps) wird das Spielchen öde. Wie wäre es, wenn man die Kugel dorthin lenken könnte, wohin man klickt? Das könnte man dann auch mit etwas anderem als einer Kugel tun, z.B. einer Figur oder einem Krabbeltier. Probieren wir aus, was geht.

Du kannst das aktuelle Projekt weiterverwenden und es um ein zweites Bildfeld erweitern. Das wird unser Hintergrund.

Das Ziel selbst bestimmen

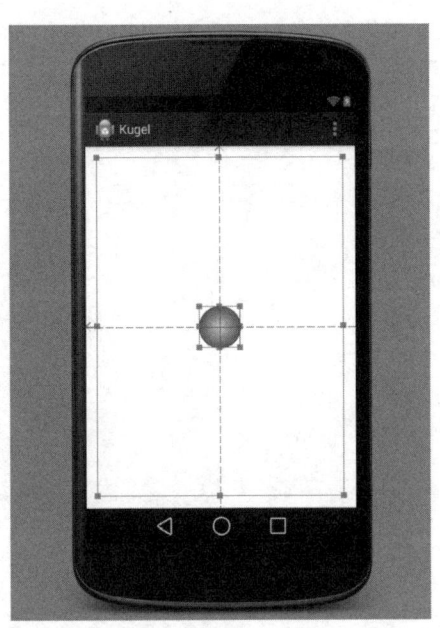

» Sorge dafür, dass sich das Bildfeld möglichst breit macht (LAYOUT.WIDTH und LAYOUT.HEIGHT sollten jeweils den Wert MATCH_PARENT haben).

» Ergänze in MAINACTIVITY den Quelltext um diese Vereinbarung (→ KUGEL2):

```
final ImageView Hgrund =
  (ImageView) findViewById(R.id.imageView2);
```

Kommen wir nun gleich zu der Struktur, mit der wir den Mausklick verarbeiten. Die brauchen wir jetzt für den Hintergrund, nicht mehr für die Kugel. Das ist aber nicht alles. Wenn die Kugel dorthin rollen soll, wohin wir geklickt oder getippt haben, dann brauchen wir die Koordinaten dieser Stelle.

Das `OnClickListener`-Interface reicht da nicht mehr, wir brauchen eine modernere Variante, die mehr Informationen liefert als nur die, dass eine `View`-Komponente angeklickt (oder angetippt) wurde.

Mit `setOnTouchListener()` wird ein `OnTouchListener` installiert. Dieses Interface ist zuständig für das Antippen oder Anklicken einer `View`-Komponente. Doch nicht nur das: Es verarbeitet auch Wischbewegungen und das Benutzen mehrerer Finger (Multi-Touch).

Auch hier gibt es natürlich eine Methode, die passend `onTouch()` heißt:

```
public boolean onTouch(View view, MotionEvent event) {
}
```

Kapitel 8 — Animationen

Das Besondere gegenüber onClick() ist, dass diese Methode mit event einen Parameter mehr hat. Und genau der liefert die Informationen, die wir nun zusätzlich brauchen. Dazu schauen wir uns doch gleich die gefüllte Struktur an (→ KUGEL2):

```
Hgrund.setOnTouchListener(new View.OnTouchListener() {
  @Override
  public boolean onTouch
    (View view, MotionEvent event) {
    // Klick-Touch-Position ermitteln
    xZiel = (int)event.getX();
    yZiel = (int)event.getY();
    // Kugel holen und verschieben
    Kugel.setImageResource(R.drawable.kugel1);
    Kugel.animate().x(xZiel).y(yZiel).setDuration(300);
    return false;
  }
});
```

Du hast sofort entdeckt, was neu und für uns wichtig ist:

```
xZiel = (int)event.getX();
yZiel = (int)event.getY();
```

Mit den Methoden getX und getY ermitteln wir die Koordinaten der Stelle, die berührt wurde (der sogenannte »Touch-Point«). Mit event ist hier die Berührung gemeint (und die hat ja die onTouch-Methode aktiviert).

Dass das Zufall-Objekt nicht mehr gebraucht wird, dürfte klar sein. Denn wir brauchen ja jetzt keine rein zufälligen Werte mehr, sondern die Positionen, auf die du gewollt (oder zufällig) klickst oder tippst.

> Dir ist noch eine andere Sache aufgefallen? Eigentlich hast du doch so etwas erwartet:
>
> public void onTouch(View view, MotionEvent event)
>
> Denn auch bei der Verwandtschaft hieß es ja:
>
> public void onClick(View view)

Zeit, endlich mal das Wörtchen void zu erläutern: Jede Methode, die mit diesem »Vorwort« gekennzeichnet ist, verrichtet einfach ihre Arbeit und macht dann Schluss. Man nennt solche Methoden auch typlos. void ist demnach sozusagen das Symbol für »Methoden ohne Typ«. Solche Methoden sind uns eigentlich bisher fast nur begegnet.

Anders ist das jetzt bei onTouch(), denn dort taucht statt void das Wörtchen boolean auf, das wir auch schon kennen. Damit ist diese Methode nicht mehr typlos, sondern vom Typ boolean. Und damit ändert sie auch ihren Charakter: Jede Methode, die mit einem anderen »Vorwort« als void gekennzeichnet ist, verrichtet ihre Arbeit und gibt am Schluss einen Wert zurück.

Und damit erklärt sich auch das return:

return false;

Hier wird zum Schluss der Wert false zurückgegeben. Das passt für uns, weil hier jeweils nur ein Touch-Ereignis abgefragt wird. (Du wirst in einem späteren Kapitel ein Beispiel kennenlernen, in dem wir den Rückgabewert true brauchen.)

Bei einer Methode, die z.B. als Ganzzahltyp vereinbart wurde, könnte das so aussehen:

```
public int Multi(int zahl1, int zahl2) {
   return zahl1 * zahl2;
}
```

Man nennt eine solche »typische« oder typisierte Methode auch **Funktion**, weil sie wie eine Funktion in der Mathematik eine Art Ergebnis zurückgibt.

≫ Ändere bzw. ergänze dein Projekt jetzt, dann starte es.

Nun kannst du die Kugel selbst steuern. Sie bewegt sich an die Stelle, an die du klickst oder tippst.

Grenzkontrollen

Allerdings gibt es da einige Unschönheiten an den Rändern und in den Ecken der Anzeigefläche: Die Kugel verschwindet ein Stück, Teile von ihrem Bildfeld werden abgeschnitten. Um das zu verhindern, brauchen wir wieder die korrekten Display-Werte.

Kapitel 8 — Animationen

Genauer gesagt: Wir brauchen sogar vier Werte, also vier Variablen, mit deren Hilfe wir kontrollieren können, ob die Kugel über den sichtbaren Bereich hinausschießen würde. Dann müssen die angeklickten oder angetippten Positionen gegebenenfalls korrigiert werden, damit die Kugel immer komplett sichtbar bleibt. Und hier sind meine Grenzwerte, wobei ich xDisplay und yDisplay durch xRechts und yUnten ersetzt habe (→ KUGEL3):

```
xLinks = 35;
yOben = 35;
xRechts = (int)
  (getResources().getDisplayMetrics().widthPixels
  * 0.79f);
yUnten = (int)
  (getResources().getDisplayMetrics().heightPixels
  * 0.74f);
```

Wie du siehst, haben sich die Korrekturfaktoren ein bisschen geändert, die 35 Rand-Pixel wurden dort bereits eingearbeitet. (Auch hier bleibt dir wohl etwas eigenes Experimentieren nicht erspart.)

≫ Passe auch gleich die Vereinbarung der globalen Variablen an:

```
private int xLinks, yOben, xRechts, yUnten;
```

Die if-Strukturen, mit deren Hilfe wir die Zielkoordinaten nun kontrollieren und gegebenenfalls korrigieren, gehören allesamt natürlich in die onTouch-Methode (→ KUGEL3):

```
public boolean onTouch
  (View view, MotionEvent motionEvent) {
  // Klick-Touch-Position ermitteln
  xZiel = (int)motionEvent.getX();
  yZiel = (int)motionEvent.getY();
  // Position ggf. korrigieren
  if (xZiel < xLinks) xZiel = xLinks;
  if (yZiel < yOben) yZiel = yOben;
```

Grenzkontrollen

```
    if (xZiel > xRechts) xZiel = xRechts;
    if (yZiel > yUnten) yZiel = yUnten;
    // Kugel holen und verschieben
    Kugel.setImageResource(R.drawable.kugel1);
    Kugel.animate().x(xZiel).y(yZiel).setDuration(300);
    // Rückgabewert
    return false;
}
```

Nehmen wir die Bedingungen mal unter die Lupe. Für den linken und den oberen Rand gibt es eine Untergrenze. Der Wert von xZiel und yZiel darf nicht kleiner als diese sein:

```
if (xZiel < xLinks) xZiel = xLinks;
if (yZiel < yOben) yZiel = yOben;
```

Gleiches gilt für die Ränder rechts und unten. Dort darf der Wert von xZiel und yZiel eine Obergrenze nicht überschreiten:

```
if (xZiel > xRechts) xZiel = xRechts;
if (yZiel > yUnten) yZiel = yUnten;
```

Damit bleibt die Kugel immer in einem bestimmten Bereich, egal wohin du klickst. Man kann diesen Bereich natürlich auch noch enger ziehen, zum Beispiel, wenn man zusätzlich Text anzeigen will. Denn die Kugel läuft ja nicht nur über den Hintergrund, sondern über das ganze Display.

Bevor du dein Projekt jetzt erneut startest, sollst du noch wissen, wie du dem Hintergrund des gesamten Displays noch etwas Farbe verleihen kannst. Also nicht dem Bildfeld Hgrund, was mit einer Anweisung wie dieser möglich wäre:

```
Hgrund.setBackgroundColor(Color.GREEN);
```

Nein, damit würde erstens die rote Kugel überdeckt (bei mir liegt Hgrund über Kugel, was man nicht merkt, solange dieses Bildfeld durchsichtig ist), zweitens wäre nicht die ganze Fläche eingefärbt. Bei einem Probelauf würdest du so etwas zu sehen bekommen (und auch den Rand erkennen, auf den man nicht klicken oder tippen kann):

Kapitel 8 — Animationen

Damit nun das ganze für die App nutzbare Display eingefärbt wird, musst du die Datei ACTIVITY_MAIN.XML etwas erweitern. Das kannst du über den DESIGN-Modus erledigen.

≫ Klicke oben links auf den Eintrag RELATIVELAYOUT. Damit kommst du an die Einstellungen für das gesamte Layout.

Grenzkontrollen

≫ Suche nun unter PROPERTIES den Eintrag BACKGROUND und klicke dort auf den Button mit den drei Pünktchen.

Im RESOURCES-Dialogfeld klickst du auf den Reiter COLOR (nicht auf den gleichnamigen Eintrag).

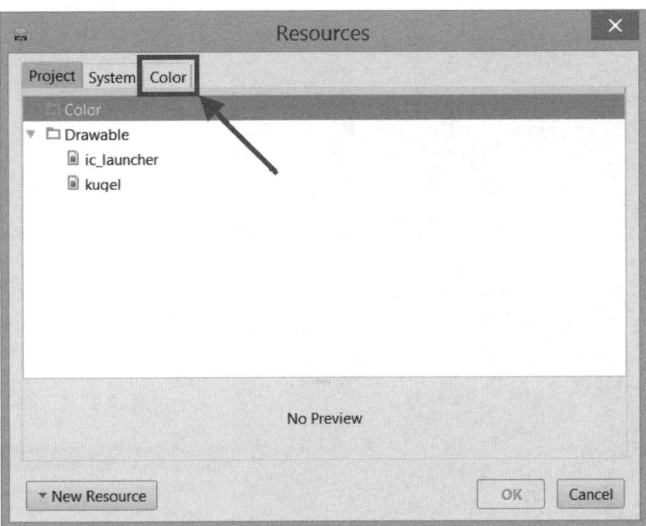

Nun bekommst du einen Farbkreis zu sehen, in dem du nach Belieben herumklicken kannst. Die angeklickte Farbe ist dann auch die Displayfarbe.

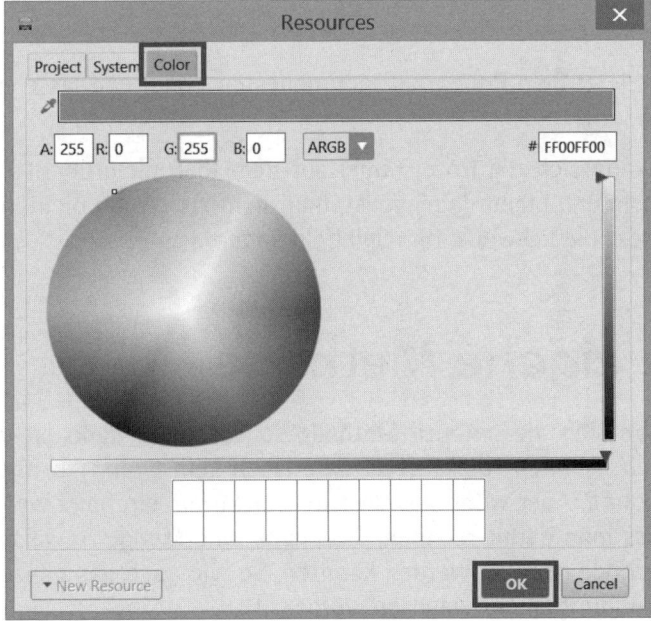

Kapitel 8 — Animationen

> Klicke also in den Farbkreis und »mische« dir deine Farbe. Dann klicke auf OK.

Und kurz darauf hast du eine neue Hintergrundfarbe fürs gesamte Layout.

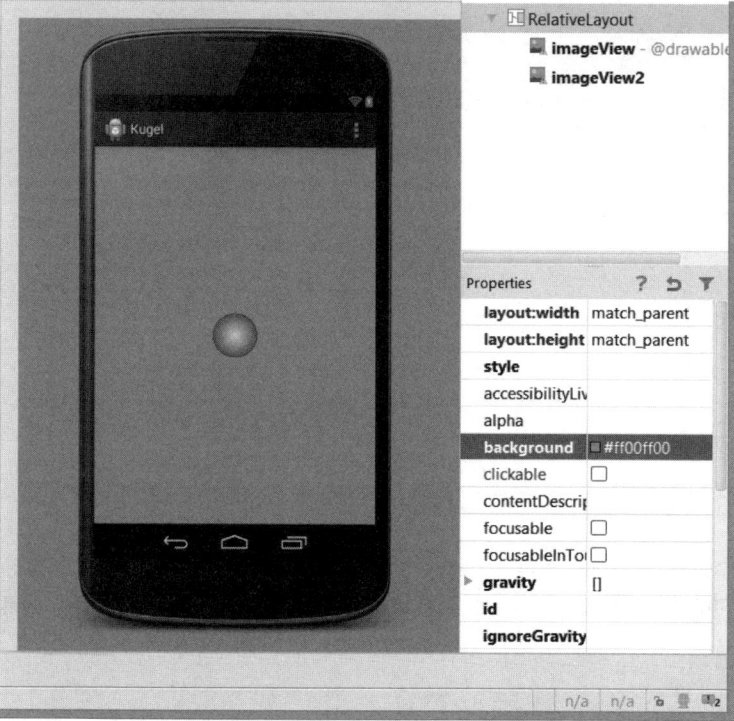

> Bringe jetzt dein Projekt auf den neuesten Stand und lasse es erneut laufen.

Diesmal kann sich die (rote) Kugel auf dem (bei mir grünen) Feld herumtummeln und bleibt dabei vollständig sichtbar. (Wenn nicht, musst du im Quelltext die Eckwerte fürs Spielfeld ändern.)

Eine eigene Methode

Wenn man sich die onTouch-Methode so anschaut, dann ist die doch inzwischen ziemlich »dick« geworden. Noch kein Grund zu irgendeiner Beunruhigung. Aber wenn aus diesem Projekt mal ein Spiel werden soll, dann muss man damit rechnen, dass noch eine Menge Anweisungen in diese Methode gepackt werden könnten. So wie auch das ganze Projekt allmählich immer mehr wachsen würde.

Eine eigene Methode

Noch ist es nicht so weit, aber wir sollten doch schon einmal daran denken, wie man verhindert, dass unser Quelltext unübersichtlich werden könnte. Das kann eben dann geschehen, wenn eine Methode aus zahlreichen Anweisungen besteht und länger und länger wird.

Wie aber kürzt man eine lange (und vielleicht unübersichtliche) Methode? Indem man neue Methoden schafft und Teile aus der zu »dicken« Methode dorthin schiebt. Probieren wir das an unserem Kugel-Projekt aus.

Da greife ich mir jetzt die Zeilen, die die Zielposition für die Kugel mit den Grenzen des Anzeigebereichs abgleicht, und mache mir daraus eine eigene Methode (→ KUGEL4):

```
private void controlPosition() {
  if (xZiel < xLinks) xZiel = xLinks;
  if (yZiel < yOben) yZiel = yOben;
  if (xZiel > xRechts) xZiel = xRechts;
  if (yZiel > yUnten) yZiel = yUnten;
}
```

controlPosition() heißt diese Methode, die du natürlich auch z.B. Grenzkontrolle() nennen kannst. In unserem Fall ist die Methode so aufgebaut:

```
void Name ( )

  Anweisungen
  ausführen
```

Die Vereinbarung gehört ganz oben unter die der globalen Variablen.

≫ Entferne die Anweisungen aus der onTouch-Methode und mache daraus eine neue Methode.

Natürlich genügt eine bloße Vereinbarung nicht, denn eine Methode muss auch aktiviert werden. Das muss dort geschehen, woher die Anweisungen stammen. Womit onTouch() jetzt nur noch so aussieht (→ KUGEL4):

```
public boolean onTouch
  (View view, MotionEvent motionEvent) {
  // Klick-Touch-Position ermitteln/korrigieren
```

Kapitel 8 — Animationen

```
xZiel = (int)motionEvent.getX();
yZiel = (int)motionEvent.getY();
controlPosition();
// Kugel holen und verschieben
Kugel.setImageResource(R.drawable.kugel1);
Kugel.animate().x(xZiel).y(yZiel).setDuration(300);
// Rückgabewert
return false;
}
```

Dort, wo vorher noch die vier Zeilen mit den `if`-Strukturen standen, findest du jetzt nur noch eine Anweisung:

```
controlPosition();
```

```
public class MainActivity extends Activity {

    private void controlPosition()  {         vereinbaren
      if (xZiel < xLinks) xZiel = xLinks;
      if (yZiel < yOben) yZiel = yOben;
      if (xZiel > xRechts) xZiel = xRechts;
      if (yZiel > yUnten) yZiel = yUnten;
    }

    @Override
    protected void onCreate(Bundle savedInstanceState) {
      super.onCreate(savedInstanceState);
      setContentView(R.layout.activity_main);

      Hgrund.setOnTouchListener(new View.OnTouchListener() {
        @Override
        public boolean onTouch(View view, MotionEvent motionEvent) {

          controlPosition();                   aufrufen

        }
      });
    }
}
```

≫ Ergänze die onTouch-Methode um diese eine Anweisung. Dann teste deine App, ob sie genauso läuft wie vorher.

Zusammenfassung

Zu einem echten Spiel hat es jetzt noch nicht gereicht, doch das, was du hier dazugelernt hast, wird dir die Programmierung eines Spiels weiter

Zusammenfassung

erleichtern. An Neuem hat sich einiges angesammelt. Du weißt jetzt, dass und wie man auch eigene Methoden vereinbaren kann (auch wenn es bis jetzt nur eine einzige war).

Und du kennst ein weiteres Interface mit seiner einzigen Methode:

OnTouchListener	Interface für das Berühren von Komponenten (Klicken oder Tippen)
setOnTouchListener()	Methode, um ein OnTouchListener-Interface zu installieren
onTouch()	Methode, die bei einem »Druck« auf eine Komponente ausgeführt wird (mit Informationen u.a. über Position und Touch-Typ)
getX() getY()	Methoden, die die Koordinaten einer »Druck-Stelle« ermitteln

Eine bekannte Komponente bietet dir eine weitere Methode an:

ImageView	Anzeigefläche für Bilder
animate()	Methode, um Bilder zu animieren (u.a. ein/ausblenden, Größe ändern, verschieben)
setAlpha()	Methode, um die Transparenz eines Bildes zu ändern
setScaleX() setScaleY()	Methoden, um die Breite und Höhe eines Bildes zu ändern
setDuration()	Methode, um die Animationszeit (ms) einzustellen

Und es gibt noch eine neue Komponente:

ImageButton	Schaltfläche mit Bild statt Aufschrift

Du kennst auch Methoden zum Ermitteln der tatsächlichen Displaymaße:

getResources()	Methode, um auf Ressourcen zuzugreifen
getDisplayMetrics()	Methode, die Informationen über das Display liefert
heightPixels() widthPixels()	Methoden, um die Breite und Höhe in Pixeln zu ermitteln

Kapitel 8 — Animationen

Und zu guter Letzt weißt du wieder ein bisschen mehr über Methoden und Typen:

void	Die Methode ist typlos
return	Rückgabewert für eine Methode z.B. vom Typ int oder float oder boolean

Ein paar Fragen ...

1. Was ist der Unterschied zwischen onClick() und onTouch()?
2. Was weißt du von animate()?
3. Warum sind die wirklichen Displaymaße in Pixeln wichtig?
4. Wie wird eine selbst vereinbarte Methode aktiviert?

... und ein paar Aufgaben

1. Erweitere das letzte Movie-Projekt: Die Figur soll zusätzlich nur über die Breite (ScaleX) oder nur über die Höhe (ScaleY) wachsen oder schrumpfen.
2. Erstelle ein Projekt, in dem statt eines Bildes ein Text ein- und ausgeblendet werden kann.
3. Erweitere das letzte Kugel-Projekt um noch eine Methode setLimits(), die die Grenzwerte für die Ränder des »Spielfeldes« setzt.

9
Ein Käfer krabbelt sich frei

Wir bleiben in Bewegung. Um zu einem richtigen Spiel zu kommen, brauchen wir noch ein paar Zutaten mehr. Und da haben die Android-Bibliotheken noch eine Menge zu bieten. Hier wollen wir einen Käfer über das Display scheuchen. Und dazu setzen wir einige besondere Werkzeuge ein.

In diesem Kapitel lernst du

◎ wie man ein Bildobjekt dreht

◎ etwas über Winkelfunktionen

◎ den ScheduledExecutorService kennen

◎ etwas über Handler und Runnable

◎ wie man eine eigene Klasse vereinbart

◎ was ein Konstruktor ist

Bug oder Käfer?

Für unser nächstes Projekt bleiben wir beim alten Spielfeld, lassen jetzt aber statt einer Kugel einen bunten Käfer darüber laufen. Du kannst aber auch ein anderes Objekt wie z.B. ein kleines Auto über den Hintergrund fahren lassen (und der wiederum könnte dafür vielleicht eher straßengrau aussehen).

Kapitel 9

Ein Käfer krabbelt sich frei

Eigentlich ist das Projekt, das du jetzt bearbeiten sollst, das letzte Kugel-Projekt. Der einzige Unterschied ist zunächst, dass wir jetzt das Bild austauschen. Auch hier empfehle ich dir wieder eine Datei im Ordner PROJEKTE\BILDER auf der DVD.

≫ Kopiere INSEKT1.PNG (oder ein eigenes Bild) in die DRAWABLE-Ordner (APP\SRC\MAIN\RES\).

≫ Wenn du willst, kannst du die Verknüpfung des entsprechenden Bildfelds (über PROPERTIES/SRC) mit dem Insekt aus der Ressource auch gleich aktualisieren.

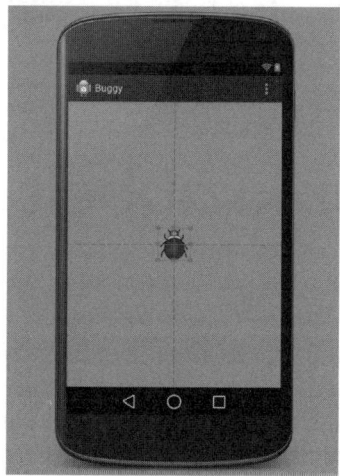

Wenn du aus diesem Projekt ein neues machen willst, kannst du dein altes auch erst mal kopieren. In Kapitel 3 wurde das schon mal erklärt, aber hier ist noch mal die Kurzform:

≫ Der Hauptname des Projekts muss markiert sein. Mit einem Klick auf REFACTOR und COPY im Hauptmenü wird der Kopiervorgang eingeleitet.

≫ Im COPY-Dialogfeld gibst du den neuen Namen ein und klickst dann auf OK.

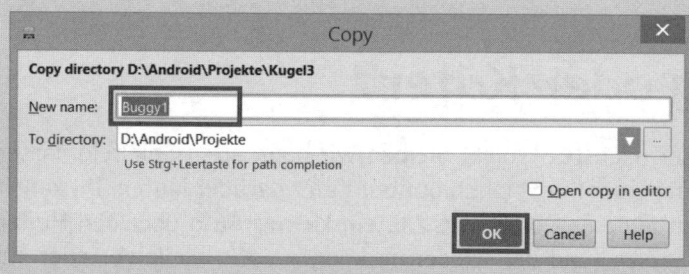

Bug oder Käfer?

> » Dann solltest du das aktuelle Kugel-Projekt über FILE und CLOSE PROJECT schließen.
> » Im Startfenster von Android Studio klickst du nun auf OPEN AN EXISTING ANDROID STUDIO PROJECT.
> » Dann suchst und markierst du deine Kopie mit dem neuen Namen (bei mir BUGGY1) und klickst auf OK.

Das neue Projekt wird importiert und du kannst daran weiterarbeiten.

Zusätzlich lässt sich auch noch das Package umbenennen, das ja noch den alten Namen trägt:

> » Klicke dazu links in der Projektliste auf das kleine graue Dreieck vor dem Projektnamen, dann weiter auf APP, SRC, MAIN und JAVA, um schließlich auf einen Eintrag zu stoßen, der bei mir mit COM.EXAMPLE anfängt.

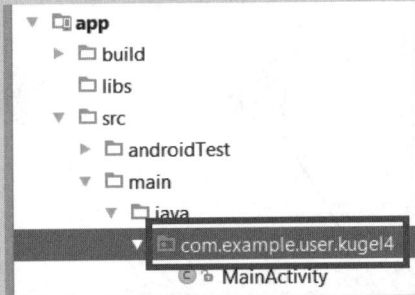

> » Markiere den Eintrag und klicke auf REFACTOR und RENAME.

> » Klicke im Meldefenster AUF RENAME PACKAGE.

Kapitel 9

Ein Käfer krabbelt sich frei

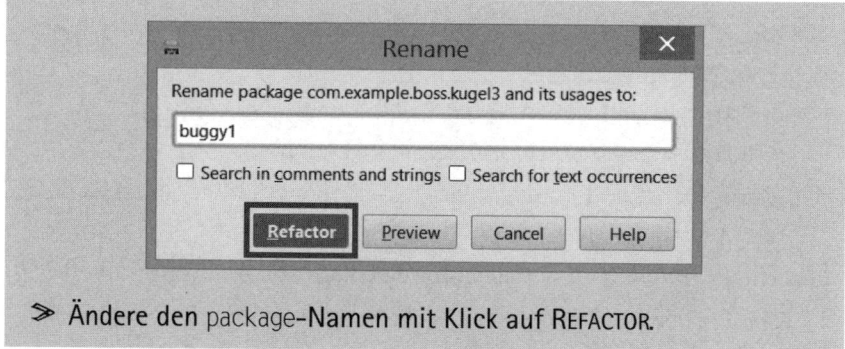

> » Ändere den package-Namen mit Klick auf REFACTOR.

> » Lasse die App mit dem Käfer ruhig schon mal laufen, dann siehst du auch gleich, welche Aufgabe auf dich zukommt.

Der Käfer krabbelt schön dorthin, wo wir ihn per Mausklick (oder Fingertipp) haben wollen. Aber in einer etwas seltsamen Gangart. Eigentlich sollte er sich erst mal in die Richtung drehen, in die er laufen will.

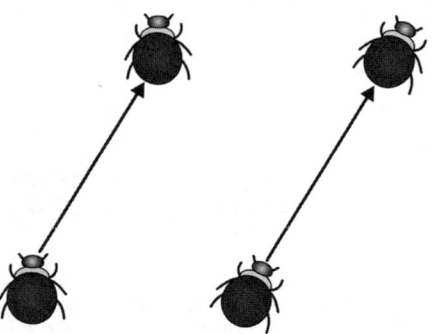

Das klingt, als würde nun einiges an Arbeit in MAINACTIVITY auf uns zukommen. Schauen wir mal, inwieweit uns ImageView da entgegenkommt.

Beginnen wir mit etwas Einfachem. Aus Kugel wird nun überall Insekt (oder wenn du willst, auch Bild). Als Nächstes halten wir Ausschau nach einer Methode, die den Käfer in möglichst jede beliebige Richtung drehen kann. Dabei gibt es zwei Angebote:

```
Insekt.setRotation(Winkel);
Insekt.animate().rotation(Winkel);
```

Beide erzeugen eine Drehung (auch Rotation genannt). Der Wert des Parameters Winkel wird in Grad übergeben (so wie du es aus der Schule von Winkeln kennst). Den Unterschied zwischen beiden Möglichkeiten erkläre ich dir jetzt nicht, den solltest du dir später selber anschauen.

Der richtige Winkel

Ein einfaches Einfügen einer der Anweisungen reicht natürlich nicht, denn wir müssen erst mal den Winkel ermitteln, und der hängt davon ab, wo der Käfer gerade ist und wo er hinwill.

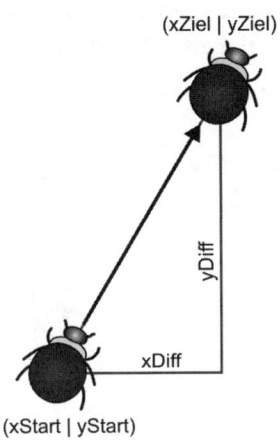

Schauen wir da mal genauer hin: `xDiff` und `yDiff` sind zwei Streckenabschnitte. In diesem Fall heißt das: Der Käfer wird um `xDiff` Pixel nach rechts und um `yDiff` Pixel nach oben verschoben. (Kann aber auch mal nach links oder unten sein.)

Wie berechnet man diese beiden Strecken? Zuerst einmal erweitern wir die Vereinbarung von globalen Variablen:

```
private int xStart, yStart, xZiel, yZiel;
```

Die Startposition des Käfers besteht aus den Koordinaten `xStart` und `yStart`. Und die Stelle, an der er krabbeln will, wird durch die Koordinaten `xZiel` und `yZiel` bestimmt. Was wir brauchen, ist die Differenz zwischen den jeweiligen x- und y-Werten:

```
int xDiff = xZiel - xStart;
int yDiff = yZiel - yStart;
```

Der richtige Winkel

Was fangen wir nun mit den beiden Strecken an? Klar ist, dass der Drehwinkel für die Rotation etwas mit dem Verhältnis dieser beider Stecken zu tun hat. Und die Math-Bibliothek von Java bietet dazu auch gleich die passende »Wunderformel« an, die uns den richtigen Winkel berechnet:

```
Winkel = Math.atan2(xDiff, -yDiff);
```

Kapitel 9

Ein Käfer krabbelt sich frei

Für die Erklärung der Methode atan2() aus der Math-Klasse muss ich ein bisschen ausholen. Um den Winkel eines Dreiecks zu berechnen, kann man die sogenannten Winkelfunktionen benutzen. Eine davon heißt **Tangens** und ist auf einem Taschenrechner über die TAN-Taste verfügbar. In Java heißt die entsprechende Methode tan().

Wenn man die Tangens-Formel auf unseren Fall anwendet, sieht das so aus:

```
Tangens = yDiff / xDiff;
```

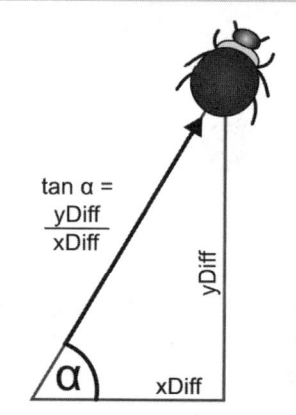

Das Ergebnis dieser Division ist aber noch nicht der Winkel, den wir suchen (bezeichnet mit dem griechischen Buchstaben Alpha). Den liefert uns eine weitere Funktion, **Arkustangens** genannt. Auf dem Taschenrechner heißt sie TAN^{-1}. In Java hat sie den Namen atan().

Normalerweise müssten wir erst den Tangens und daraus dann den Winkel berechnen. Nun kommt die Methode oder Funktion atan2() ins Spiel, sie erledigt gleich alles in einem Aufwasch: Sie liefert uns direkt einen Winkel, wenn wir ihr zwei passende Parameter übergeben. Und das sind die beiden Streckenabschnitte xDiff und yDiff.

Einen Haken gibt es noch: Den Ergebniswinkel bekommen wir im sogenannten Bogenmaß (das hat was mit der Zahl Pi zu tun). Wir müssen den Wert in das hier benötigte Gradmaß umrechnen. Das erledigt diese Anweisung:

```
Winkel = Math.toDegrees(Winkel);
```

toDegrees() wandelt einen Winkel vom Bogenmaß ins Gradmaß um (und toRadians() macht es umgekehrt).

Der richtige Winkel

> Vielleicht ist dir aufgefallen, dass hier vor dem zweiten Parameter ein Minuszeichen steht: (xDiff, -yDiff). Das hat etwas damit zu tun, dass die y-Achse im Koordinatenkreuz, wie du es aus dem Matheunterricht kennst, von unten nach oben verläuft, auf dem Display ist es umgekehrt.

Natürlich muss Winkel vereinbart werden, hier aber nicht als float. Weil die meisten mathematischen Funktionen von möglichst hoher Genauigkeit sein sollen (also möglichst viele Stellen hinter dem Komma bzw. Dezimalpunkt), verwenden sie mit double einen doppeltgenauen Dezimaltyp. Da passen wir uns an.

≫ Erweitere die aktuelle Variablen-Vereinbarung entsprechend, sodass es dort jetzt so aussieht (→ BUGGY1):

```
private int xStart, yStart, xZiel, yZiel;
private int xLinks, yOben, xRechts, yUnten;
private double Winkel;
```

Als Nächstes brauchen xStart und yStart einen Startwert. Und das noch **vor** dem ersten Anklicken oder Antippen des Hintergrundes:

```
xStart = xRechts/2;
yStart = yUnten/2;
```

Da unser Käfer in der Mitte sitzt, habe ich einfach jeweils die Hälfte der Breite und Höhe des vorher ermittelten Anzeigebereichs genommen.

≫ Diese beiden Anweisungen gibst du direkt über der Vereinbarung der OnTouchListener-Struktur ein.

Damit diese nun nicht zu einem Riesenbrocken wird, machen wir daraus eine weitere eigene Methode (→ BUGGY1):

```
private void getDirection() {
  // Distanz ermitteln
  int xDiff = xZiel - xStart;
  int yDiff = yZiel - yStart;
  // Winkel berechnen
  Winkel = Math.atan2(xDiff, -yDiff);
  Winkel = Math.toDegrees(Winkel);
}
```

Kapitel 9 — Ein Käfer krabbelt sich frei

» Die gehört nach oben zu den bereits selbst vereinbarten Methoden. Tippe den Quelltext dort ein.

```java
// Position kontrollieren
private void controlPosition() {
    if (xZiel < xLinks)  xZiel = xLinks;
    if (yZiel < yOben)   yZiel = yOben;
    if (xZiel > xRechts) xZiel = xRechts;
    if (yZiel > yUnten)  yZiel = yUnten;
}

// Richtung ermitteln
private void getDirection() {
    // Distanz ermitteln
    int xDiff = xZiel - xStart;
    int yDiff = yZiel - yStart;
    // Winkel berechnen
    Winkel = Math.atan2(xDiff, -yDiff);
    Winkel = Math.toDegrees(Winkel);
}
```

Womit die OnTouch-Methode zwar nicht gerade schlank ist, aber überschaubar bleibt (→ BUGGY1):

```
public boolean onTouch
  (View view, MotionEvent motionEvent) {
  // Klick-Touch-Position ermitteln
  xZiel = (int) motionEvent.getX();
  yZiel = (int) motionEvent.getY();
  // Position ggf. korrigieren
  controlPosition();
  // Richtung ermitteln
  getDirection();
  // Objekt holen und drehen und verschieben
  Insekt.setImageResource(R.drawable.insekt1);
  Insekt.setRotation((float)Winkel);
  Insekt.animate().x(xZiel).y(yZiel).setDuration(500);
  // Startpunkt neu setzen
  xStart = xZiel;
  yStart = yZiel;
  // Rückgabewert
  return false;
}
```

Das meiste in dieser Methode kennst du schon. Erst wird die Stelle ermittelt, auf die geklickt oder getippt wurde (xZiel, yZiel), diese wird dann gegebenenfalls an den Displayrändern angepasst:

Der richtige Winkel

```
controlPosition();
```

Dann bekommt das Insekt seine Richtung. xStart und yStart haben bereits einen Wert, also werden xDiff und yDiff ermittelt, daraus lässt sich dann der Winkel berechnen:

```
getDirection();
```

Und nun kann das Objekt gedreht werden:

```
Insekt.setRotation((float)Winkel);
```

Weil setRotation() einen float-Wert als Parameter braucht, muss die double-Variable umgewandelt werden.

Danach kommt die Animation. Und während der Käfer sich bewegt, schaut er in die richtige Richtung.

Damit das auch beim nächsten Mal klappt, muss der Startpunkt neu gesetzt werden:

```
xStart = xZiel;
yStart = yZiel;
```

```
@Override
protected void onCreate(Bundle savedInstanceState) {
    super.onCreate(savedInstanceState);
    setContentView(R.layout.activity_main);

    // "Insekt" und Hintergrund
    final ImageView Insekt =
        (ImageView) findViewById(R.id.imageView);
    final ImageView Hgrund =
        (ImageView) findViewById(R.id.imageView2);
    // Grenzen setzen
    setLimits();
    // Start im Zentrum
    xStart = xRechts/2;
    yStart = yUnten/2;

    Hgrund.setOnTouchListener((view, motionEvent) -> {
```

Wie du vielleicht siehst, habe ich die neue Methode setLimits() aus der letzten Aufgabe des letzten Kapitels auch in diesem Projekt vereinbart. Das muss nicht sein, aber wenn du sie auch übernehmen willst, findest du sie in der Datei MAINACTIVITY.JAVA von BUGGY2.

Kapitel 9 — Ein Käfer krabbelt sich frei

> Bringe dein Projekt auf den aktuellen Stand und starte es. Und bringe den Käfer durch häufiges Klicken (oder Tippen) auf Trab.

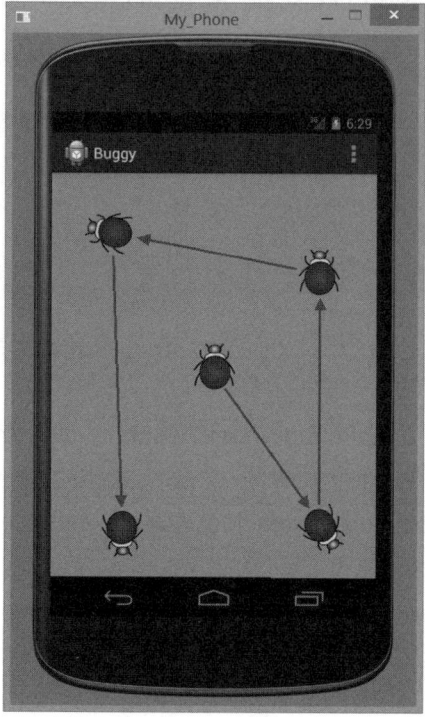

Und was ist nun mit animate.rotation? Probiere das doch selbst mal aus, indem du diese Zeile

```
Insekt.setRotation((float)Winkel);
```

durch die folgende ersetzt:

```
Insekt.animate().rotation((float)Winkel);
```

Wenn dir diese Version besser gefällt, dann übernimm sie. Spaßig ist sie allemal.

Noch mehr Methoden

Bis jetzt bewegt sich unser Käfer auf Mausklick oder Fingertipp. Aber nur einmal, dann bleibt er wieder stehen. Besser wäre es, das Tierchen startet durch und krabbelt und krabbelt immer weiter. Bis wir es durch einen erneuten Klick (oder Tipp) wieder zum Stehen bringen.

Noch mehr Methoden

Sofort fällt dir die Klasse AnimationDrawable ein, die wir ja schon einmal erfolgreich in Kapitel 7 eingesetzt haben. Allerdings ging es da sozusagen ums Laufen auf der Stelle. Ein Objekt dieser Klasse kann also nützlich sein, wenn es darum geht, dass der Käfer beim Krabbeln die Beinchen bewegt.

Hier geht es aber nur darum, ein Objekt vom Typ ImageView über das Display zu schieben. Eigentlich also keine Animation in dem Sinne, denn es wird ja nur ein Rechteck mit einem Bild darin herumgeschoben.

Und das haben wir ja mit der animate-Methode von ImageView hingekriegt. Wir müssten jetzt nur erreichen, dass die Aktion sich ständig **wiederholt**, ohne dass wir dazu dauernd irgendwohin klicken müssen.

Schauen wir zuerst, was am aktuellen Projekt bleiben kann und was nicht. Die auffälligste Änderung ist diese: Die Richtung, in die der Käfer loskrabbelt, soll unabhängig von der Stelle sein, auf die geklickt oder getippt wird.

Am besten ist es, die Werte von xZiel und yZiel wieder zufällig zu bestimmen, was uns zu dieser neuen Methode bringt (→ BUGGY2):

```
private void setDestination() {
  Random Zufall = new Random();
  xZiel = Zufall.nextInt(xRechts);
  yZiel = Zufall.nextInt(yUnten);
}
```

≫ Tippe die Methode ein und achte darauf, dass die Zeile import java.util.Random; eingefügt wird.

Außerdem könnte man die ganzen Anweisungen, die das Objekt Insekt und seine Bewegung betreffen, ebenfalls in eine Methode packen, die dann so aussehen würde (→ BUGGY2):

```
private void moveObject(ImageView view) {
  // Ziel-Position setzen
  setDestination();
  // Richtung ermitteln
  getDirection();
  // Objekt holen und drehen und verschieben
  view.setImageResource(R.drawable.insekt1);
  view.setRotation((float)Winkel);
  view.animate().x(xZiel).y(yZiel).setDuration(500);
```

Kapitel 9

Ein Käfer krabbelt sich frei

```
    // Startpunkt neu setzen
    xStart = xZiel;
    yStart = yZiel;
}
```

Das Besondere bei dieser Methode ist zum einen, dass sie einen Parameter hat: moveObject() übernimmt ein Bild vom Typ ImageView. Wie genau das bei der Aktivierung der Methode aussieht, wirst du gleich sehen.

Zum anderen werden hier (alte) selbst vereinbarte Methoden innerhalb der (neuen) Methode moveObject() aufgerufen. Die Abbildung soll zeigen, wie der Mechanismus funktioniert.

```
public class MainActivity extends Activity {

    private void setPosition() {
    }
    private void getDirection() {
    }

    private void moveObject(ImageView view) {
        setPosition();
        getDirection();
    }

    @Override
    protected void onCreate(Bundle savedInstanceState) {
        super.onCreate(savedInstanceState);
        setContentView(R.layout.activity_main);

        Hgrund.setOnTouchListener(new View.OnTouchListener() {
            @Override
            public boolean onTouch(View view, MotionEvent motionEvent) {
                moveObject(Insekt);
            }
        });
    }
}
```

Die Methode controlPosition() ist hier eigentlich überflüssig, deshalb wird sie in moveObject() nicht mehr aufgerufen. Dennoch könnten wir die Definition dieser Methode behalten, wir wissen ja jetzt noch nicht, ob und wann wir sie wieder gebrauchen können. Android Studio bindet eine Methode nur in die fertige App ein, wenn sie dort benutzt wird.

Du kannst sie aber auch so einklammern: Ganz an den Anfang der Methode setzt du /* ein und ganz am Ende */. Damit gilt die Methode als (langer) Kommentar.

Der »Runnable-Exekutor«

Nun bleibt von der onTouch-Methode nicht mehr viel übrig, weshalb sie sich jetzt wirklich sehr schlank nennen darf (→ BUGGY2):

```
public boolean onTouch
  (View view, MotionEvent motionEvent) {
  // Objekt bewegen
  moveObject(Insekt);
  // Rückgabewert
  return false;
}
```

Du hast natürlich gleich bemerkt, dass man hier die onTouchListener-Struktur eigentlich gar nicht mehr bräuchte und durch einen onClickListener ersetzen könnte. Tun wir aber nicht, denn woher sollen wir jetzt schon wissen, was wir alles noch gebrauchen (könnten)?

≫ Baue die neuen Methoden in dein Projekt ein und passe die onTouch-Struktur an.

Was leistet diese Version unseres Buggy-Projekts jetzt? Sobald du irgendwo auf den Hintergrund klickst oder tippst, läuft der Käfer irgendwo anders hin. Schön wäre es, wenn er dann einfach weiterlaufen würde.

Der »Runnable-Exekutor«

Wie es aussieht, stecken wir hier in einer Sackgasse. Und wir müssen einen neuen Weg suchen. Wir brauchen ein Instrument, das die animate-Anweisung ständig wiederholt, bis sie per Mausklick oder Fingertipp wieder gestoppt wird.

In Java gibt es dazu einen Timer, den wir hier für Android aber nicht einsetzen wollen. Auch die Klasse Handler wäre im Angebot. »handle« ist das englische Wort für handhaben, ausführen. Ein **Handler** kann Nachrichten verarbeiten und mit einem ausführbaren Element verknüpfen.

Dafür gibt es auch eine Klasse, die Runnable heißt. Die einzige Methode dieser Klasse ist run(). Erzeugt man ein Objekt vom Typ Runnable und packt unsere Animation dort in die run-Methode, dann wird diese ausgeführt, sobald ein Handler sich ihrer annimmt.

Dazu bekommt er von uns eine Nachricht, z. B. per Mausklick. Er »handhabt« dann die Ausführung der Animation. So kann ein Prozess quasi parallel zum sonstigen Programm-Geschehen ausgeführt werden. Allerdings ist ein Handler hier nicht brauchbar, weil auch er den Käfer pro Mausklick nur einmal krabbeln lässt.

> Meinen Versuch mit einem Handler-Runnable-Gespann kannst du dir in BUGGY2A anschauen.

Aber es gibt ja auch Dienste, die bereit sind, einen Auftrag mehrmals oder immer wieder auszuführen (ebenfalls quasi parallel zum sonstigen Programm). Und genau einen solchen **Aufgaben-Exekutor** gibt es. Die Klasse, die ich meine, trägt den langen Namen ScheduledExecutorService. Ein Objekt dieses Typs ist also der Ausführer einer geplanten Aufgabe:

```
private ScheduledExecutorService Exekutor;
```

Vereinbart als globale Variable (also ganz oben in der MainActivity-Klasse). Dazu gibt es gleich die passende Methode (→ BUGGY3):

```
private void executeTask(Runnable runnable) {
  Exekutor =
    Executors.newSingleThreadScheduledExecutor();
  Exekutor.scheduleWithFixedDelay
    (runnable,0,500,TimeUnit.MILLISECONDS);
}
```

Mit der ersten Zuweisung wird der »Aufgaben-Ausführer« erzeugt, er ist nun in der Lage, eine einzelne Aufgabe verzögert oder in regelmäßigen Abständen auszuführen. Ein solcher Prozess wird auch als Thread bezeichnet.

Die Methode scheduleWithFixedDelay() übernimmt ein Runnable (also ein ausführbares Objekt), das wir noch vereinbaren müssen. Als nächster Parameter kann eine Verzögerung angegeben werden, solange wartet der Exekutor mit der Ausführung. 0 heißt »sofort ausführen«. Dann kommt die Wiederholungszeit, in unserem Fall jede halbe Sekunde. Und der letzte Parameter ist die Maßeinheit (man kann hier auch SECONDS verwenden).

Alternativ lässt sich auch die Methode scheduleAtFixedRate() einsetzen. Der Unterschied zwischen beiden Methoden ist hier nicht von großer Bedeutung. Grundsätzlich kannst du beide Methoden benutzen.

> Hier ist für unseren Exekutor eine ganze Menge an zusätzlichen Bibliotheken nötig:
>
> ```
> import java.util.concurrent.Executors;
> import java.util.concurrent.ScheduledExecutorService;
> import java.util.concurrent.TimeUnit;
> ```

Der »Runnable-Exekutor«

≫ Jetzt gibt es wieder etwas einzutippen: das neue Objekt samt Methode.

Und nun kommen wir zum Runnable-Objekt, das wir ebenfalls global vereinbaren und erzeugen:

```
private Runnable Aufgabe = new Runnable() {
  @Override
  public void run() {
    moveObject(Insekt);
  }
};
```

Auch hier ist das Schlüsselwort new mit im Spiel.

Weil ja der Käfer auf Mausklick oder Fingertipp laufen oder stehen bleiben soll, brauchen wir jetzt noch eine globale Schalt-Variable:

```
private boolean An = true;
```

Und damit landen wir schon bei der onTouch-Methode, die wieder ein bisschen dicker geworden ist (→ BUGGY3):

```
public boolean onTouch
  (View view, MotionEvent motionEvent) {
  // Auftrag übernehmen/ausführen
  if (An)
    executeTask(Aufgabe);
  // Auftrag beenden
  else
    Exekutor.shutdown();
  // Umschalten
  An = !An;
  // Rückgabewert
  return false;
}
```

Wenn der Schalter an ist, hat der Käfer freie Bahn. Genauer: Der Aufgaben-Exekutor tut seinen Job und wiederholt das jede halbe Sekunde. Ist der Schalter aus, dann sorgt shutdown dafür, dass auch der Exekutor »herunterfährt« und seinen Job beendet. Beachte, dass der Wert von An »umgeschaltet« werden muss:

Kapitel 9

Ein Käfer krabbelt sich frei

```
An = !An;
```

So gut das Programm jetzt aussieht, funktionieren kann es leider noch nicht. Ein Startversuch führt zu dieser Fehlermeldung:

```
// Aufgabenplaner-Objekt
private ScheduledExecutorService Exekutor;

// Aufgabe ausführen
private void executeTask() {
    Exekutor = Executors.newSingleThreadScheduledExecutor();
    Exekutor.scheduleWithFixedDelay(Aufgabe,0,500,TimeUnit.MILLISECONDS);
}

// Runnable-run-Struktur
private Runnable Aufgabe = new Runnable() {
    @Override
    public void run() {
        moveObject(Insekt);
    }
};
```

> error: cannot find symbol variable Insekt

Android Studio kann die Variable Insekt nicht finden. Klar, denn die wird erst weiter unten in der Methode onCreate() erzeugt und gilt dann nur innerhalb dieser Methode. Aus dieser Klemme kommen wir nur heraus, wenn wir Insekt global vereinbaren (ganz oben bei den anderen »Globalen«):

```
private ImageView Insekt;
```

Das reicht noch nicht, denn weiter unten gibt es ja noch ein Insekt. Damit das dasselbe ist, muss die betreffende Zuweisung (in onCreate()) nun so aussehen:

```
Insekt = (ImageView) findViewById(R.id.imageView);
```

Nun dürfte das Programm doch laufen, oder nicht? Ja, es läuft, doch es tut nicht das, was wir wollen: Der Käfer rührt sich nicht vom Fleck. Alles umsonst? Nein, natürlich nicht, aber es gibt da eine Besonderheit, die wir übersehen haben: In Android läuft eine Anwendung nur in einem Ausführungsprozess ab, auch Haupt-Thread oder UI-Thread genannt. UI ist die Abkürzung für »User Interface« (deutsch: Benutzerschnittstelle).

Alle Komponenten und Objekte, die in einer App aktiv sind, müssen über diesen UI-Thread laufen. Und in unserer moveObject-Methode geht es um eine Komponente, ein Bildfeld mit einem Käfer.

Eine eigene Klasse

Aus der Patsche hilft uns da die Methode runOnUiThread(), die als Parameter ein Runnable-Objekt übernimmt. Weil runOnUiThread() in der run-Methode von Aufgabe aufgerufen werden muss, heißt das: Wir brauchen ein weiteres solches Objekt.

Womit sich nun diese etwas vertrackt aussehende Struktur ergibt (→ BUGGY3):

```
private Runnable Aufgabe = new Runnable() {
  @Override
  public void run() {
    runOnUiThread(new Runnable() {
      @Override
      public void run () {
        moveObject(Insekt);
      }
    });
  }
};
```

➢ Tippe die doppelte Runnable-Struktur ein. Dann starte das Projekt.

Und wenn du nichts übersehen hast, dann startet der Käfer auf den ersten Mausklick durch und krabbelt immer weiter, bis du dem Exekutor über einen weiteren Mausklick eine neue Nachricht schickst, er solle doch bitte wieder aufhören.

Eine eigene Klasse

Die App läuft – und der Käfer krabbelt. Dazu waren einige Handgriffe nötig, aber auch ein paar Verrenkungen. Was mir gar nicht gefällt: Das Bildfeld Insekt ist inzwischen zu einem globalen Objekt geworden. Im Idealfall aber versucht man alles zu vermeiden, was zu global ist. Denn die meisten Variablen und Objekte benötigt man nicht überall im Projekt (das schließlich auch ganz schön groß sein kann); sondern nur an einigen Stellen, in bestimmten Bereichen.

Das Objekt Insekt zum Beispiel wird eigentlich nur an zwei Stellen benutzt: einmal in onCreate(), wenn ihm eine ID zugewiesen wird, um es mit einer sichtbaren Komponente zu verknüpfen, und einmal in moveObject().

In unserem letzten Projekt-Beispiel mussten wir Insekt zu einem globalen Objekt machen, weil wir sonst eben die move-Methode nicht zum Laufen

Kapitel 9 — Ein Käfer krabbelt sich frei

gekriegt hätten. Somit könnte man im gesamten Programm darauf zugreifen. Und könnte natürlich auch Werte verändern (oft eher ungewollt).

Stell dir ein Projekt vor, in dem es Hunderte von Methoden gibt und noch mehr Variablen. In vielen Spiele-Apps geht die Anzahl von Methoden und Variablen in die Tausende. Wenn da jede Methode auf jede Variable Zugriff hätte, kann es bei der Menge von Quelltext schon mal passieren, dass man aus Versehen einer Variablen etwas »antut« (z.B. ihren Wert unbeabsichtigt verändert).

Das kann dann einen Fehler verursachen, der mittendrin in einer App wie z.B. einem Spiel zum Absturz oder zumindest zu unvorhersehbarem Verhalten führt. Und diesen Fehler zu entdecken, kann dann zum Geduldspiel werden. Deshalb lautet die Regel (die ich leider bisher einige Mal gebrochen habe): Variablen und Objekte sollten **nur da** gelten, wo sie gebraucht werden.

Doch was können wir im konkreten Fall jetzt tun, um das »Insekten-Problem« zu lösen? Wir bauen uns unsere **eigene** Klasse. In die packen wir dann all das, was für ein Insekt und seine Bewegung nötig ist.

Im Hauptprogramm (`MainActivity`) können wir dann ein Objekt dieser Klasse vereinbaren. Und ein Zugriff ist dann nur mit Erlaubnis des Objekts möglich. Wie genau das Ganze abläuft, wirst du wahrscheinlich erst mit der Zeit verstehen. Lass uns erst einmal eine einfache Klasse erzeugen und sie dann Schritt für Schritt mit Inhalt füllen.

≫ Achte darauf, dass das MAINACTIVITY.JAVA-Fenster aktiv ist. Dann klicke im Hauptmenü auf FILE und NEW.

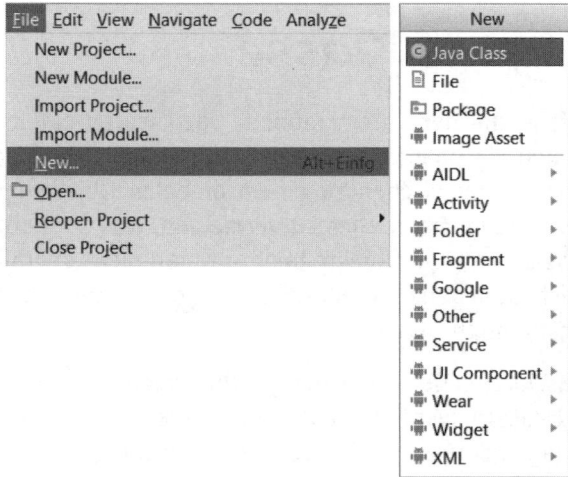

≫ Wähle im Kontextmenü den Eintrag JAVA CLASS.

Eine eigene Klasse

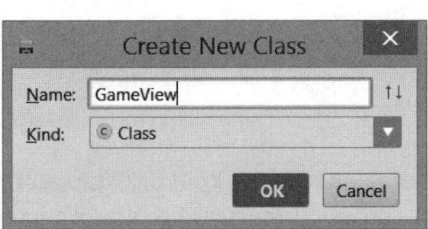

> In dem kleinen Dialogfeld tippst du hinter NAME GameView ein und klickst dann auf OK.

Und kurz darauf gibt es ein neues GAMEVIEW.JAVA-Fenster in Android Studio.

So wie die Klasse jetzt aussieht, hat sie rein gar nichts zu bieten. Wir müssten nun nicht nur all das, was für unser Insektenspiel nötig ist, selbst programmieren, sondern auch das, was uns vorher zur Verfügung stand, wenn wir zum Beispiel ein ImageView-Objekt erzeugt haben.

Was wir brauchen, ist eine Klasse, die schon einiges hat bzw. kann. Und deshalb nutzen wir den **Vererbung**smechanismus von Java. Wir wählen uns eine bereits vorhandene Klasse und sagen: Das will ich auch. Und davon leiten wir dann unsere neue eigene Klasse ab:

```
public class GameView extends View{
}
```

Und schon hat unsere neue Klasse alles zu bieten, was View zu bieten hat. (Man hätte auch ImageView selbst nehmen können, aber View reicht uns.) Das Wörtchen extends ist hier das Zauberwort. Allgemein sieht die Struktur so aus:

Kapitel 9

Ein Käfer krabbelt sich frei

```
class KindKlasse extends MutterKlasse{
    // erbt alle Eigenschaften und Methoden
}
```

Unsere Klasse GameView ist also ein Kind der Klasse View, und die stammt übrigens wiederum von der Urmutter aller Klassen namens Object ab.

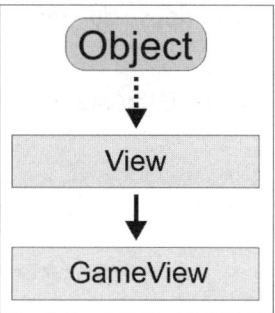

Das, was View zu bieten hat, ist eine ganze Menge. Unter anderem ist darunter auch die Methode animate(). Das genügt uns hier aber nicht, denn wir brauchen schon noch einige weitere Zutaten, bis daraus eine Spiel-Klasse nach unserem Geschmack geworden ist.

Als Erstes aber müssen wir uns mit einigen Fehlermeldungen herumschlagen. Das erste Problem lösen wir schnell, es geht um den Import der zu View gehörenden Bibliothek:

```
import android.view.View;
```

Dennoch erkennt Android unsere neue Klasse nicht an, sondern meckert vor allem etwas von »constructor«.

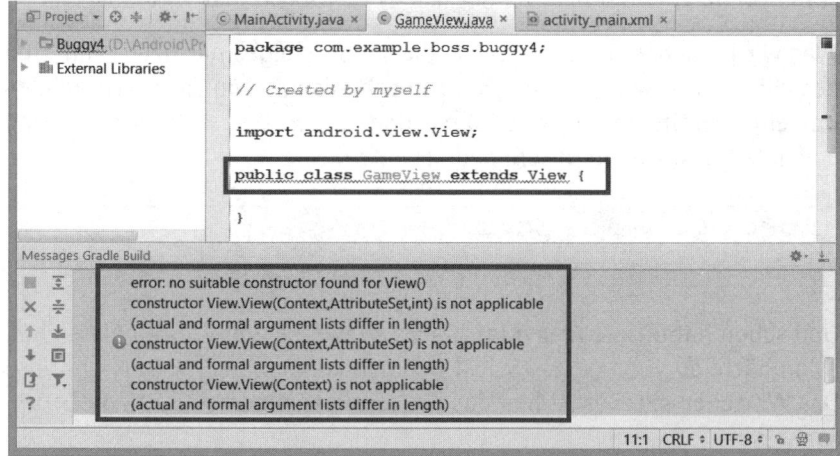

Eine eigene Klasse

Der sogenannte **Konstruktor** hat allgemein die Aufgabe, einem Objekt bei seiner Entstehung (»Konstruktion«) zu helfen. Konstruktor und Klasse haben in Java immer denselben Namen! Ein Konstruktor hat keinen Typ (nicht einmal void). Und so sieht die erweiterte Klassenvereinbarung aus (→ BugGy4):

```
public class GameView extends View {
   public GameView(Context context) {
      super(context);
   }
}
```

Die Klasse View hat eine ganze Reihe von Konstruktoren, uns genügt einer. Innerhalb dieses Konstruktors mit dem Namen GameView müssen wir einen Konstruktor der Mutterklasse aufrufen. Das geschieht über das Wort super.

Jetzt willst du natürlich wissen, was Context bedeutet. Das heißt so viel wie »Zusammenhang«, der Kontext dient der Verbindung zwischen einer App und dem Android-System.

Klasse (mit Konstruktor) vereinbaren:

```
public class GameView extends View {
   public GameView() {
      super();
   }
}
```

Objekt mit Konstruktor erzeugen:

```
private GameView Spiel = new GameView();
```

Wie aber soll man mit diesem Parameter ein GameView-Objekt erzeugen? Ganz einfach:

```
GameView Spiel = new GameView(this);
```

Das erste GameView ist der Name der Klasse, das zweite der Name des Konstruktors, dem ein new vorangestellt sein muss. Der Parameter this bezieht sich auf die Klasse GameView selbst.

Eigentlich haben wir die ganze Zeit beim Vereinbaren von Objekten schon Konstruktoren benutzt, z.B. bei Random, OnClickListener und OnTouchListener.

Kapitel 9 — Ein Käfer krabbelt sich frei

> Inzwischen sind es schon zwei Bibliotheken geworden, die importiert werden wollen:
>
> import android.content.Context;
> import android.view.View;

Nach diesen Vorarbeiten schichten wir jetzt nach und nach das, was wir für unser Insektenspiel bereits in MAINACTIVITY.JAVA programmiert haben, in unsere neue Klasse um. Nicht alles, aber vieles.

Als Erstes benötigen wir ein paar Attribute bzw. Eigenschaften. Da habe ich schon mal einiges gesammelt, sodass meine Klasse jetzt so aussieht:

```
public class GameView extends View {
  // Figur
  private ImageView Figur;

  // Start-Ziel-Position
  private int xStart, yStart, xZiel, yZiel;
  // Display-Grenzen
  private int xLinks, yOben, xRechts, yUnten;
  // Bewegungs-Richtung
  private double Winkel;

  //Konstruktor
  public GameView(Context context) {
    super(context);
  }
}
```

Für unser Spiel brauchen wir eine Figur (es muss nicht unbedingt ein Käfer sein). Weil beides Bildfelder sind, wird eine weitere Bibliothek benötigt:

> import android.widget.ImageView;

Ein Hintergrund-Element muss hier nicht extra vereinbart werden, das dient ja nur zum Draufklicken, und die dazu nötigen Eigenschaften hat unsere Klasse bereits. Und wenn wir später ein Hintergrundbild benötigen, lässt sich die Klasse ja erweitern oder wir definieren eine neue, die wir von GameView ableiten.

Zusammenfassung

In unserer Klasse gibt es Variablen für die Start- und Ziel-Koordinaten sowie welche für die Spielfeldgrenzen. Die können wir nun allesamt aus MAINACTIVITY.JAVA löschen.

Dass damit natürlich jede Menge Fehler in dieser Datei angezeigt werden, ist klar, denn MAINACTIVITY.JAVA kennt ja diese Variablen erst mal nicht mehr. Später, wenn wir unsere Klasse beisammenhaben, gibt es für uns einiges zu korrigieren. Aber wie du sehen wirst, ist das gar nicht mal besonders viel.

Jetzt müssen eine ganze Reihe von Methoden in ihr neues Zuhause transportiert werden, nämlich diese (und zwar jeweils komplett):

setLimits()

setDestination()

getDirection()

moveObject()

Und schon schrumpft die Anzahl der Fehlerstellen in MAINACTIVITY.JAVA. Natürlich gibt es noch immer einige, aber wenige.

Die Methode moveObject() braucht hier keinen Parameter mehr, denn das betreffende Objekt (bzw. die Figur oder das Insekt) gehört ja zur Familie (→ BUGGY4, GAMEVIEW):

```
private void moveObject() {
    // Ziel-Position setzen
    setDestination();
    // Richtung ermitteln
    getDirection();
    Figur.setImageResource(R.drawable.insekt1);
    Figur.setRotation((float) Winkel);
    Figur.animate().x(xZiel).y(yZiel).setDuration(500);
    // Startpunkt neu setzen
    xStart = xZiel;
    yStart = yZiel;
}
```

Zusammenfassung

Nun ist erst einmal eine Pause zum Verschnaufen fällig. Denn wie beim richtigen Umzug von einer Wohnung in eine andere kann man schon mal aus der Puste kommen, bei so viel Mobiliar, das transportiert und neu

Kapitel 9 — Ein Käfer krabbelt sich frei

aufgestellt werden muss. Deshalb richten wir unsere GameView-Klasse erst im nächsten Kapitel fertig ein.

Hier sammeln wir jetzt, was dir an Neuem neu begegnet ist. Und das ist nicht gerade wenig. Du kennst Mechanismen zum quasi parallelen Ausführen von Prozessen:

Handler	Klasse zum (einmaligen) Ausführen von Prozessen/Aufgaben (Runnables)
ScheduledExecutorService	Klasse zum (wiederholten) Ausführen von Prozessen/Aufgaben (Runnables)
scheduleWithFixedDelay()	Methode, um Startzeit und Dauer für einen Prozess festzulegen
scheduleAtFixedRate()	Methode, um Startzeit und Dauer für einen Prozess festzulegen
shutdown()	Methode, um einen Prozess zu beenden
Runnable	Klasse für ausführbare Programmteile
runOnUiThread()	Methode, um einen Prozess (Runnable) für den Haupt-Thread zu übernehmen

Du weißt, wie man eine Klasse vereinbart und von einer vorhandenen ableitet:

class	Klassen-Typ
extends	eine Klasse von einer anderen ableiten und deren Eigenschaften und Methoden erben

Und du weißt, was ein **Konstruktor** ist und dass man auch den vereinbaren muss. Dazu und für den Aufruf können diese Wörter nützlich sein:

super	gleichnamige Methode der Mutterklasse aufrufen
new	Objekt/Struktur erzeugen
this	Objekt selbst als Parameter übergeben (quasi auf sich zeigen)

Du hast eine weitere Animations-Methode kennengelernt:

ImageView	Anzeigefläche für Bilder
setRotation()	Bild in eine bestimmte Position drehen (Winkel)

Ein paar Fragen ...

Und nicht zuletzt sind ein paar Methoden aus der Mathe-Bibliothek von Java und ein neuer Datentyp aufgetaucht:

Math	Bibliothek mit zahlreichen mathematischen Funktionen
atan2()	Methode, die über Tangens-Arkustangens für zwei Dreiecks-Seiten (Katheten) das Bogenmaß berechnet
toDegrees()	Methode, um Bogenmaß in Gradmaß umzuwandeln
toRadians()	Methode, um Gradmaß in Bogenmaß umzuwandeln
float	einfachgenaue Dezimalzahl
double	doppeltgenaue Dezimalzahl

Ein paar Fragen ...

1. Wie wird ein Bildobjekt verkleinert, vergrößert, verschoben, gedreht?
2. Was ist ein Runnable-Objekt?
3. Was ist ein Konstruktor?
4. Wie wird ein Objekt aus einer selbst vereinbarten Klasse erzeugt?

... und ein paar Aufgaben

1. Verpasse der ersten Version unseres Kugel-Projekts auch eine Kombination aus Exekutor und Doppel-Runnable. Wenn du willst, kannst du bei der Gelegenheit auch gleich ein paar eigene Methoden vereinbaren. Wenn du die Zeitwerte besonders kurz setzt, lässt sich das Ganze zu einem kleinen Spiel machen: Es wird gar nicht einfach, die Kugel zu treffen, damit sie wieder stehen bleibt.
2. Programmiere eine App, bei der ein Button mit der Aufschrift »Drück mich!« (ziemlich schnell) auf dem Display herumhüpft. Mit einem Mausklick oder Fingertipp kannst du ihn wieder stoppen.

10
Vom Käfer zur Wanze

Der Käfer kann nicht mehr krabbeln. Das war der aktuelle Stand im letzten Kapitel. Die neue Klasse, die wir da zusammengebaut haben, muss jetzt nahtlos ins Hauptprogramm eingefügt werden, damit es nicht nur für den Käfer wieder einsatzfähig ist. Das erledigen wir hier. Außerdem werden wir zum Jäger.

In diesem Kapitel lernst du

◎ wann man public statt private einsetzt (und umgekehrt)

◎ etwas über Kapselung

◎ wie man sich von Pythagoras helfen lassen kann

◎ etwas über Wanzenjagd

Reparaturarbeiten

Wenn ich mir in unserem aktuellen Buggy-Projekt den Quelltext von MAINACTIVITY.JAVA so anschaue, dann sieht das Ganze doch recht übersichtlich aus. Hier ist der Anfangsteil (BUGGY4):

```
public class MainActivity extends Activity {
    // Schalt-Variable für Spiel-Start-Stopp
    private boolean An = true;
```

Kapitel 10 — Vom Käfer zur Wanze

```
// Aufgabenplaner-Objekt
private ScheduledExecutorService Exekutor;
// Aufgabe ausführen
private void executeTask(Runnable runnable) {
  Exekutor =
    Executors.newSingleThreadScheduledExecutor();
  Exekutor.scheduleWithFixedDelay
    (runnable,0,500,TimeUnit.MILLISECONDS);
}
```

Wie du siehst, bleibt der Exekutor im Hauptprogramm, ebenso wie die Runnables (auf die wir später noch kommen). Das globale Insekt-Objekt hat ausgedient, diese Vereinbarung muss also gelöscht werden. Was bleibt, ist die Schalt-Variable. Bis dahin hat Android nichts zu meckern. Doch das ändert sich sofort, wenn wir uns den folgenden Quelltext vornehmen.

Hier sind die Fehlermeldungen, die ich bei dem Versuch bekommen habe, die Projekt-Baustelle zu starten:

```
public void run() {
    moveObject(Insekt);
}
});
};

@Override
protected void onCreate(Bundle savedInstanceState) {
    super.onCreate(savedInstanceState);
    setContentView(R.layout.activity_main);

    // "Insekt" und Hintergrund
    Insekt = (ImageView) findViewById(R.id.imageView);
    final ImageView Hgrund =
        (ImageView) findViewById(R.id.imageView2);
    // 
    setLimits();
    // Start im Zentrum
    xStart = xRechts/2;
    yStart = yUnten/2;
```

Messages Gradle Build

- error: cannot find symbol variable Insekt
- error: cannot find symbol variable Insekt
- error: cannot find symbol method setLimits()
- error: cannot find symbol variable xStart
- error: cannot find symbol variable xRechts
- error: cannot find symbol variable yStart
- error: cannot find symbol variable yUnten

Gradle build finished with 8 error(s) in 2 sec (a minute ago)

Reparaturarbeiten

Dass in MAINACTIVITY nun das Objekt Insekt sowie einige Variablen unbekannt sind, ist klar. Ganz zu schweigen davon, dass Android Studio im Hauptprogramm nun auch mit Methoden wie moveObject() und setLimits() nichts mehr anfangen kann.

Als Allererstes brauchen wir jetzt ein **Objekt** unserer neuen eigenen Klasse, das wir in die Methode onCreate() hineinsetzen:

```
GameView Spiel = new GameView(this);
```

Das bewirkt zunächst noch keinen Rückgang der Fehler. Im nächsten Schritt brauchen jetzt die beiden in der Klasse GameView vereinbarten Objekte Figur und Hgrund ihre Verbindung zu den entsprechenden Komponenten (→ BUGGY4):

```
Spiel.Figur = (ImageView) findViewById(R.id.imageView);
Spiel.Hgrund =
   (ImageView) findViewById(R.id.imageView2);
```

≫ Tippe das alles erst einmal ein.

Doch jetzt haben wir nicht weniger, sondern eher noch ein paar Fehler mehr. Dennoch sind wir auf dem richtigen Weg.

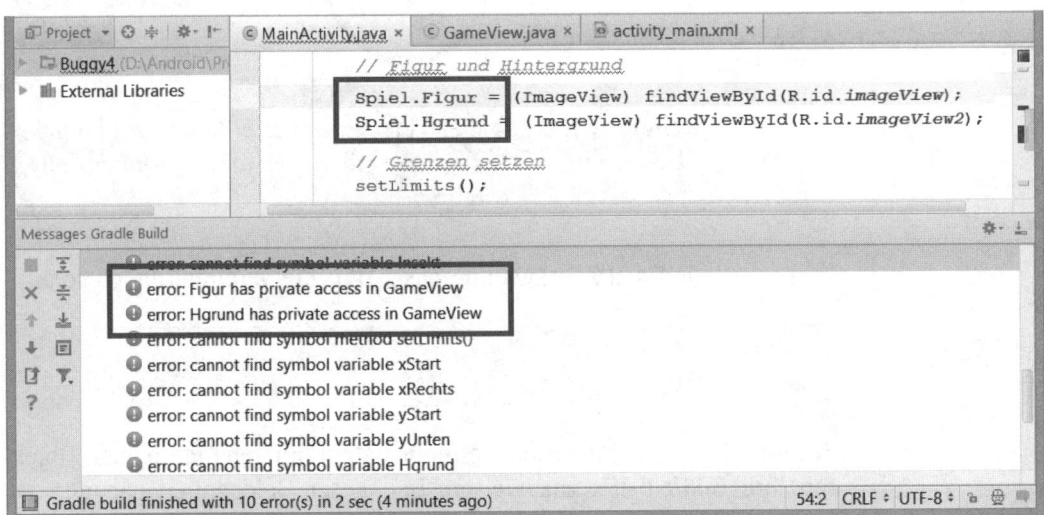

Die Meldung »has private access« heißt nichts anderes als das: Die beiden Elemente Figur und Hgrund sind in der Klasse GameView privat vereinbart, es gibt also von draußen keine Zugriffsmöglichkeit. Das lässt sich ändern, indem man die Vereinbarung dieser Elemente in public ändert.

Kapitel 10 — Vom Käfer zur Wanze

Mit der Umwandlung von Eigenschaften und Methoden einer Klasse in public sollte man behutsam umgehen: Nur die Elemente, die man wirklich »draußen« braucht, sollten public sein, alles andere bleibt (erst mal) private.

In unserem Fall bleibt eine ganze Menge Variablen als Attribute von GameView nur intern gültig, ebenso wie einige Methoden. Das heißt, sie sind sozusagen von der »Außenwelt« abgekapselt.

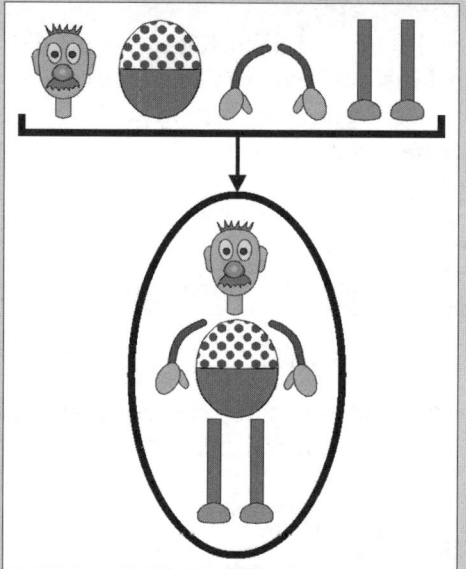

Diese **Kapselung** schützt so diese Elemente vor ungewollten Fremdzugriffen. Und wenn nötig, werden einige Elemente »entkapselt«, indem man sie als public vereinbart.

≫ Wechsle in GAMEVIEW.JAVA und passe dort die Vereinbarungen so an:

```
public ImageView Figur;
public ImageView Hgrund;
```

Womit wir jetzt keine Probleme mehr haben dürften, den beiden Objekten ihre Bildfeld-IDs zuzuweisen. Bei dieser Gelegenheit schauen wir gleich einmal über die in der Klasse GameView definierten Methoden: Alle sind private vereinbart. Welche davon brauchen wir im Hauptprogramm (MAINACTIVITY)?

Eine Fehlerquelle war der Aufruf von setLimits(). Und eine weitere der von moveObject(). Nur die letzte der beiden Methoden brauchen wir »draußen«:

> Ändere die Vereinbarung (in GAMEVIEW) entsprechend:

```
public void moveObject() {
```

Alle anderen Methoden werden nur intern genutzt, also behalten sie ihr private.

Das Spiel-Objekt einsetzen

Zurück in MAINACTIVITY.JAVA wenden wir uns jetzt der nächsten Baustelle zu:

```
setLimits();
xStart = xRechts/2;
yStart = yUnten/2;
```

setLimits() ist inzwischen keine eigenständige Methode mehr, sondern eine des Spiel-Objekts. xStart und yStart sind nur noch in GameView vereinbart. Der Aufruf der Methode und die beiden Zuweisungen gehören nicht mehr in MAINACTIVITY, sondern in GAMEVIEW.JAVA. Aber wohin genau?

Weil es um Anweisungen geht, die beim Start erledigt werden sollen (also bevor das eigentliche Spiel beginnt), setzen wir sie in den Konstruktor. Denn der hat ja die Aufgabe, das Objekt aufzubauen. Also kann er das gleich mit erledigen.

> Markiere (in MAINACTIVITY) die betreffenden Zeilen, schneide sie aus und füge sie in den Quelltext von GAMEVIEW.JAVA ein.

Womit der Konstruktor jetzt so aussieht (BUGGY4):

```
public GameView(Context context) {
   super(context);
   // Grenzen setzen, Start im Zentrum
   setLimits();
   xStart = xRechts/2;
   yStart = yUnten/2;
}
```

Wenn du dich jetzt wieder im Quelltext des Hauptprogramms umschaust, gibt es nur noch zwei Probleme. Das eine erledigen wir sofort:

> Wechsle zu MAINACTIVITY.JAVA und erweitere die Kopfzeile der OnTouch-Listener-Struktur so:

Kapitel 10

Vom Käfer zur Wanze

```
Spiel.Hgrund.setOnTouchListener
  (new View.OnTouchListener() {
```

Bleibt noch der Aufruf der moveObject-Methode. Auch die gehört natürlich zum Objekt Spiel und hat ja keinen Parameter mehr:

```
Spiel.moveObject();
```

(Du hast nicht vergessen, dafür zu sorgen, dass auch diese Methode public ist?)

Nun sieht alles doch ziemlich gut aus, oder? Das Ganze ist aber immer noch nicht fehlerfrei. An einer Stelle ist das Objekt Spiel leider nicht bekannt.

Was tun? Das Spiel-Objekt global vereinbaren? Oder die Runnable-Struktur mit »ins Boot« nehmen? Beides geht. Im ersten Fall sähe das so aus, dass ganz oben direkt über oder unter der Vereinbarung von An die Variable Spiel vereinbart wird (→ BUGGY4, MAINACTIVITY):

```
private GameView Spiel;
```

Weiter unten in onCreate() muss dann noch der Konstruktor aufgerufen werden, damit auch wirklich ein Objekt entsteht:

```
Spiel = new GameView(this);
```

```
public class MainActivity extends Activity {

    // Globales Spiel-Objekt
    private GameView Spiel;

    // Schalt-Variable für Spiel-Start-Stopp
    private boolean An = true;


    @Override
    protected void onCreate(Bundle savedInstanceState) {
        super.onCreate(savedInstanceState);
        setContentView(R.layout.activity_main);

        // Spiel-Objekt konstruieren
        Spiel = new GameView(this);
        // Figur und Hintergrund mit Komponenten verknüpfen
        Spiel.Figur = (ImageView) findViewById(R.id.imageView);
        Spiel.Hgrund = (ImageView) findViewById(R.id.imageView2);
```

> Alles zusammen geht hier nicht:
>
> private GameView Spiel= new GameView(this);
>
> Es entsteht dabei zwar kein Syntaxfehler, aber das Programm »hängt« sich im Emulator auf.

> Mache Spiel zu einem globalen Objekt in MainActivity. Dann starte das Programm und lasse den Käfer wieder frei.

Nun zu der zweiten Möglichkeit, die so aussehen würde, vereinbart innerhalb der onCreate-Methode (BUGGY4A, MAINACTIVITY):

```
final GameView Spiel = new GameView(this);
```

Spiel ist nun ein Objekt, das nur in OnCreate() bekannt ist. Deshalb steht darunter die komplette Vereinbarung der Aufgabe-Struktur (BUGGY4A):

```
final Runnable Aufgabe = new Runnable() {
  @Override
  public void run() {
    runOnUiThread(new Runnable() {
      @Override
      public void run() {
        Spiel.moveObject();
      }
    });
  }
};
```

Beide Objekte müssen hier als final vereinbart werden. (Ich bleibe übrigens bei der ersten Möglichkeit.)

Wanzenjagd

So wie das Programm jetzt läuft (es tut ja nichts anderes als die Vorversion ohne eigene Klassenvereinbarung), sollte es nicht bleiben. Denn verlockt der herumirrende Käfer nicht zum Darauf-Klicken oder -Tippen? Brutaler ausgedrückt: Kriegt man nicht Lust, ihn zu erwischen und zu zerquetschen?

Nun steht ausgerechnet dieser Käfer unter Naturschutz, deshalb müssen wir uns nach einem anderen Insekt umsehen, das einem Feindbild mehr entspricht als der arme Käfer. Ich habe mich für eine Wanze entschieden, bei der es mir nicht schwerfällt, sie zu »plätten«.

Und damit sind wir auch gleich bei einer Schwachstelle unserer Klasse GameView: Ein Objekt wie Spiel holt sich immer ein Bild, dessen Ressourcenname innerhalb der Klasse festgelegt wurde. Daran müssen wir gleich etwas ändern. Wir geben der moveObject-Methode wieder einen Parameter (→ BUGGY5, GAMEVIEW):

```
public void moveObject(int bild) {
  // Ziel-Position setzen
  setDestination();
  // Richtung ermitteln
  getDirection();
  // Figur holen, drehen und bewegen
  Figur.setImageResource(bild);
  Figur.setRotation((float) Winkel);
  Figur.animate().x(xZiel).y(yZiel).setDuration(1000);
  // Startpunkt neu setzen
  xStart = xZiel;
  yStart = yZiel;
}
```

Die Methode setImageResource() übernimmt dann ein Bild aus der Ressource. Und in MainActivity passen wir den Aufruf von moveObject() in der Runnable-Struktur dann so an:

```
Spiel.moveObject(R.drawable.insekt1);
```

Nun ist der Weg frei, statt eines bestimmten Insekts auch ein anderes zu verwenden. (Wobei das vorher natürlich auch gegangen wäre, nur müsste das zu ladende Bild dann immerzu INSEKT1.PNG heißen.)

Wanzenjagd

≫ Passe den Quelltext in MAINACTIVITY.JAVA und GAMEVIEW.JAVA entsprechend an.

≫ Und besorge dir ein paar neue Bilder für die Ressource-Ordner. Mein Vorschlag: INSEKT2.PNG und INSEKT2X.PNG aus dem Vorrat auf der DVD (PROJEKT\BILDER).

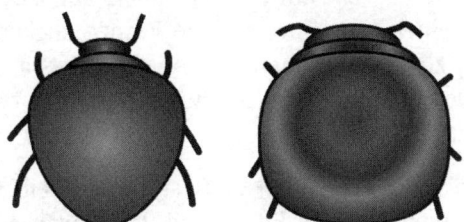

Was brauchen wir als Nächstes? Eine Methode, die beschreibt, was passiert, wenn ein Insekt von einem Mausklick oder Fingertipp getroffen wurde (→ BUGGY5, GAMEVIEW):

```
public void killObject(int bild) {
  // Figur holen und ausblenden
  Figur.setImageResource(bild);
  Figur.animate().alpha(0f).setDuration(1000);
}
```

Hier wird ein neues Bild geladen, um den neuen Zustand der Wanze zu zeigen. Und das wird dann innerhalb von einer Sekunde ausgeblendet.

≫ Erweitere deine GameView-Klasse um diese Methode.

Bei meinen Experimenten mit 500 Millisekunden fiel es mir zu schwer, die Wanze zu erwischen. Ich habe daher das Zeitintervall für die Bewegung der Wanze auf eine ganze Sekunde gesetzt. Was heißt, dass auch im Hauptprogramm die Methode scheduleWithFixedDelay() den Parameter 1000 statt 500 benötigt,
Wenn du aber ein guter Spieler bist und die Herausforderung suchst, dann kannst du auch noch kleinere Werte als 500 einsetzen.

Und nun geht es wieder in MAINACTIVITY. Da kommen nun ein paar größere Änderungen auf dich zu. Für den Klick oder Tipp auf das Insekt brauchen wir eine Anpassung in der onTouch-Methode für Hgrund. Oder eine neue onTouch-Struktur für Figur?

Kapitel 10 — Vom Käfer zur Wanze

> Verwendet man hier zwei onTouch-Methoden, dann werden bei einem Klick oder Tipp auf das Bildfeld mit der Wanze **beide** Methoden aktiviert, also die für Figur **und** die für Hgrund.

Aus meiner Sicht die beste Lösung ist, bei einer Touch-Struktur zu bleiben, diese jedoch von Hgrund auf Figur zu übertragen. Das bedeutet, dass man künftig für einen Spielstart auf die Wanze klicken muss. Und um deren Bewegung zu stoppen ebenfalls. Aber das ist ja der Sinn unseres kleinen Spiels: Wenn man die Wanze erwischt, dann hat sie keinen Grund mehr weiterzulaufen.

Wenn die Schaltvariable »An« den Wert true hat, bleibt alles, wie es ist. Andernfalls wird nicht nur die Bewegung der Wanze gestoppt, sondern wir brauchen auch ein neues Bild, das die Wanze im »geplätteten« Zustand zeigt. Das erledigt die neue killObject-Methode. Womit dann die ganze onTouchListener-Struktur so aussieht (→ BUGGY5, MAINACTIVITY):

```java
Spiel.Figur.setOnTouchListener
  (new View.OnTouchListener() {
  @Override
  public boolean onTouch
    (View view, MotionEvent motionEvent) {
    // Insekt zum Laufen bringen
    if (An)
      executeTask(Aufgabe);
    // Insekt stoppen und "plätten"
    else {
      Exekutor.shutdown();
      Spiel.killObject(R.drawable.insekt2x);
    }
    // Umschalten
    An = !An;
    // Rückgabewert
    return false;
  }
});
```

➤ Ändere die Struktur im Hauptprogramm entsprechend um, dann starte das Projekt. Mit Klicken auf den Hintergrund kommst du nicht weiter, ein Klick auf die Wanze bringt das Tierchen zum Krabbeln. Ein weiterer Klick macht ihm den Garaus (vorausgesetzt, du triffst).

Feintuning

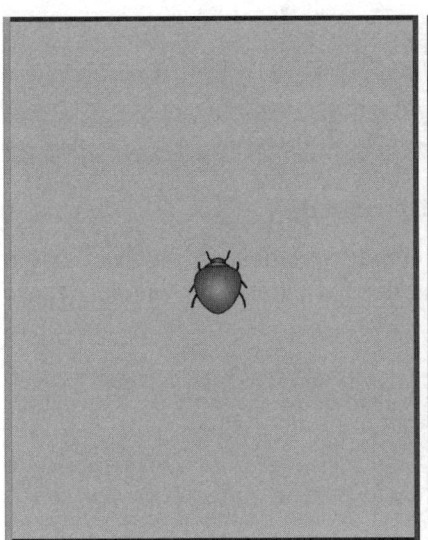 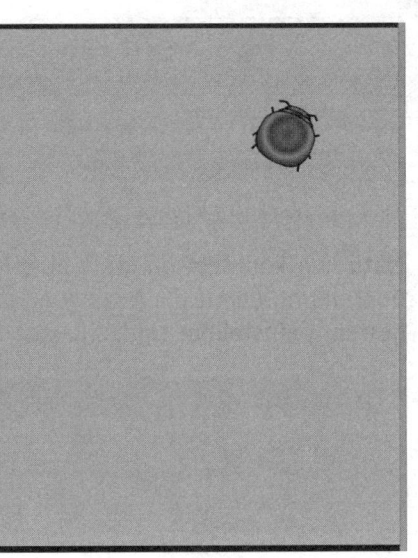

Feintuning

Immerhin kann man das, was unser Projekt inzwischen leistet, schon als Spiel bezeichnen. Es ist natürlich (noch) nicht für die Öffentlichkeit bestimmt, aber unter Freunden könnte man es schon mal herumzeigen.

Dass es was zu verbessern gibt, dürfte klar sein. Denn sicher hast du eine ganze Liste von Vorschlägen. Nehmen wir mal einige, die darunter sein könnten. Einer bezieht sich auf die Laufgeschwindigkeit des Insekts. Die hatte ich eigenmächtig einfach mit einer Laufdauer von 1000 Millisekunden pro Abschnitt festgelegt. Und dieser Wert lässt sich im Hauptprogramm nicht mehr ändern.

Warum verwenden wir in der GameView-Klasse dafür nicht eine Variable?

```
private int Zeit;
```

Und definieren eine Methode, mit der sich die Dauer einer Animation von außen flexibel festlegen lässt (→ Buggy6, GameView):

```
public void setDelay(int time) {
   Zeit = time;
}
```

Dabei reicht mir ein Zeitwert für die moveObject-Methode, in killObject() nehmen wir diese Zeit dann einfach mal 2 (um das Ganze noch ein bisschen auszudehnen):

Vom Käfer zur Wanze

```
// in moveObject():
Figur.animate().x(xZiel).y(yZiel).setDuration(Zeit);
// in killObject():
Figur.animate().alpha(0f).setDuration(2*Zeit);
```

> Erweitere die Klasse GameView entsprechend.

Natürlich könntest du auch eine Methode vereinbaren, die zwei Zeiten übernimmt, damit die Bewegung und der Tod einer Figur wie der Wanze getrennt einstellbar sind, z.B. so:

```
public void setDelay(int time1, int time2) {
  MoveZeit = time1;
  KillZeit = time2;
}
```

Mir reicht eine Zeit für alle Animationen (weshalb ich auf diese Methoden-Variante verzichte).

Im Hauptprogramm gibt es nun auch einiges nachzubessern. Ganz zu Anfang vereinbaren wir eine weitere globale Variable und legen gleich deren Wert fest:

```
private int Dauer = 1000;
```

Weiter unten in der onCreate-Methode (direkt nachdem Figur und Hgrund ihre IDs haben), rufen wir die neue Methode aus GameView auf:

```
Spiel.setDelay(Dauer);
```

Damit weiß das Objekt, mit welcher Geschwindigkeit die Figur (hier das Insekt) bewegt werden soll.

Nun muss nur noch die executeTask-Methode Bescheid bekommen:

```
Exekutor.scheduleWithFixedDelay
  (runnable,0,Dauer,TimeUnit.MILLISECONDS);
```

Wenn du dein Spiel testen willst und dazu eine besonders langsame Geschwindigkeit brauchst, um die Wanze auf jeden Fall zu treffen, dann musst du nur an einer einzigen Stelle etwas ändern, z.B.:

```
private int Dauer = 2000;
```

Und schon läuft das gesamte Spiel gemütlicher ab. (Oder du machst das Spiel schneller, indem du 500 oder eine deutlich kleinere Zahl verwendest?)

Eine Frage der Zeit?

Wo wir schon beim Thema Geschwindigkeit sind: Vielleicht ist dir das aufgefallen, dass der Käfer oder die Wanze bisher für **jeden** Weg eine Sekunde brauchte? Für eine lange Distanz etwa über die ganze Diagonale des Displays ebenso wie für ein paar Pixel. Was heißt: Die Figur bewegte sich mal schneller und mal langsamer.

Wenn dich das nicht stört, dann lasse einfach alles, wie es ist. Um aber zu erreichen, dass eine Figur sich immer mit derselben Geschwindigkeit bewegt, muss man die Laufzeit von der Länge der Strecke abhängig machen.

Eine Frage der Zeit?

Erinnerst du dich daran, wie wir im letzten Kapitel versucht haben, für den Käfer (und damit auch die Wanze) die richtige Richtung zu ermitteln? Da haben wir zuerst zwei Streckenabschnitte berechnet, die wir `xDiff` und `yDiff` genannt haben:

```
int xDiff = xZiel - xStart;
int yDiff = yZiel - yStart;
```

Um so viele Pixel wird die Figur jeweils horizontal (x-Richtung) und vertikal (y-Richtung) verschoben. Der wirkliche Weg, den sie dabei zurücklegt, wird durch die **Schräge** bestimmt, also die längste Seite in diesem rechtwinkligen Dreieck.

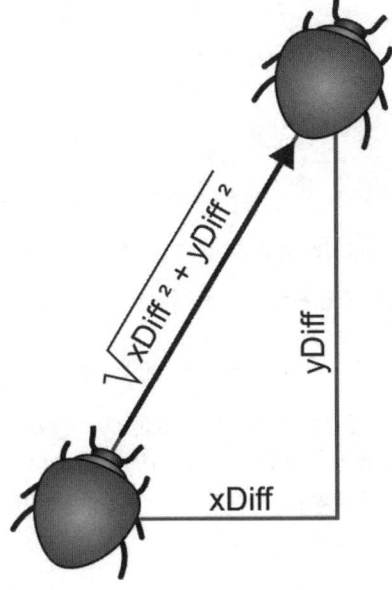

Kapitel 10

Vom Käfer zur Wanze

Aus der Schule kennst du den Namen Pythagoras. Von dem stammt eine Formel, mit deren Hilfe wir diese Schräge berechnen können. Dazu brauchen wir zuerst die beiden Quadrate aus den Strecken xDiff und yDiff, die wir so erhalten:

```
xDiff*xDiff + yDiff*yDiff
```

Diese beiden Werte werden addiert. Und dann wird daraus die Quadratwurzel gezogen. Dazu bietet die Math-Klasse von Java mit sqrt() eine passende Funktion an:

```
Weg = Math.sqrt(xDiff*xDiff + yDiff*yDiff);
```

sqrt ist eine Abkürzung von **square root** (= Quadratwurzel).

Die Variable Weg muss natürlich noch weiter oben in GAMEVIEW vereinbart werden:

```
private double Weg;
```

Und so sähe dann die neue Methode getDistance() aus (→ BUGGY6, GAMEVIEW):

```
private void getDistance() {
  // Distanz ermitteln
  int xDiff = xZiel - xStart;
  int yDiff = yZiel - yStart;
  //Strecke berechnen
  Weg = Math.sqrt(xDiff*xDiff + yDiff*yDiff);
}
```

≫ Die solltest du gleich der Klasse GameView hinzufügen.

Wie bekommen wir jetzt die tatsächliche Zeit heraus, die eine Figur zum Laufen braucht? Zuerst brauchen wir die maximal mögliche Strecke. Für die gilt der in der Variablen Zeit gespeicherte Wert.

Das Maximum ist die Diagonale des Displays bzw. des Spielfeldes, ein Rechteck, dessen Maße wir über setLimits() kennen. Für die Diagonale brauchen wir auch hier wieder die Hilfe des Pythagoras.

Eine Frage der Zeit?

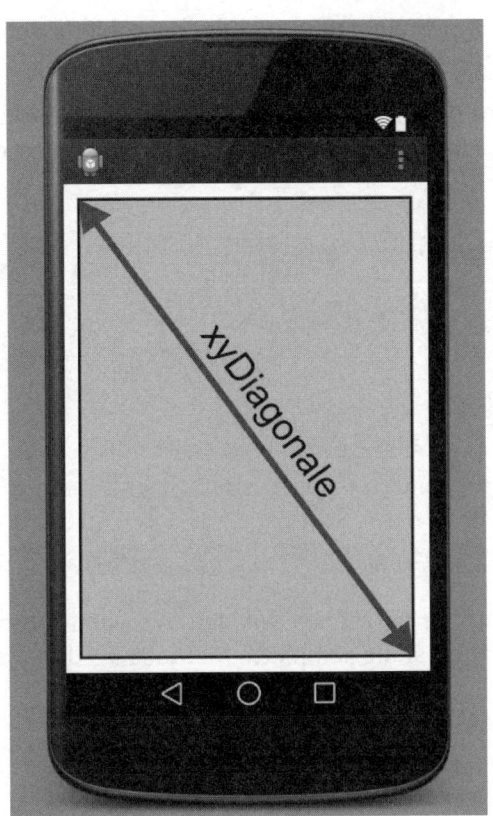

Aber brauchen wir auch eine neue Methode? Kann das nicht getDistance() erledigen? Schauen wir uns erst einmal an, was die Methode erledigen müsste:

```
public void getDiagonal() {
   int xDiff = xRechts - xLinks;
   int yDiff = yUnten - yOben;
   Max = Math.sqrt(xDiff * xDiff + yDiff * yDiff);
}
```

Natürlich brauchen wir dazu außer Weg eine weitere Variable:

```
private double Weg, Max;
```

Die Methoden getDistance() und getDiagonal() sehen sich sehr ähnlich, doch es gibt in jeder Zeile solche Unterschiede, dass es sich nicht lohnt, daraus eine einzige Methode zu machen.

Kapitel 10

Vom Käfer zur Wanze

> Tippe auch die Vereinbarung und die neue Methode ein (→ Buggy6, GameView).

Und nun kommt die nächste Frage: Wo wird welche Methode aufgerufen? Max muss nur einmal ermittelt werden. Das kann der Konstruktor erledigen:

```
public GameView(Context context) {
  super(context);
  // Grenzen und Maximalstrecke
  setLimits();
  getDiagonal();
  //Start im Zentrum
  xStart = xRechts/2;
  yStart = yUnten/2;
}
```

Und in moveObject() berechnen wir den Weg und die daraus resultierende Laufzeit. Hier ist die komplette Methode (→ Buggy6, GameView):

```
public void moveObject(int bild) {
  // Ziel-Position setzen
  setDestination();
  // Winkel, Weg und Zeitfaktor ermitteln
  getDirection();
  getDistance();
  int xyDiff =(int)(Weg*Zeit/Max);
  // Figur holen, drehen und bewegen
  Figur.setImageResource(bild);
  Figur.setRotation((float) Winkel);
  Figur.animate()
    .x(xZiel).y(yZiel).setDuration(xyDiff);
  // Startpunkt neu setzen
  xStart = xZiel;
  yStart = yZiel;
}
```

Nachdem über getDistance() der Weg berechnet wurde, müssen wir die aktuelle Laufzeit für die Figur ermitteln. Die Variable dafür habe ich xyDiff genannt:

```
int xyDiff =(int)(Weg*Zeit/Max);
```

Wiederbelebung

> Für die Mathematiker: Wenn Weg den Maximalwert hätte, dann würde die Formel so lauten: Max*Zeit/Max, was gleichbedeutend mit Zeit wäre. Bei maximalem Weg braucht die Figur die maximale Zeit.

Die wirklich benötigte Zeit übernimmt dann auch die Animationsmethode:

```
Figur.animate().x(xZiel).y(yZiel).setDuration(xyDiff);
```

» Ergänze die Klassenvereinbarungen für GameView, dann lasse das Projekt laufen. Und du wirst feststellen, dass die Wanze jetzt auf allen Strecken gleich schnell läuft.

> Weil die Wiederholungsdauer für den Exekutor stets die **gleiche** bleibt, macht natürlich das Tierchen immer mal eine kleine Verschnaufpause, ehe die nächste Bewegung folgt. Das aber dürfte nicht weiter stören. Wenn doch, dann wird es schwieriger, weil der Exekutor dann ständig einen neuen Delay-Wert erhalten müsste.

Wiederbelebung

Nun läuft die Wanze ebenso wie früher der Käfer recht ziellos über das Display. Und es fällt nicht immer leicht, dieses Tierchen zu erwischen (jedenfalls mir nicht). Aber es soll ja auch nicht zu einfach sein, die Wanze zu plätten. So weit macht sich unser Spiel doch ganz gut.

Doch was ist, wenn wir der Wanze den Garaus gemacht haben? Soll dann das Spiel zu Ende sein? Wenn ja, könnten wir eigentlich in onTouch() die Schaltvariable An auch »abschalten«:

```
An = false;
```

Denn ein Umschalten wäre doch nach dem Aus der Wanze witzlos. Außer es erscheint eine neue Wanze. Mal sehen, wie wir das anstellen können.

Beginnen wir mit einer Methode für die Klasse GameView, die die scheinbar getötete (und ausgeblendete) Wanze wiederherstellt (→ BUGGY7):

```
public void restoreObject(int bild) {
  // Figur holen und einblenden
  Figur.setImageResource(bild);
```

Kapitel 10 — Vom Käfer zur Wanze

```
    Figur.animate().alpha(1f).setDuration(Zeit);
}
```

restoreObject() ist das Gegenstück zu killObject(): Erst wird das passende Bild (einer lebendigen lauffähigen Wanze) geholt, dann wird der Alpha-Wert auf 1 (= voll) animiert. Die Wanze ist wieder da und kann weiterlaufen.

Die folgenden Änderungen betreffen MAINACTIVITY.JAVA, und dort fast nur die onTouch-Methode (→ BUGGY7):

```
public boolean onTouch
  (View view, MotionEvent motionEvent) {
  // Insekt (erneut) zum Laufen bringen
  if (An) {
    if(!Start)
      Spiel.restoreObject(R.drawable.insekt2);
    executeTask(Aufgabe);
    Start = false;
  }
  // Insekt stoppen und "plätten"
  else {
    Exekutor.shutdown();
    Spiel.killObject(R.drawable.insekt2x);
  }
  // Umschalten
  An = !An;
  // Rückgabewert
  return false;
}
```

Die if-Struktur ist um eine weitere gewachsen, denn es gibt einen weiteren Schalter. Jetzt unterscheiden wir noch, ob das Spiel neu gestartet wurde oder die Figur wiederauferstehen soll:

Schaltzustand	Zustand der Figur	Methode
An = true	ist in Bewegung	moveObject()
An = false	ist getroffen und bleibt stehen	killObject()
Start = true	Wanze lebt noch	
Start = false	Wanze lebt wieder	restoreObject()

Treffer zählen

Und nur wenn das Spiel nicht mehr neu ist, dann muss die Wanze wieder eingeblendet werden:

```
if(!Start)
   Spiel.restoreObject(R.drawable.insekt2);
```

Die globalen Variablen bekommen ein Mitglied mehr:

```
private boolean An = true, Start = true;
```

Auch Start muss zu Anfang auf true gesetzt werden, mache den ersten Klick oder Tipp dann sofort (und für immer) auf false:

```
Start = false;
```

> Ergänze die neue Methode in GAMEVIEW und ihren Aufruf in MAINACTIVITY. Füge die Variable Start hinzu. Dann geht es wieder an den Programmstart.

> Und so geht das Spiel jetzt: Mit dem ersten Mausklick oder Fingertipp startest du die Wanze. Sobald es dir gelungen ist, sie zu erwischen, ist sie platt und haucht ihr Leben aus (bzw. löst sich auf). Klickst oder tippst du nun auf die Stelle, an der die Wanze **zuletzt** war, dann taucht eine frische oder runderneuerte Wanze auf und rennt um ihr Leben.

Wenn du lieber die Stelle kennzeichnen möchtest, auf die du für das Erscheinen einer neuen Wanze klicken musst, dann kannst du z.B. in killObject() den Alphawert ein kleines bisschen höher als null setzen, etwa so:

```
Figur.animate().alpha(0.1f).setDuration(2*Zeit);
```

Dann sieht man die (alte) platte Wanze noch ein bisschen durchschimmern. Für den Spielspaß aber würde ich bei 0f bleiben.

Treffer zählen

Zu einem richtigen Spiel gehören natürlich auch Punkte, die man erreichen kann. Und um die anzuzeigen, brauchen wir ein Textfeld.

Kapitel 10 — Vom Käfer zur Wanze

» Füge im DESIGN-Modus in das Layout ganz oben eine Komponente von Typ TEXTVIEW ein, setze die Breite z.B. auf 200dp, stelle GRAVITIY auf CENTER ein und die Textgröße auf 24sp.

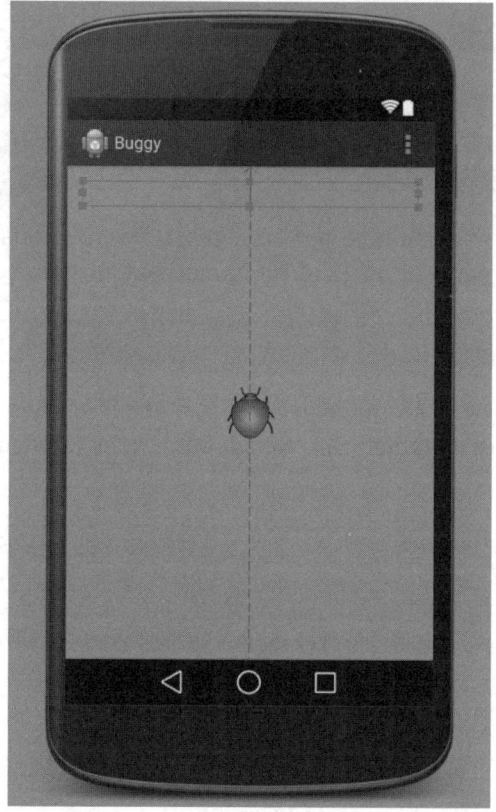

Im Quelltext von MAINACTIVITY.JAVA muss nun eine neue Variable vereinbart und mit der die neuen Komponenten verknüpft werden (aber das kennst du ja schon):

```
final TextView Treffer =
   (TextView) findViewById(R.id.textView);
```

Für das Sammeln der Punkte vereinbaren wir eine globale Variable mit einem diesmal großen Ganzzahl-Typ:

```
private int Punkte = 0;
```

Ich zähle pro Treffer einen Punkt. Doch du kannst auch in 100er- oder 1000er-Schritten zählen. (Der Typ `int` erfasst ganze Zahlen zwischen -/+ 2 Milliarden. Ob jemals ein Spieler diese Punktzahl erreichen kann?)

Zusammenfassung

Bleibt jetzt nur noch das Zählen selbst. Das passiert im `else`-Zweig der `onTouch`-Methode:

```
Exekutor.shutdown();
Spiel.killObject(R.drawable.insekt2x);
Punkte++; // oder += 100?
Treffer.setText(String.valueOf(Punkte));
```

Nun weißt du auch, wohin genau die beiden Anweisungen sollen. Die erste zählt die Punkte um jeweils einen hoch. In der zweiten Anweisung wird die aktuelle Punktzahl dann direkt nach jedem Treffer angezeigt.

≫ Ergänze die Vereinbarungen und Anweisungen (→ BUGGY7A). Dann starte die App und spiele!

Zusammenfassung

Das ist nun schon dein zweites Spiel, und wenn man großzügig ist und außer dem Zahlenraten noch das Kugel-Klicken aus dem 8. Kapitel dazurechnet, sogar dein drittes. Diesmal ging es etwas brutaler zu, aber wer mag schon Wanzen?

Richtig viel Neues gab es hier nicht, lediglich ein Java-Wörtchen ist angefallen:

`sqrt()`	Methode, um die Quadratwurzel einer Zahl zu berechnen

Wenn du jetzt schon daran denkst, eine eigene App im Google Play Store zu veröffentlichen, dann findest du dazu ein paar Hinweise in **Anhang C**.

Keine Frage ...
... und nur eine Aufgabe

1. Ändere das Kugel-Projekt von Aufgabe 1 aus Kapitel 9 (KUGEL5) um: Definiere auch hier eine Klasse `GameView`.

11

Springen oder Ducken?

Ich möchte das Wanzen-Spiel jetzt erst einmal so lassen, wie es ist. Es gibt da noch einiges zu verbessern und zu erweitern, doch das wird komplizierter, daher verschieben wir es auf später. Jetzt beginnen wir mit einem neuen Projekt, aus dem natürlich auch ein Spiel werden soll. Bei dem geht es diesmal nicht darum, etwas zu erwischen, sondern Gegenständen auszuweichen.

In diesem Kapitel lernst du

- den Unterschied zwischen PORTRAIT und LANDSCAPE kennen
- etwas über Konstanten
- wie man »Drücken« und »Loslassen« abfragt
- etwas über den return-Wert bei onTouch( )
- einiges über Layout und Objektgröße

Hoch- oder Querformat

Auch für unser nächstes Projekt brauchen wir zwei Bildfelder, eines für den Hintergrund und eines für die Figur. Bei Spielbeginn wird diese erst einmal einfach nur dastehen, doch um auszuweichen, muss sie entweder hochspringen oder sich ducken.

Kapitel 11

Springen oder Ducken?

Auch hier kannst du dich natürlich wieder bei dem Bildvorrat auf der DVD bedienen. Zunächst benötigen wir nur drei Dateien, später vielleicht mehr.

Ich habe hier bewusst drei »Strichmännchen« benutzt. Doch wenn dir das nicht passt, erstellst du einfach deine eigenen Figuren. Dabei solltest du jedoch beachten: Alle drei Bilder sollten das PNG-Format haben, die (zusammengekauerte) Figur sitzt beim Hochspringen ganz oben, beim Ducken ganz unten im Bild. Dadurch ist jeweils Platz, damit der »feindliche« Gegenstand berührungslos darunter oder darüber vorbeiziehen kann.

> Erzeuge jetzt ein neues Projekt und gib ihm den Namen Dodger1.

Das englische Verb »to dogde« heißt »ausweichen«. Ein »dodger« ist eigentlich auch ein Schwindler oder Drückeberger, dennoch halte ich den Spiel-Titel für passend. (Eine Alternative wäre z.B. »avoider«.)

Füge zunächst ein Bildfeld hinzu, das so groß wie möglich sein sollte (MATCH_PARENT). Das ist der Hintergrund.

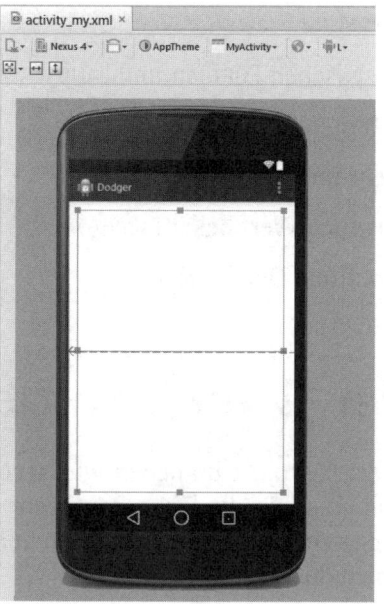

Hoch- oder Querformat

Bis jetzt sieht noch alles gut aus. Doch gleich stehen wir vor einem Problem: Wenn das Spiel auf dem Smartphone im Hochformat laufen soll, wird es eng, denn die Figur wird die Hälfte des Spielfeldes einnehmen. Besser wäre es also, wenn man das Ganze im Querformat spielt. Dazu schalten wir erst mal den Ansichtsmodus um.

≫ Klicke dazu oben im DESIGN-Modus in der Leiste über dem Smartphone auf das Symbol rechts neben dem Handy-Namen:

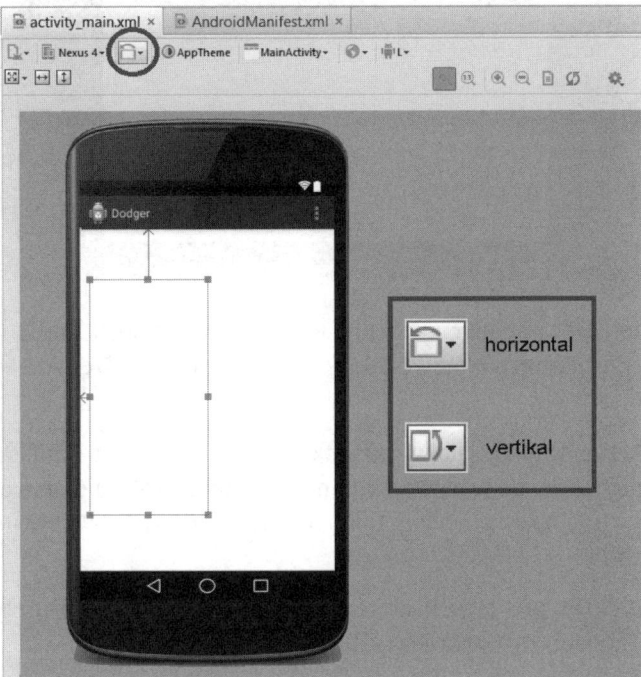

Entweder es wird direkt umgeschaltet oder du benutzt dazu ein kleines Menü, das sich auftut.

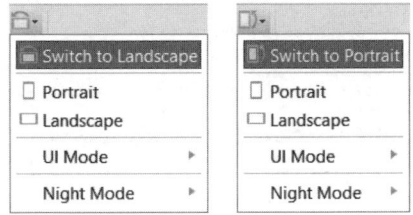

Dabei gibt es diese Entsprechungen:

Landscape	Querformat (horizontal)
Portrait	Hochformat (vertikal)

Kapitel 11

Springen oder Ducken?

Zwischen den beiden Ansichtsmodi kannst du beliebig hin- und herschalten. Anschließend sollte das Ganze so aussehen:

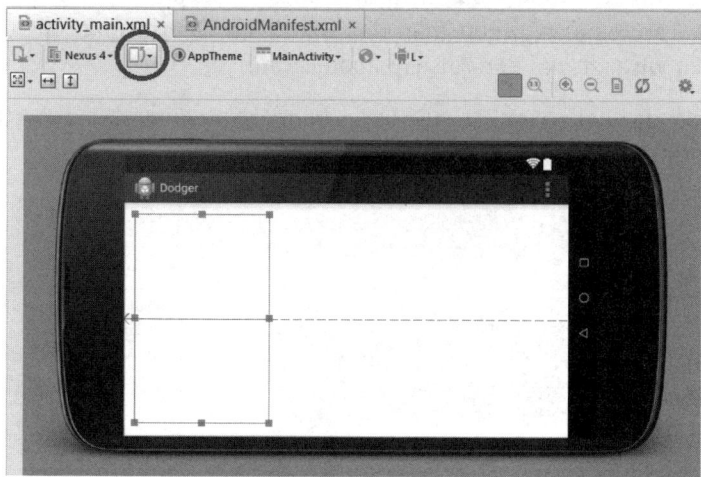

Damit das Spiel nachher auch nur im Querformat läuft, muss das auch noch im Programm vermerkt werden. Dazu ist die Datei ANDROIDMANIFEST.XML da.

≫ Um die zu finden, klickst du links in der Projektliste auf das kleine graue Dreieck vor dem Projektnamen, dann klickst du dich weiter über APP, SRC und MAIN, um schließlich auf den Eintrag ANDROIDMANIFEST.XML zu stoßen.

≫ Doppelklicke auf diesen Eintrag und rechts daneben öffnet sich ein neues Fenster mit dem XML-Quelltext.

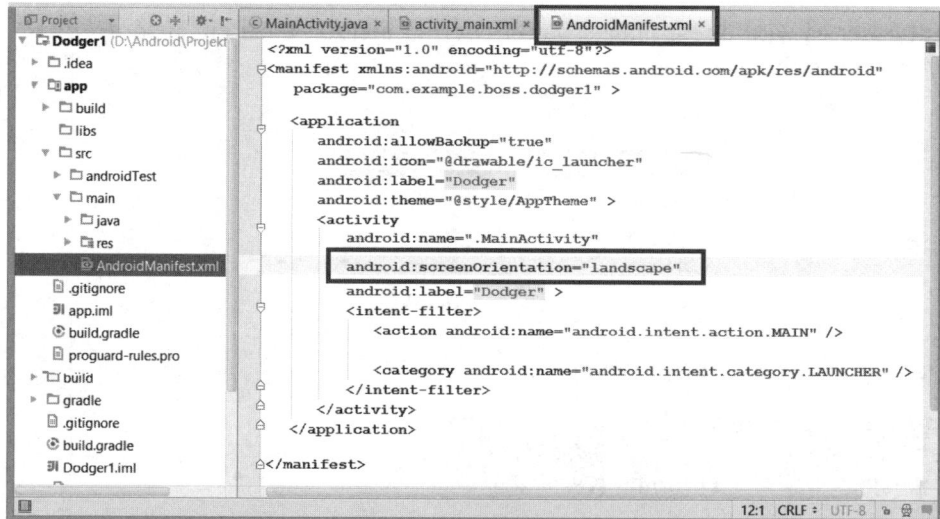

Jump & Duck

Da müssen wir jetzt mitten rein. Diese Zeile muss ergänzt werden (→ DODGER1):

```
android:screenOrientation="landscape"
```

≫ Füge sie unter dem activity-Eintrag ein, am besten zwischen diese Zeilen:

```
android:name=".MainActivity"
android:screenOrientation="landscape"
android:label="@string/app_name" >
```

Damit wird erreicht, dass auch beim Drehen des Smartphones der Landscape-Modus erhalten bleibt.

≫ Und nun wird es Zeit, die passenden Figuren zu besorgen: Lade STAND.PNG, JUMP.PNG und DUCK.PNG aus dem Ordner PROJEKTE\BILDER.

Die Stand-Figur kannst du auch gleich mit dem kleineren Bildfeld verknüpfen.

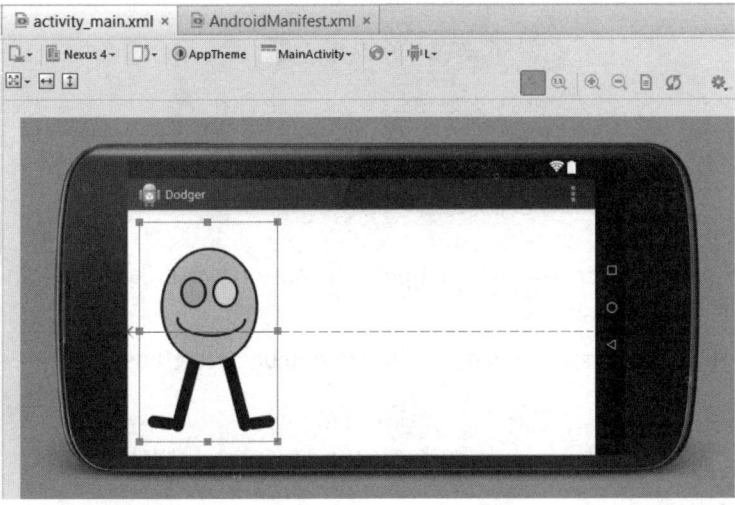

Womit unsere Arbeit im XML-Bereich vorerst getan ist. Wenden wir uns nun der Datei MAINACTIVITY.JAVA zu.

Jump & Duck

Dort müssen wie üblich zuerst die Komponenten vereinbart werden, und dann brauchen wir wieder eine OnTouchListener-Struktur. Doch halt! War

Kapitel 11 — Springen oder Ducken?

da nicht was mit einer eigenen Klasse? Die sollten wir auch diesem Projekt spendieren.

≫ Sorge dafür, dass das MAINACTIVITY.JAVA-Fenster aktiv ist. Dann klicke im Hauptmenü auf FILE und NEW.

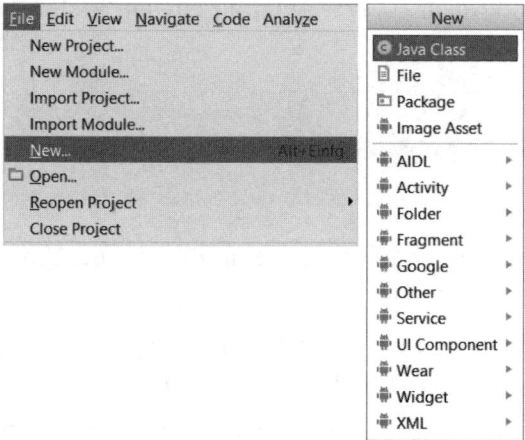

≫ Wähle im Kontextmenü den Eintrag JAVA CLASS.

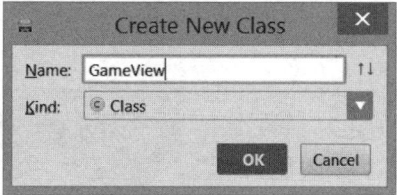

≫ In dem kleinen Dialogfeld tippst du hinter NAME GameView ein und klickst dann auf OK.

Womit du das passende Fenster für deine neue Klasse hast.

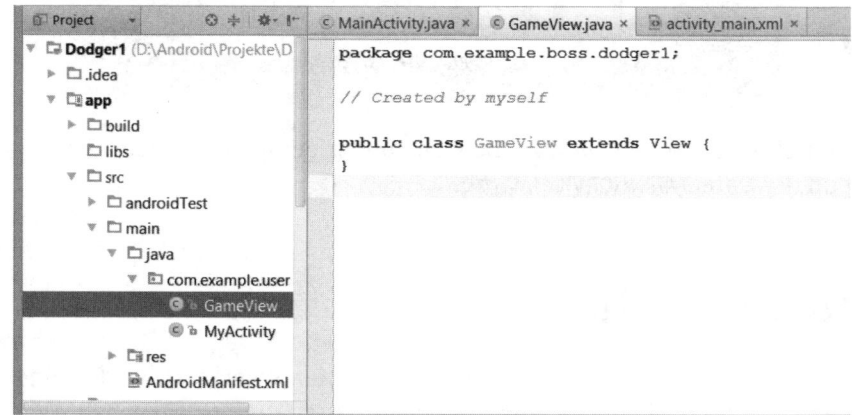

Jump & Duck

Auch jetzt leiten wir die neue von einer vorhandenen Klasse (View) ab und verpassen ihr auch gleich den erforderlichen Konstruktor (→ DODGER1):

```
public class GameView extends View{
  // Figur und Hintergrund
  public ImageView Figur;
  public ImageView Hgrund;

  //Konstruktor
  public GameView(Context context) {
    super(context);
  }
}
```

≫ Tippe diesen Quelltext in GAMEVIEW.JAVA ein.

Dabei belassen wir es vorläufig. Jetzt sollten wir in MAINACTIVITY ein Spiel-Objekt erzeugen, die Komponenten einbinden, und uns dann um die onTouch-Struktur kümmern.

≫ Gib auch die folgenden Zeilen an den richtigen Stellen ein:

```
// oben direkt unter der Activity-Zeile
private GameView Spiel;
// in die onCreate-Methode
Spiel = new GameView(this);
Spiel.Hgrund =
  (ImageView) findViewById(R.id.imageView);
Spiel.Figur =
  (ImageView) findViewById(R.id.imageView2);
```

> Vielleicht fällt dir auf, dass ich hier die Reihenfolge vertauscht habe. Im letzten Projekt war der Hintergrund mein zweites Bildfeld, hier ist er mein erstes. Da passieren oft Fehler. Achte also genau darauf, welche Komponente du mit welcher Variablen verknüpfst!

Warum brauchen wir hier eine Methode onTouch(), warum reicht nicht onClick()? Wir können doch einfach auf die Figur klicken oder tippen, wenn ein Gegenstand angeflogen kommt. Doch woher soll Android wissen, ob die Figur sich ducken oder hochspringen soll? Das erfährt sie nur dadurch, dass ich in eine bestimmte Gegend klicke oder tippe. Und dazu brauchen wir die Koordinaten der Maus oder des Fingers.

Kapitel 11 — Springen oder Ducken?

Den Hintergrund teilen wir in zwei gleich große Flächen auf, es gibt ein Oben und ein Unten: Kommt oben ein Gegenstand auf die Figur zu, dann muss sie sich ducken, nähert sich der Gegenstand unten, dann muss sie springen:

| if (oben) | nach unten ausweichen | DUCK.PNG |
| if (unten) | nach oben ausweichen | JUMP.PNG |

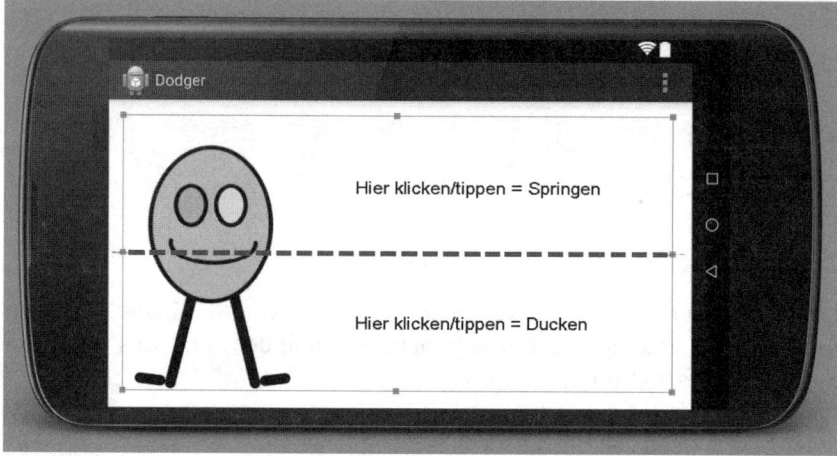

Damit du schon mal was zum Klicken (Tippen) hast und auch die Figur in Aktion zu sehen bekommst, hier eine erste Fassung der OnTouchListener-Struktur (→ DODGER1, MAINACTIVITY):

```
Spiel.Hgrund.setOnTouchListener
  (new View.OnTouchListener() {
  @Override
  public boolean onTouch
    (View view, MotionEvent event) {
    // Klick-Touch-Position ermitteln
    int xPos = (int)event.getX();
    int yPos = (int)event.getY();
    // Schalter an-aus
    if(An) {
      // Auswertung, passende Figur zeigen
      if (yPos <= Mitte)
        Spiel.showObject(R.drawable.jump);
      else
        Spiel.showObject(R.drawable.duck);
    }
```

Die Mitte finden

```
    else
       Spiel.showObject(R.drawable.stand);
    // Umschalten
    An = !An;
    // Rückgabe
    return false;
  }
});
```

≫ Ergänze den Quelltext in MAINACTIVITY um diese Struktur.

≫ Und vereinbare gleich diese globalen Variablen mit:

```
private boolean An = true;
private int Mitte;
```

Die Mitte finden

Schauen wir uns jetzt mal genauer an, was da in onTouch() vor sich geht. Zuerst werden die Koordinaten des »Touch-Points« abgefragt (wobei wir lokale Variablen benutzen):

```
int xPos = (int)event.getX();
int yPos = (int)event.getY();
```

In einer if-Struktur verwenden wir auch hier (erst einmal) einen An-Aus-Schalter. So kannst du alle Positionen durchklicken, die die Figur einnehmen kann:

```
if(An) {
   // springen oder ducken
else
   // normal dastehen
// Umschalten
An = !An;
```

Genau genommen brauchen wir jetzt eigentlich nur **eine** Koordinate, es geht ja (noch) nicht um links oder rechts, sondern um oben oder unten. Wir haben den Ansichtsmodus auf Querformat eingestellt, und das Koordinatensystem hat sich mitgedreht. Also muss der y-Wert abgefragt werden:

Kapitel 11

Springen oder Ducken?

```
if (yPos <= Mitte)
   Spiel.showObject(R.drawable.jump);
else
   Spiel.showObject(R.drawable.duck);
```

Wenn die Position des Mauszeigers (oder des Fingers) in der unteren Hälfte ist, dann wird gesprungen, sonst wird geduckt:

yPos <= Mitte	yPos oberhalb der Mittellinie	DUCK.PNG
yPos > Mitte	yPos unterhalb der Mittellinie	JUMP.PNG

Die Bedingung yPos == Mitte, bei der der Klick oder Tipp genau auf der Mittellinie erfolgt, habe ich »oberhalb der Mittellinie« mit untergebracht. Wann trifft man schon mal genau die Mittellinie?

Wie du siehst, wird in onTouch() eine GameView-Methode aufgerufen, die wir dort so vereinbaren (→ DODGER1):

```
public void showObject(int bild) {
   Figur.setImageResource(bild);
}
```

≫ Auch das kannst du gleich in GAMEVIEW.JAVA eintippen. (Die Methode ist klein, aber da kommt gleich noch einiges dazu.)

≫ Wenn du die Bildfeld-Komponente nicht (in ACTIVITY_MAIN.XML) mit einer Bild-Datei verbunden hast, füge in MAINACTIVITY.JAVA diese Zeile hinzu (direkt über der OnTouchListener-Struktur):

```
Spiel.showObject(R.drawable.stand);
```

Wie man die Display-Maße ermittelt, weißt du ja. Wir nutzen sie hier wieder mit einem Ausgleichsfaktor und packen sie gleich in eine Methode (→ DODGER1, GAMEVIEW):

```
private void setLimits() {
   xDisplay = (int)(getResources()
     .getDisplayMetrics().widthPixels * 0.79f);
   yDisplay = (int)(getResources()
     .getDisplayMetrics().heightPixels * 0.74f);
}
```

Die Mitte finden

setLimits() kennst du schon aus vergangenen Projekten. Hier haben wir es mit einer etwas schlankeren Variante zu tun.

Dazu vereinbaren wir auch gleich die nötigen Variablen:

```
private int xDisplay, yDisplay;
```

Und aktiviert werden muss die Methode natürlich auch. Das erledigt der Konstruktor:

```
public GameView(Context context) {
  super(context);
  setLimits();
}
```

Womit die Klasse GameView wieder um einiges gewachsen ist. Hier soll dann auch die besagte Display-Mitte berechnet werden. Das könnte eine Funktion erledigen, also eine Methode, die einen Wert zurückgibt. Und so könnte sie aussehen (→ DODGER1, GAMEVIEW):

```
public int getMedian(int orientation) {
  if (orientation == X_AXIS)
    return xDisplay/2;
  else
    return yDisplay/2;
}
```

Ich habe die Funktion etwas universeller gestaltet. Der Parameter bestimmt, ob es um die x- oder die y-Achse geht. (In unserem Fall geht es immer um die y-Achse, die sich ja dem Hoch- oder Querformat anpasst.)

Damit das nicht nur bloße (nichtssagende) Zahlen sind, vereinbaren wir dazu zwei aussagekräftige Konstanten:

```
public static final int X_AXIS = 0;
public static final int Y_AXIS = 1;
```

> Der Wert einer **Konstanten** lässt sich nicht mehr verändern. Was ja auch hier nicht sein muss. Man benutzt zur Vereinbarung die Kombination static final. Für die Namen von Konstanten sind Großbuchstaben üblich (aber nicht vorgeschrieben).

Im Hauptprogramm wird diese Methode dann so eingesetzt:

```
Mitte = Spiel.getMedian(GameView.Y_AXIS);
```

Kapitel 11 — Springen oder Ducken?

Mitte ist ja bereits als globale Variable vereinbart. Sie bekommt die Lage der Mittellinie, die dann in onTouch() abgefragt wird.

» Erweitere nun die Dateien MAINACTIVITY.JAVA und GAMEVIEW.JAVA. Dann probiere das Programm aus und klicke (bzw. tippe) ein paar Mal auf verschiedene Stellen des Displays.

 Ach ja: Auch der Emulator lässt sich natürlich aufs Querformat umschalten. Dazu benutzt du die Tastenkombinationen [Strg]+[F11] und [Strg]+[F12]. (Auf dem Zahlenblock geht auch [7] oder [9]. (Allerdings habe ich das Gefühl, dass der Emulator hier träger ist als im Hochformat.)

Drücken oder loslassen

So wie im aktuellen Dodger-Projekt kann es natürlich nicht bleiben. Nach jedem Ducken oder Springen sollte die Figur automatisch wieder ihre Normalposition einnehmen. Anders ausgedrückt: Solange ich die Maustaste gedrückt halte oder den Finger auf dem Display liegen lasse, soll die Figur geduckt oder springend angezeigt werden. Lasse ich los, kehrt das normale Standbild zurück.

Schauen wir mal, ob wir in den Informationen etwas finden, die MotionEvent uns als Parameter der onTouch-Methode liefert. Was wir schon kennen, sind die Koordinaten der Position, die berührt wurde. Interessant ist die Methode getAction(). Sie liefert eine ganze Zahl, für die es eine Reihe von vordefinierten Konstanten gibt, von denen uns jetzt nur zwei nützlich sind:

Drücken oder loslassen

ACTION_DOWN	Beginn des »Drucks«: Maustaste wird gedrückt oder Finger berührt Display.
ACTION_UP	Ende des »Drucks«: Maustaste wird losgelassen oder Finger wird vom Display abgehoben.

Als Erstes entfernen wir die globale boolesche Variable An und vereinbaren in onTouch()eine lokale Ganzzahl Modus, der wir dann gleich die benötigte Information zuweisen:

```
int Modus = event.getAction();
```

Und dann wird ausgewertet. Dazu schaust du dir am besten die komplette onTouch-Methode an (→ DODGER2):

```
public boolean onTouch(View view, MotionEvent event) {
  // Klick-Touch-Position und -Zustand
  int xPos = (int)event.getX();
  int yPos = (int)event.getY();
  int Modus = event.getAction();

  // Gedrückt oder nicht
  if (Modus == MotionEvent.ACTION_DOWN) {
    // Auswertung, passende Figur holen
    if (yPos <= Mitte)
      Spiel.showObject(R.drawable.jump);
    else
      Spiel.showObject(R.drawable.duck);
  }
  else if (Modus == MotionEvent.ACTION_UP)
    Spiel.showObject(R.drawable.stand);

  // Rückgabe
  return true;
}
```

≫ Passe die Methode in MAINACTIVITY entsprechend an. Wenn du willst, kannst du das Programm auch schon mal testen.

Im ersten if-Zweig sind die beiden Ausweich-Manöver untergebracht.

```
if (Modus == MotionEvent.ACTION_DOWN) {
  if (yPos <= Mitte)
    Spiel.showObject(R.drawable.jump);
```

Kapitel 11 — Springen oder Ducken?

```
  else
    Spiel.showObject(R.drawable.duck);
}
```

Solange etwas »gedrückt« wird, springt oder duckt sich die Figur (und bleibt dann auch oben oder unten). Im zweiten if-Zweig (das else muss nicht unbedingt sein) wird abgefragt, wann der Druck wieder nachlässt:

```
else if (Modus == MotionEvent.ACTION_UP)
  Spiel.showObject(R.drawable.stand);
```

Am Ende der Methode wird diesmal true zurückgegeben:

```
return true;
```

Das ist deshalb nötig, weil sonst das Beenden eines Touch-Ereignisses, also das »action up« schlichtweg verschluckt wird. (Probiere das Ganze ruhig mal aus, indem du die Methode false zurückgeben lässt.)

Das richtige Layout

Die meisten Smartphones haben eine Bildschirmdiagonale zwischen 4 und 5 Zoll, besonders große auch mal 6 Zoll. Und Tablets gibt es mit 7- bis 12-Zoll-Displays.

Das richtige Layout

In vorangegangenen Projekten spielte es keine besondere Rolle, wie groß das Objekt war, das sich übers Spielfeld bewegte. Auf vielen Smartphones ist ein Ball oder ein Insekt ziemlich groß, auf Tablets eben deutlich kleiner. Aber die Größe stört nicht unbedingt den Spielverlauf. Doch hier könnte das anders sein.

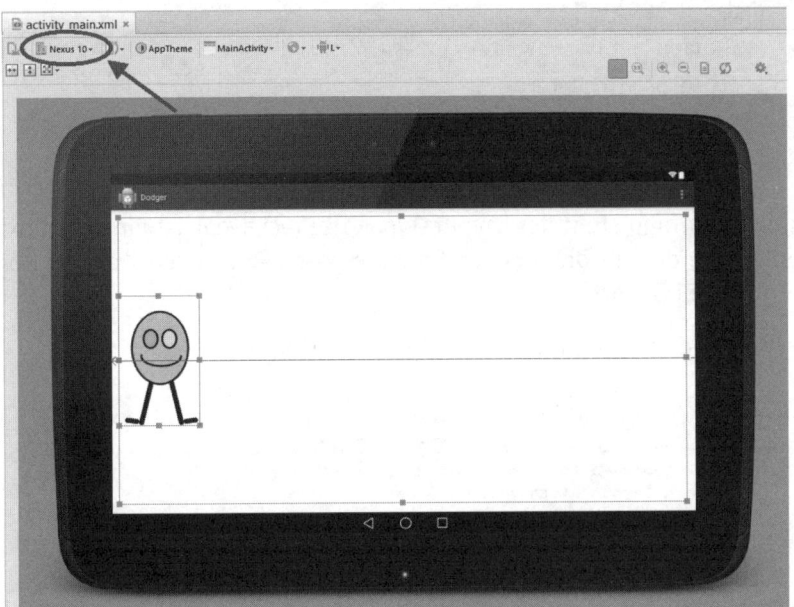

Bei einem Gerät mit einem 10-Zoll-Display etwa sieht unsere Figur plötzlich ganz schön mickrig aus. Und sie müsste sich bei sehr hoch fliegenden oder tief ankommenden Gegenständen nicht mal von der Stelle rühren.

Es wird Zeit, sich darum zu kümmern, dass eine Figur ihre Größe anpassen kann. In diesem Fall soll sie ja möglichst viel von der Display-Höhe einnehmen. Doch wie stellt man das so ein, damit das für möglichst alle Bildschirmgrößen klappt?

Das hat etwas mit dem **Layout** zu tun. Da haben wir bis jetzt einfach hingenommen, was uns automatisch vorgegeben wurde. Hat ja meistens auch funktioniert. Jetzt aber müssen wir selbst Hand anlegen.

Schauen wir doch gleich mal in die XML-Datei, in der das Layout für unsere Projekte definiert ist (Activity_main):

```
<RelativeLayout xmlns:android=
  "http://schemas.android.com/apk/res/android"
  xmlns:tools="http://schemas.android.com/tools"
  android:layout_width="match_parent"
```

Kapitel 11

Springen oder Ducken?

```
android:layout_height="match_parent"
android:paddingLeft=
   "@dimen/activity_horizontal_margin"
android:paddingRight=
   "@dimen/activity_horizontal_margin"
android:paddingTop=
   "@dimen/activity_vertical_margin"
android:paddingBottom=
   "@dimen/activity_vertical_margin"
tools:context=".MainActivity">
```

Ganz zu Anfang steht der Layout-Typ. RelativeLayout ist ein sehr flexibles Layout, das für die meisten Projekte passt. Auf andere Layouts kommen wir bei Bedarf.

≫ Wechsle dazu vom DESIGN- in den TEXT-Modus.

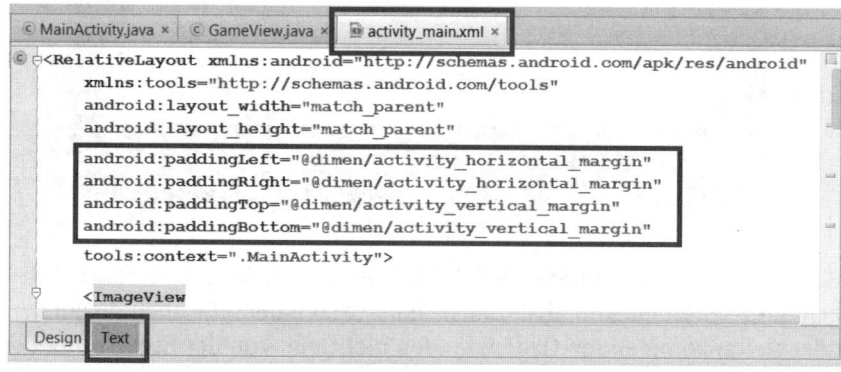

Die ersten Zeilen dieser XML-Datei überspringen wir, für uns von Wichtigkeit sind diese Einstellungen:

	Bedeutung	aktuelle Einstellung
layout_width layout_height	nutzbare Breite und Höhe	maximal mögliche Maße (match_parent)
padding	Innenrand auf jeder Seite separat einstellbar	vordefinierte Werte

Nun erklärt sich auch, weshalb wir unsere Hintergründe nie über die ganze Displayfläche ausdehnen konnten: Padding heißt eigentlich so was wie Polsterung, das ist der Rand innerhalb eines Layout-Rechtecks, über den sich auch keine Komponente schieben lässt. Das Padding ist auch dafür verantwortlich, dass wir beim Berechnen unserer Grenzwerte (wie z.B. xDisplay, yDisplay) Ausgleichsfaktoren benutzen mussten.

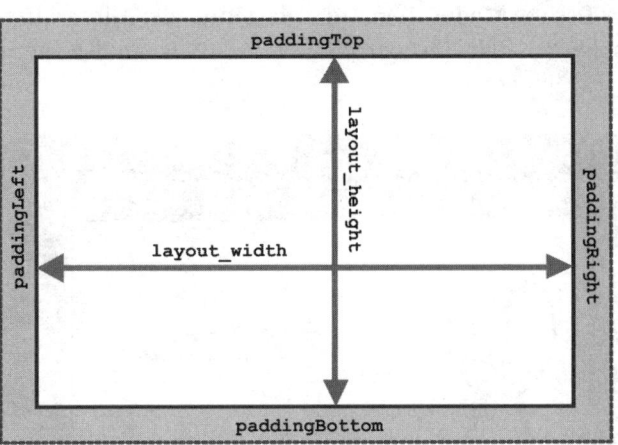

Für dieses Spiel spricht nichts dagegen, alle padding-Werte hintereinander auf "0dp" zu setzen, dann hat man ein randloses Layout. Doch dazu gibt es auch eine Abkürzung:

» Wechsle vom DESIGN- in den TEXT-Modus. Entferne diese vier padding-Zeilen aus ACTIVITY_MAIN.XML:

```
android:paddingLeft=
   "@dimen/activity_horizontal_margin"
android:paddingRight=
   "@dimen/activity_horizontal_margin"
android:paddingTop=
   "@dimen/activity_vertical_margin"
android:paddingBottom=
   "@dimen/activity_vertical_margin"
```

» Ersetze sie dann durch diese eine:

```
android:padding="0dp"
```

```
<RelativeLayout xmlns:android="http://schemas.android.com/apk/res/android"
    xmlns:tools="http://schemas.android.com/tools"
    android:layout_width="match_parent"
    android:layout_height="match_parent"
    android:padding="0dp"
    tools:context=".MainActivity">

    <ImageView
        android:layout_width="match_parent"
        android:layout_height="match_parent"
        android:id="@+id/imageView"
```

Kapitel 11 — Springen oder Ducken?

Wieder im DESIGN-Modus siehst du, dass nun der Hintergrund das gesamte Display ausfüllt. (Er war ja auch bei Breite und Höhe jeweils auf match_parent eingestellt.)

Zu beachten ist allerdings, dass die für unser Spiel verfügbare Fläche nun zwar etwas größer geworden ist, aber noch immer nicht die kompletten Displaymaße umfasst. Mit dazu gehört die sogenannte ActionBar, in der z.B. der Titel der App steht (hier DODGER).

Während sich nun die Berechnung der Displaybreite vereinfacht, ändert sich für die Höhe nur der Korrekturfaktor ($\rightarrow$ DODGER2, GAMEVIEW):

```
private void setLimits() {
  xDisplay =
    getResources().getDisplayMetrics().widthPixels;
  yDisplay = (int) (getResources()
    .getDisplayMetrics().heightPixels * 0.83f);
}
```

Die verfügbare Höhe hängt nicht nur von der Displayauflösung ab. Bei Smartphones ist die ActionBar »dicker« als bei Tablets. Mein Ausgleichsfaktor ist also nur ein Kompromiss.

Dass sich der Hintergrund nun in seinen Ausmaßen angepasst hat, heißt nicht, dass man grundsätzlich eine Komponente wie ein Bildfeld einfach so in seiner Position oder Größe ändern kann. Es gibt zwar die View-Methoden setLeft() und setTop(), doch wenn man sie aufruft, rückt die Figur keinen Millimeter bzw. kein Pixel zur Seite oder nach unten:

```
Spiel.Figur.setLeft(200);
Spiel.Figur.setTop(100);
```

Das richtige Layout

Und auch die Größe lässt sich nicht direkt ändern. Wir müssen einen Umweg gehen, indem wir das eingesetzte Layout (hier: RelativeLayout) bitten, die Figur in ihrer Lage und Größe zu verändern. Zuerst definieren wir ein Hilfsobjekt:

```
private LayoutParams xyBild;
private int xFigur, yFigur;
```

Diese Vereinbarung gehört in die GameView-Klasse. Wie du siehst, habe ich auch gleich zwei weitere Variablen für die Maße des Bildfelds vereinbart. Und nun kommt gleich die ganze neue Methode (→ DODGER2, GAMEVIEW):

```
public void setObject() {
  // Figurgröße anpassen
  yFigur = yDisplay;
  xFigur = (int) (yFigur * 0.63f);
  // Layout aktualisieren
  xyBild = new LayoutParams(xFigur,yFigur);
  Figur.setLayoutParams(xyBild);
}
```

Zuerst muss auch hier wieder eine neue Bibliothek mit eingebunden werden:

```
import android.widget.RelativeLayout.LayoutParams;
```

LayoutParams enthält eine Menge an Informationen für das Layout und ermöglicht einen (indirekten) Zugriff auf Komponenten, deren Lage und Maße bereits in der Datei ACTIVITY_MAIN.XML festgelegt wurden (wie die unserer beiden Bildfelder).

Ich habe hier die Höhe des Bildes so groß wie innerhalb der Layout-Grenzen möglich festgelegt. Die Breite leite ich von der Höhe ab, in meinem Fall (mit den oben geladenen Bildern von der DVD) passt der Faktor:

```
yFigur = yDisplay;
xFigur = (int) (yFigur * 0.63f);
```

> Wenn du eigene Bilder verwendest, musst du ausprobieren, was passt. Du kannst auch eine eigene Methode setRatio() vereinbaren, über die von außen ein Ausgleichsfaktor übernommen wird.

Kapitel 11

Springen oder Ducken?

Wie bringen wir jetzt die neuen Maße unserem Bildfeld für die Figur bei? Zuerst wird das Objekt xyBild erzeugt, dabei bekommt der Konstruktor die Maße als Parameter.

```
xyBild = new LayoutParams(xFigur,yFigur);
```

Anschließend benutzen wir eine geerbte View-Methode für die Figur, um die Maße zu übertragen:

```
Figur.setLayoutParams(xyBild);
```

setLayoutParams kann natürlich mehr als nur die Größe einer Komponente verändern. Es wäre damit u.a. auch möglich, die Position neu zu setzen (wovon wir erst etwas später Gebrauch machen werden).

Und das Hauptprogramm erweitern wir um diese Anweisung:

```
Spiel.setObject();
```

» Passe die Quelltexte von MAINACTIVITY.JAVA und GAMEVIEW.JAVA an.

Emulator-Wahl

Um zu testen, ob das Ganze auch wirklich funktioniert, musst du dir über den AVD Manager einen neuen Emulator definieren. Grundsätzlich kannst du mehrere Emulatoren gleichzeitig laufen lassen, du musst dann beim Programmstart nur auswählen, welchen Emulator du für die aktuelle App nutzen willst.

Am besten, du schaust noch mal in Kapitel 1, wo genauer erklärt wurde, wie man einen AVD Emulator einrichtet. Hier noch einmal in aller Kürze:

» Starte den AVD Manager über TOOLS und ANDROID und AVD MANAGER.

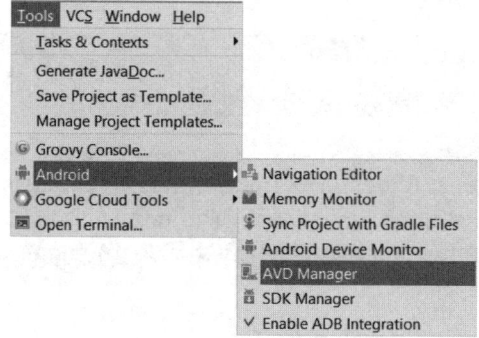

Emulator-Wahl

≫ Klicke im Dialogfeld unten auf CREATE VIRTUAL DEVICE.

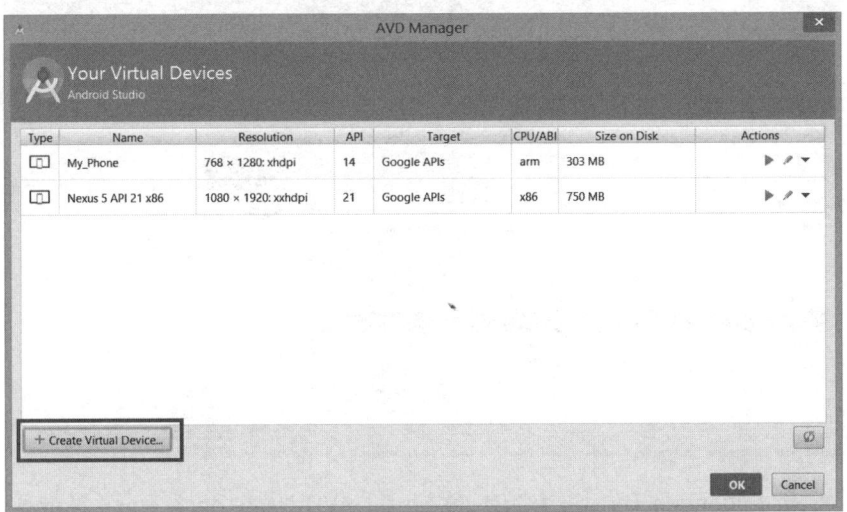

≫ Wähle ein Tablet aus. Achte aber darauf, dass es keine zu hohe Auflösung hat. Es könnte sein, dass die von der älteren Android-Version, die wir hier im Buch benutzen, noch nicht unterstützt wird. Dann klicke auf NEXT.

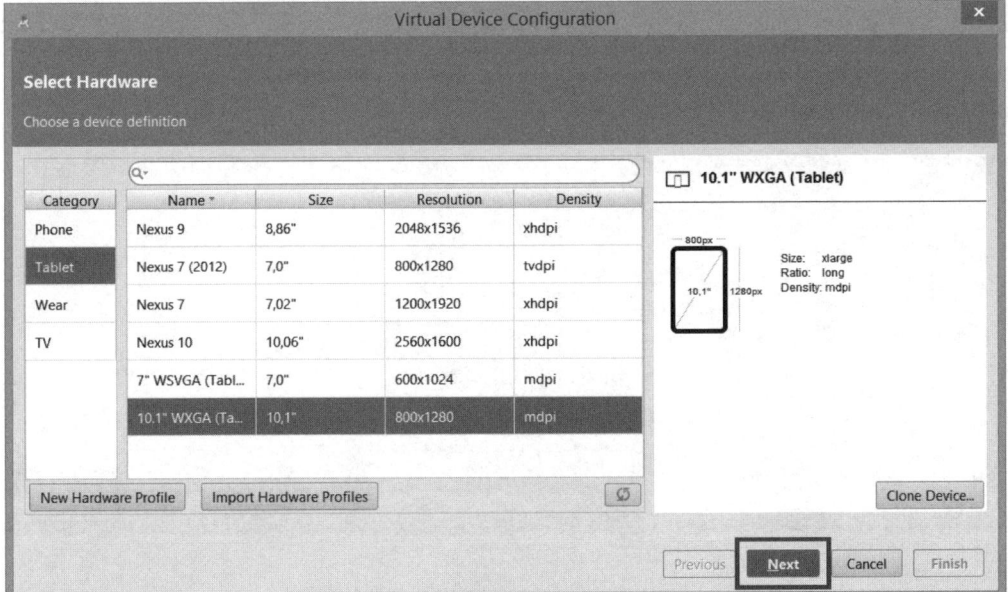

≫ Wähle aus der Liste ein passendes SYSTEM IMAGE aus. Am besten dasselbe, das du auch bei MY_PHONE eingestellt hast. Dann klicke dich weiter mit NEXT.

Kapitel 11

Springen oder Ducken?

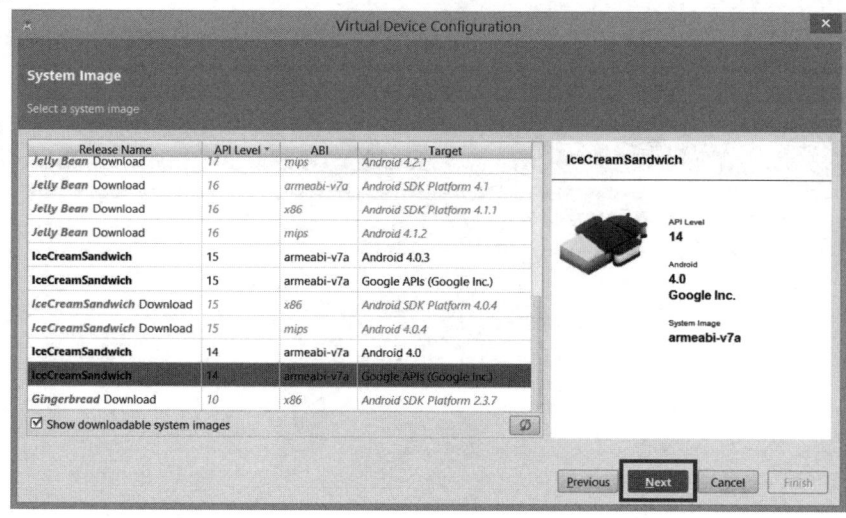

> Im folgenden Fenster trägst du hinter AVD NAME noch einen Namen deiner Wahl ein, z.B. My_Tablet. Dann klicke auf FINISH.

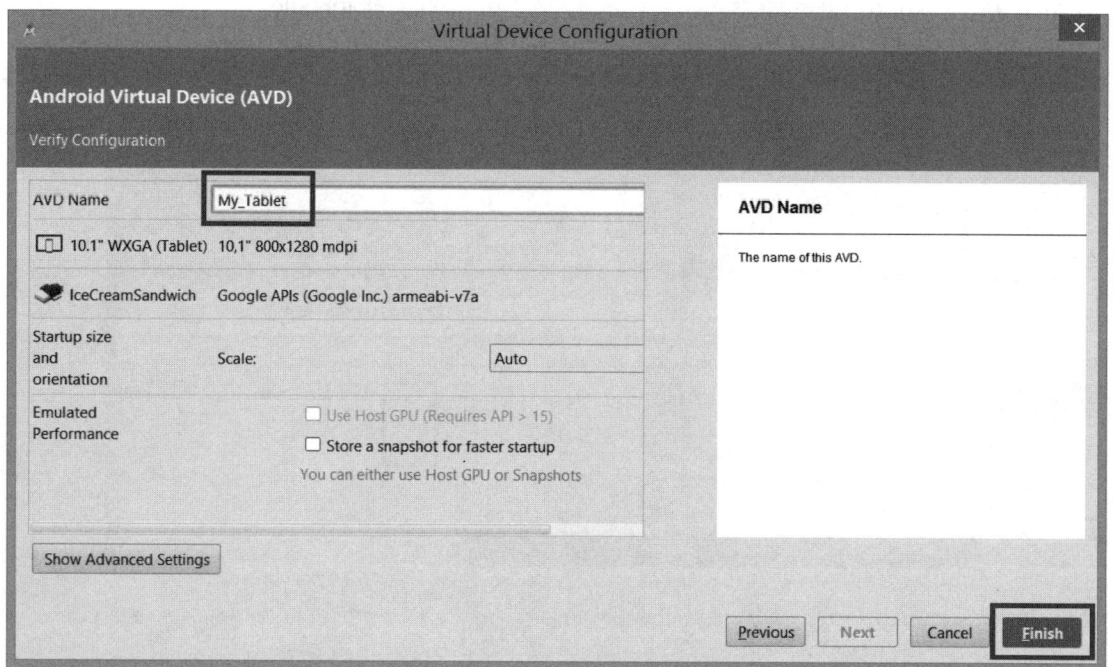

Womit deine Liste um einen Emulator reicher ist.

Zusammenfassung

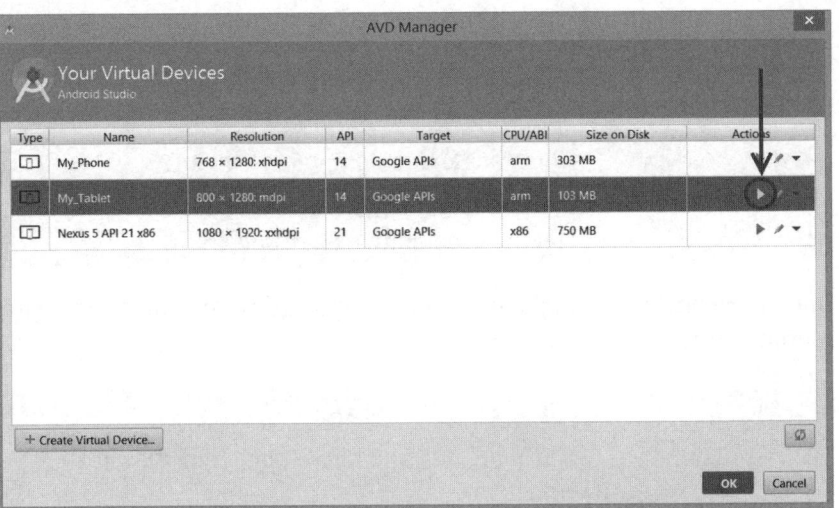

» Mit Klick auf das grüne Dreieck unter ACTIONS startest du deinen neuen Tablet-Emulator.

» Nach einer gewissen Wartezeit (Geduld!) lass das Programm laufen. Und du wirst feststellen, dass auch hier die Figur ganz gut passt.

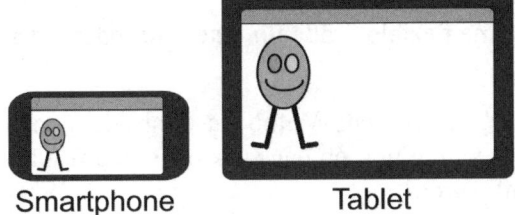

Smartphone   Tablet

Zusammenfassung

Hier machen wir erst einmal wieder eine Pause. Du hast einiges neu kennengelernt und erfahren, dass das Layout durchaus seine Eigenheiten hat, die es nicht leicht machen, einfach mal so eben Größe und Lage eines Objekts zu ändern.

Und dein Wortschatz ist auch wieder gewachsen. Da sind zum einen ein paar Hilfsmittel für die Änderung des Layouts:

RelativeLayout	Layout-Klasse (mit flexiblen Möglichkeiten, Komponenten zu platzieren)
layout_width	Breite der Layout-Fläche

Kapitel 11 — Springen oder Ducken?

layout_height	Höhe der Layout-Fläche
padding	Innenränder der Layout-Fläche (»Polsterung«, für Komponenten »gesperrt«)
LayoutParams	Hilfs-Klasse, um Komponentenwerte zu ändern
setLayoutParams	Methode, um u.a. die Größe und die Position einer Komponente neu zu setzen

Und du kennst die Möglichkeit, Konstanten zu vereinbaren und eine Methode fürs Drücken und Loslassen:

static final	Konstanten vereinbaren
getAction()	Methode, um eine Klick- oder Tipp-Aktion zu ermitteln
action_down	»etwas« (z.B. Maus/Finger) wurde gedrückt
action_up	»etwas« (z.B. Maus/Finger) wurde losgelassen

Ein paar Fragen ...

1. Warum ist eine flexible Größe für eine Figur oder ein anderes Bildobjekt wichtig?

2. Mit welchen MotionEvent-Methoden ermittelt man, wohin geklickt oder getippt wurde und ob der Klick oder Tipp wieder beendet (also losgelassen) wurde?

... und ein paar Aufgaben

1. Ergänze im Dodger-Projekt die GameView-Klasse um eine public-Methode setRatio(), die vom Hauptprogramm aus einen Ausgleichsfaktor übernimmt und setzt.

2. Für eine erweiterte setRatio-Methode verwende einen Parameter, der es ermöglicht, sowohl für yDisplay als auch für die Figur-Breite die Ausgleichswerte von außen zu setzen.

12
Kontaktvermeidung

Bis jetzt kann deine Figur hochspringen oder sich ducken. Noch droht keine Gefahr. Doch nachdem die Figur jetzt ihre Gymnastikübungen gemacht hat, wird es ernst. Demnächst kommt einiges angeflogen und du wirst zu tun haben, um deine Figur unversehrt da rauszuhalten.

In diesem Kapitel lernst du

◎ wie man ein Objekt genau positioniert

◎ dass man ein Objekt auch ohne animate() bewegen kann

◎ etwas über den Umgang mit Kollisionen

Was für ein Ding?

Für Gegenstände brauchen wir wieder ein Bildfeld. Ja, es reicht eins, denn zumindest für den Anfang sollte die Figur nur jeweils von einem Gegenstand bedroht sein, nicht gleich von mehreren.

≫ Füge im DESIGN-Modus ein weiteres Bildfeld hinzu. Dann ergänze die GameView-Klasse um diese Vereinbarungen:

```
public ImageView Ding;
private int xFigur, yFigur, xDing, yDing;
```

Kapitel 12 — Kontaktvermeidung

Im Hauptprogramm wird das neue Bild-Element dann mit einer Komponente verknüpft:

```
Spiel.Ding = (ImageView) findViewById(R.id.imageView3);
```

Wenn du willst, kannst du dem Bildfeld im DESIGN-Modus schon mal ein Bild verpassen.

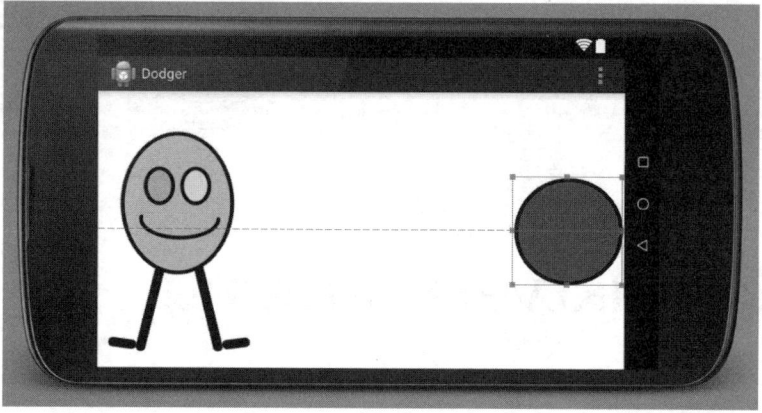

Ich habe hier jetzt einen einfachen Kreis als Ball benutzt. Alternativ dazu kannst du einen Stern einsetzen. Der hat spitze Kanten, man sollte ihm also unbedingt aus dem Weg gehen, wenn er sich rasant nähert. Du findest die Bilddateien auf der DVD unter den Namen BALL.PNG und STERN.PNG. Du kannst aber auch etwas anderes (Gefährlicheres, Bunteres) aus dem Internet suchen und verwenden.

Wo du das Bildfeld auf dem Display platzierst, ist eigentlich egal. Wir wissen ja jetzt, dass wir im Programm selbst bestimmen können, wo welches Ding zu sein hat: mithilfe eines Layoutparams-Objekts. Und die beiden Methoden, mit denen wir die Position einer Komponente festlegen, lernst du gleich kennen.

Zuerst einmal setzen wir die Maße des fliegenden Objekts. Die Anweisungen integrieren wir in die bereits vorhandene setObject-Methode, die dadurch um einiges aufgeplustert wird (→ DODGER3, GAMEVIEW):

```
public void setObject(int object) {
  switch (object) {
    case FIGURE:
    // Höhe-Breite ermitteln
    yFigur = yDisplay;
```